刺蝟札記

一個愛智者的文化漫談

Hedgehog Notes

「堅持你的心靈對一種絕對的開放。」這是雅斯貝爾斯筆下的蘇格拉底，也是任何一個愛智者對自我的承諾。

李靜◎著

認識大陸作家系列

目錄

輯一　幽默及其他

輯二　關於王二

輯三　社會批評

輯四　藝評

輯五　書評

輯六 文學自由談

輯一　幽默及其他

幽默與藥

一

現代漢語的「幽默」，是林語堂先生以現成的古詞，對英文「humour」所作的音譯，有「風趣」、「諧趣」、「詼諧風格」等意。古詞「幽默」大概最早見於屈原的《九章・懷沙》：「眴兮杳杳，孔靜幽默」，係「寂靜無聲」之意。屈子創作《懷沙》時，正當悲傷絕望、「懷抱沙石以自沉」的前夕，那心情是與humour毫不沾邊的。假設屈子有一點點humour的話，我們今天就不會過端午節，我們所讀到的他的作品，也完全不會是《離騷》、《九歌》和《九章》了。但林語堂仍以「幽默」譯「humour」，他的緣由是：「凡善於幽默的人，其諧趣必愈幽隱，而善於鑑賞幽默的人，其欣賞尤在於內心靜默的理會，大有不可與外人道之滋味，與粗鄙顯露的笑話不同。」（〈幽默雜話〉，載1924年6月9日《晨報》副刊）因此，逗笑而婉曲，是幽默最起碼的條件。

「humour」的古拉丁語原型humeurs一詞，係醫學用語，意思是「體液、情緒」。體液理論乃由古希臘的希波克拉底醫生所創立，認為人類有四種體液，分屬於四種「本原」：黃膽屬火（熱），黑膽屬土（冷），血液屬風（乾），粘液屬水（濕）。人也基本分為四種體質，誰究竟屬於何種體質，取決於他／她體內四種體液中佔優勢的那種。

正如法國文學社會學家埃斯卡皮先生所介紹：體液理論經二世紀古羅馬的蓋侖醫生推進，到十六世紀為法國的讓・費爾納爾醫生（他與拉伯雷處於同一世紀）所修正，後被英國伊莉莎白一世王宮中的重要人物、與喜劇作家本・強生（1572-1637）生死同年的羅伯特・弗拉德醫生所接受，他在歐洲思想界掀起了一場有關「體液」的論戰。在十六世紀末的整個歐洲，「體液」這個詞是頗為時髦且語義含混的，人們在日常使用時，多強調體液混合物的不穩定和不規則因素。在英國，「humour」則獲得了古怪、怪癖、舉止乖張之意。強生是首位把「滑稽」怪癖與「幽默」進行語義聯姻的劇作家，並借用「humour」一詞創立了自己的「癖性喜劇」。這一幽默與笑的聯姻，開闢了「幽默」的新時代。如今我們所領略的幽默藝術，其引人發笑的成分中仍活躍著怪癖、誇張、不規則、不穩定的意味，正表明了「幽默」的「體液說」血統。

強生的癖性喜劇揭示了人具有雙重性格這一事實。十八世紀，「幽默」——傷感的樂觀主義和快樂的悲觀主義，這雙面的阿努斯神——被認可為英國的一種民族特質，一種源於英格蘭靈魂深處的傳統。這一傳統的偉大之處，在於它能將絕對化的仇恨悲哀轉移至相對地帶，而報之以悲天憫人的寬宥和戲謔自嘲的輕逸。我最嘆服埃斯卡皮對幽默之於階級暴力的解毒作用的分析。他指出，在中世紀末的英國，小資產者和農民聯合起禁慾主義改革者羅拉德派，共同反對親法國的金雀花王朝的最後幾位統治者，可怕的階級矛盾醞釀著流血的激情。但是代代相沿的「英國靈魂」，能夠辨證地包容各個矛盾傾向，人們漸漸演化出對立互補的政治集團及其各自的性格基調：中世紀「快樂」的保皇派和天主教騎士與「憂鬱」的平民階層，到十八世紀演變為英格蘭教紳士的完美樂觀主義與衛斯理的熱情莊嚴。時至今日，工黨政策仍帶有憂鬱的衛理公會教義色彩，而保守派則繼續「快樂英國」的古老神話。誠如埃斯卡皮所言：

> 相互矛盾的力量在英國卻體現為強生式的幽默，體現為這樣一些人：他們頗具象徵意義地集政治道德態度的全部怪異性於一身，並以某種禮儀喜劇式的禮節替代歷史鬥爭的尖銳激烈。這些人若擔任政府首腦，便成為英國政治中的出色配對，例如：以冷漠的格萊斯頓抗衡易怒的迪斯累利，以斯代福・克利普斯先生的嚴肅感傷抗衡溫斯頓・邱吉爾先生的固執血性。
>
> 在這個民族中，暴力的醞釀或許甚於任何一處地方，而對於幽默這一循環遊戲的喜劇性意識，正是針對這種暴力的一帖最佳解藥。
>
> 由此，sense of humour作為文藝復興以來的英國教養所傳授的一筆彌足珍貴的財富，便演化為一種折衷的基本條件，而英國人民的整個生活也正是建立在折衷的基礎之上。一個出色的誤解（引者注：指本・強生對「幽默」一詞的誤解。），促成了一個是非難定的領域，那裡有如一處迷陣，循規蹈矩與奮起反抗共存，微笑與苦澀共存，認真與猜疑共存，同樣，怪異情態也與正常心理共存。

二

加拿大幽默作家里科克有言：「馬克・吐溫的《哈克貝利・費恩歷險記》是一部比康德的《純粹理性批判》更偉大的著作，而查理斯・狄更斯筆下的匹克威克先生在提高人類素質方面，要比紐曼主教作的頌詩《慈祥的光輝引導我們走出黑暗》貢獻更大——紐曼只是在悲慘世界的陰暗中召喚光明，而狄更斯卻把光明給予了我們。」

同樣，一部偉大的幽默作品也勝過一千本幽默理論，因為幽默理論只是在解釋幽默，而幽默作品則把幽默直接給予了我們。正如E・B・懷特所說：「幽默固然可以像青蛙一樣被解剖，但其妙趣卻會在解剖過程中喪失殆盡。」因此之故，若要編一本理解和領會「幽默」的書，對幽默作品的擇取一定會多過幽默理論。

如前所述，幽默是一種被文學所孕育的智慧。西方的幽默文學傳統始於古希臘喜劇。喜劇出身低微——用亞里斯多德的話說，它起源於宴樂遊行之類「下等表演」的序曲，因此除了在極少數「愛笑之士」那裡，喜劇從未獲得過和悲劇同等重要的地位。直至今日，幽默文學仍居於文學傳統的邊緣，其原因仍在於，它看起來不夠嚴肅和深刻。另一個原因卻是隱而不彰的：幽默乃是一種極少數人才能擁有的天才——最寶貴的事物總是數量最少，因此聲音最弱。這才是人類的不幸。

在幽默的歷史中，古希臘的阿里斯托芬創造了一個燦爛的開端，他辛辣的諷刺笑謔檢驗著一個城邦對自由的理解，《鳥》的奇思至今令人驚絕。自由和智慧使人在笑中反省，繼古希臘喜劇詩人之後，古羅馬的盧奇安、奧維德、阿普列尤斯、普羅圖斯也紛紛加入笑者的行列。中世紀似乎是禁止笑的，但研究表明，民間狂歡節釋放了被禁止的能量。文藝復興時期若干文化精英的湧現，把中世紀的民間詼諧修成了正果，「笑」變得意味深長：薄加丘編織《十日談》，以「人」的解除禁忌的身體驅逐不會笑的神；伊拉斯謨疾書《愚人頌》，為人類的非理性狂歡和氾濫的熱情正名；拉伯雷用《巨人傳》跟教會搗亂，拿人類的片面嚴肅性開涮；賽凡提斯在《堂吉訶德》裡假裝被劣質騎士文學所激怒，實則對脫離現實的僵硬理想性做了綿長的反諷……這一時期的喜劇頂峰是法國的莫里哀，《偽君子》和《憤世疾俗者》最被尊重，但是要在極短篇幅裡領略他的幽默天才，《強迫的婚姻》已足夠。幽默在英國文學裡的流淌自然最是浩蕩：莎士比亞的幽默不但活躍於他的喜劇中，也滲透在他的悲劇和歷史劇裡；至於喬叟、本・強生、康格里夫、斯特恩、菲爾丁，直至近世的狄更斯、蕭伯納……無不是製造各式笑聲的裡手，含笑的淚與帶淚的笑、言語的尖酸與內心之溫軟的二重奏，縈迴後世，不絕如縷。十九世紀後半葉，馬克・吐溫之名響徹美國和世界，標誌著「幽默」這一「英國靈魂」產生了更茁壯的變體。二十世紀，兩次世界大戰摧毀了西方人的理性信念和上帝信仰，現代主義的絕望幽靈與產生於智慧之自信的「笑」，發生了化合反應：荒誕派戲劇應運而生，貝克特托起一輪「喜劇世界的黑太陽」，尤奈斯庫可笑的廢話散發著不安的氣息。「黑色幽默」雖然由法國人布勒東和艾呂雅率先命名，但是它的成熟卻在美國——約瑟夫・海勒、庫爾特・馮內古特、品欽的作品讓笑容變得沉重。好在還有伍迪・艾倫，電影大師的遊戲之筆反倒帶來了純粹的智慧之樂。

對飽受專制之苦的民族而言，幽默則呈現出別樣的色彩和力量。它不只是一種輕逸的趣味，更意味著精神的解放。十九世紀開始，感情深摯的俄羅斯民族被幽默之光所照耀——果戈里的辣手，契訶夫的溫情，布林加科夫的怪誕……讓這個民族在悲傷的淚水中逐漸感知笑，以及笑帶來的勇氣與理智。在中歐與東歐，悖謬的現實孕育了哈謝克、貢布羅維奇、赫拉巴爾、哈威爾、克里瑪的幽默。捷克人把藐視荒謬、以幽默面對暴力、用裝傻來消極抵抗的方式，稱作「哈謝克式的」。這一傳統滋潤下的捷克人，其「十一月革命」的手段是和平而非流血，其主要武器是巨大標語上的輕快諷刺。正如作家伊凡・克里瑪所說：「布拉格居民給他們所鄙視的統治者的最後一擊不是一刀，而是一個笑話。」

可以看到，幽默文學傳統在外向的想像力中，始終對禁錮和荒謬施以笑刑，而對自由與仁慈虔誠守望。幽默理論對此種本質進行了多重探討。這種探討還涉及幽默的諸種外延——喜劇，滑稽，詼諧，反諷，笑……克爾凱郭爾之於反諷，康格里夫、里普斯之於喜劇與幽默，柏格森之於笑與滑稽，佛洛伊德之於幽默的心理機制，巴赫金之於詼諧和自由的關係，昆德拉之於幽默與歐洲文明的關聯，以及埃斯卡皮和克里奇利之於幽默的歷史與哲學的研究……在幽默理論的歷史中皆佔有重要席位。解剖幽默固然缺少妙趣，但是它能讓我們瞭解幽默與人類的精神根基之間的血肉關聯；沒有對幽默的解剖，我們很可能把它當作人類智慧無足輕重的小小飾品，從而犯下忽略的「罪行」。

三

二十世紀以來，「幽默」開始成為中國人的哲學問題。五四先賢因飽受皇權禮教的窒息，所以十分明瞭：幽默乃是人類智慧、自由和仁慈皆有餘裕的產物，同時它也孵育和反哺它們。一個美妙的雙向循環。正因如此，他們才要輸入幽默的空氣，以圖改變這個民族專制蒙昧的精神結構。林語堂先生說得懇切：幽默的機能「與其說是物質上的，還不如說是化學上的。它改變了我們的思想和經驗的根本組織。我們須默認它在民族生活上的重要。德皇威廉缺乏笑的能力，因此喪失了一個帝國……獨裁者如果非裝做憤怒或自負的樣子不可，那麼獨裁制度裡一定有什麼彆扭的地方，整個心性必都有錯誤……當我們的統治者沒有笑容時，這是非常嚴重的事，他們有的是槍炮啊……」「幽默的人生觀是真實的、寬容的、同情的人生觀。幽默看見人家假冒就笑。所以不管你三千條的曲禮，十三部的經書，及全營的板面孔皇帝忠臣，板面孔嚴父孝子，板面孔賢師弟子一大堆人的袒護，推護，掩護，維護禮教，也敵不過幽默之哈哈一笑。」

西式的幽默便是這樣被作為禮教的敵人而引進國門的。於是現代中國有了魯迅式的幽默，然而它沉鬱有餘，輕逸不足；有了老舍式的幽默，然而它失之油滑，不夠質樸；有了張天翼式的幽默，然而它太過單調，缺少色彩；有了錢鍾書式的幽默，然而它流於尖刻，不見暖意……幽默的內在雙重性還未被現代中國作家所領會，他們能夠做到的只是單面的諷刺、逗笑與滑稽。幽默在中國真正的成熟，是在當代作家王小波身上——他把笑與絕望、智慧與荒謬的對立共存表現得如此酣暢，堪為馬克・吐溫的精神嫡裔。

幽默是假正經的天敵。當一個民族的僵硬禮教在笑聲中消亡，寄身於它的假正經卻仍可能金蟬脫殼，以其他形象從事更別致的統治——套話、決議、號召、禁令、歡呼表態、苦情感恩、道德典型、媒體明星……隨著傳媒時代的來臨，假正經更要盡可能佔據公共的和私人的、官方的與民間的一切空間，強化人的童稚狀態，壓抑人的懷疑精神，維繫禁忌與恐懼的威力，由一群不會笑的人操縱和塑造另一群不會笑的人。

後人須得感謝拉伯雷在《巨人傳》中創造了「agé laste」這個詞——「仇恨笑、不會笑的人」。這是西方賜予「假正經」的不朽稱謂。神權時代，「假正經」體現為神權和教會的絕對權威性，但在受到法律保護的民間狂歡節上，民眾卻擁有肆意嘲笑教會權威的神聖權利。這就是西方的智慧——統治者懂得「笑」與「假正經」的能量守恆定律，也懂得對威權的屈從若不釋放為週期性的公開嘲謔，便會轉化為不定期的暴力流血。《巨人傳》是紙上的狂歡節。拉伯雷用高康大、龐大固埃、巴努日們變幻的身體、荒誕的經歷、放肆的言笑和佯謬的探討，消解神權和教會的假正經。這是一種受到准許的放肆權，然而自由的魔瓶雖以臣屬的禮節打開，卻再也無法以臣屬的禮節封閉。自由的笑聲一如空氣，彌漫於整個歐洲，彌漫於後來的一切世代，彌漫於東西方智者的強大肺葉裡，並經由他們，啟示那些不安的民族之魂。這是幽默詼諧的拉伯雷所散發的無力之力。

巴赫金曾如此評價詼諧的偉力：詼諧不僅把人從外部的書刊檢查制度中解放出來，而且首先從正宗的內部書刊檢查制度中，從數千年來人們所養成的對神聖的事物、對專橫的禁令、對過去、對權力的恐懼心理中解放出來。詼諧是對恐懼的勝利，使人的意識清醒，並為他揭示了一個新世界。

其實，不自由的人們原本知道，詼諧，幽默，喜劇，笑……並非專為捍衛自由而生，它們不過是自由意志的自然產物而已。不自由者將其視作武器和良藥，或者相反——將其視作虛飾和麻藥，均有乖離之處。如果「幽默」能夠說話，我猜她寧願聲稱自己是一種哲學或美學，一種藝術和人生的態度與趣味。她敏感於世界的無可解救的對立、不諧與荒謬，卻超然地報以謔笑與同情的雙重感情。幽默家的超然絕非由於他／她不在此境遇之中，相反，他／她深陷其中且深味其苦，但卻仍能冷眼旁觀，跳出局外，誘使他人發出憂鬱而開懷的微笑。這種哲學式的超脫正是幽默的高超之處——她既濃烈又無力，既嚴肅又滑稽，既深植於個人意識之中又超越於個人哀樂之上。我毫不懷疑她是人類智慧的最高成就。她不可被我們指望去直接改變人類的處境，卻能夠在人類意識的漫長的化學反應中，發生難以覺察的效能，化解愚蠢的暴行。

當一個國家被無可救藥的愚蠢所統治，它的國民最應當做的也許不是憤怒，而是學會熱血和冷靜、微笑與淚水相交織的幽默。幽默使人們看透荒謬，皈依智慧，不自覺地結成自由而自省的精神共同體。當所有人都步入這一共同體之中，那個禁錮而專斷的外殼也就形同虛設了。

2007年9月10日

兩個大帝，一悲一喜

1944年，卡繆創作了四幕悲劇《卡利古拉》，那一年他31歲。1948年，狄倫馬特寫了「非歷史的四幕歷史喜劇」《羅慕路斯大帝》，時年27歲。如果現在的你是一個嚴肅的寫作者，最好別看這些天才的創作年表，否則你會為自己的晚熟和愚鈍慚愧無地。但是你不能連他們的作品都不看了，否則你的讀者會為你的不長進慚愧無地。因此明智的表現是：面對這兩部劇作，好好琢磨一下它們何以形成。

《卡利古拉》和《羅慕路斯大帝》的主人公雖然都是古羅馬歷史上有名的君主（前者是著名的暴君，後者是末代皇帝），但它們顯然是戲劇美學截然不同的兩部戲。《卡》劇和卡繆其餘的劇作一樣，實踐著他一直力圖達到的「現代悲劇」美學，如他所說：「我主張悲劇，不主張情節劇，主張全部投入，而不主張批評態度。認同莎士比亞和西班牙戲劇，不認同布萊希特。」《羅慕路斯大帝》相反，它是「喜劇」，是表達「批評態度」的，是有些布萊希特化的。前者的主人公是一個陷入重重迷陣不知所措沒有答案的人，後者的主人公是一個表面荒唐內心堅定手握真理的人。《卡》劇探索的主題——「人尋求不可能之事」——所開放的是一個充滿矛盾的無限空間，而《羅》劇的主題——「毀滅不義的國家」——則指向了一個確定的精神地點，當主人公一層層脫掉他荒誕的外衣，裸露給我們的卻是一個以不作為和自我毀滅來成就其良知預謀的偉大英雄，以及他對於邪惡國家的道德審判。

卡繆和狄倫馬特都是仁智雙修的作家，這一點對我有特別的吸引力。現在，中國的文學藝術家在經受了一輪偽崇高的統治之後，似已認定：「仁」，或者說道德，簡直是蠢貨和偽君子的專利，與「智」，或者說才能，根本不能相比。這種想法在卡繆和狄倫馬特的作品面前，立刻露出了淺薄簡陋的外貌。在藝術的世界裡，對人和宇宙萬物的真實關切即是道德，它是藝術創造的最有力的推進器，是「智」的世界得以展開的原動力。但這種道德力化身為藝術時，只有雙身時才美：一身是真理，某種天使光輝的集合，一身是荒謬，某種魔鬼本能的惡作劇。天使和魔鬼如何跳出出神入化的雙人舞，是藝術創造的秘密所在。《卡利古拉》和《羅慕路斯大帝》分別提供了兩種有效的範本。

卡繆自己這樣解釋寫作《卡利古拉》的創作動機：「《卡利古拉》是一個高級自殺的故事，這是謬誤的最富人性的、也最悲慘的故事。……追求不可能的事情，對劇作家而言，這個研究課題，和貪婪或通姦具有同樣的價值。表現這種追求的瘋狂，揭示它的破壞力，突出它的失敗，這就是我的寫作計畫。」這個自我解說雖然很準確，但卻比劇作本身令人失望得多，原因在於它告知給你的是一個你已了然的真理，而那些使一部作品既生機勃勃又靈光閃耀、既超乎想像又合乎情理的「荒謬」卻被過濾得無影無蹤了。而你知道，最終使這部悲劇偉大的不是直白的真理，而是源於劇作家的心靈搏鬥之力的荒謬。

《羅慕路斯大帝》寫了一個以詼諧和毀滅而偉大的人，但狄倫馬特說，他的目的不在於展示一個詼諧的人，而是由於他受到這樣一個主題的吸引：「不是讓英雄哪年哪月毀於時代，而是讓一個時代毀於一個英雄。我在為一個祖國叛徒正名。」他還說：「我請大家尖銳地觀察國家，直至每個指頭，而不要指頭看得仔仔細細，卻不見國家。……面對國家，大家固然應該像蛇一樣聰明，但謝天謝地，不要溫馴得像一隻鴿子。」他的人物的荒謬雖然個性十足，但歸根結底卻十分單純——那只是一件外衣而已，羅慕路斯的「搞垮不義的羅馬帝國」的偉大良心是個深藏不露的靜態事物，二十幾年從未改變。而你也明白，使這部喜劇搖曳生姿的不是羅慕路斯大帝的內心真相，而是包裹著真相的末代皇帝的荒唐無行。

卡繆天才地總結出悲劇的格式是：「人人都情有可原，誰也不正確。」當兩種同樣情有可原的對立力量發生衝突，一種永恆的界限被打破，導致那挑戰者的慘敗時，悲劇便發生了。《卡利古拉》的偉大之處在於這個作惡多端的主人公不僅是罪惡和謬誤的化身，更在於他的罪惡和謬誤來源於一種每個人心中都可能存在的「實現不可能之事」的慾望，只不過別人把此慾望只當作虛幻的狂想，而卡利古拉卻是這狂想的一以貫之的實踐者而已。卡利古拉的所作所為所思所想，代表了人對自身有限性的徹底輕蔑，這是一種意味雋永的自虐。這自虐的實行過程，以卡利古拉「靈感迭出」地殘害他人為特徵，但卡利古拉自己從中收穫到的卻不是泯滅人性的歡樂，而是一場又一場血腥夢魘的清醒折磨。他以一種徹底的邏輯、健全的人性以及對這人性的明知故犯的冒犯來忍受、理解和玩味這折磨。他出其不意地殺人，不為任何利害，只因為那些殺人情境在印證他實現了「不可能的事」——絕對的自由，為此他甚至連最愛他的情人卡索尼亞也不放過。殺她之前，他這樣夫子自道：「你瞧，我是沒有托辭的，連一點點兒愛情、一絲憂鬱的辛酸這樣的藉口都沒有。今天，我比前幾年更自由了，我擺脫了記憶和幻想。我知道什麼也不會長久！領悟這個道理！縱覽歷史，真正得到這種驗證，實現這個荒唐的幸福者，只有我們三兩人而已。」「沒有這種自由，我本來會成為心滿意足的人。多虧這種自由，我贏得了孤獨者的非凡洞察力。我生活，我殺戮，我行使毀滅者的無限權力。比起這種權力來，造物主的權力就像耍猴戲。所謂幸福，就是這樣。這種不堪忍受的解脫；這種目空一切、鮮血、我周圍的仇恨；這種盯住自己一生的人絕無僅有的孤獨；這種不受懲罰的兇手的無窮樂趣；這種把人的生命碾成齏粉的無情邏輯，這就是幸福。（笑）卡索尼亞，這種邏輯也要把你碾碎。這樣一來，我渴望的永世孤獨就會最終完善了。」

然而這個悲劇人物之所以是悲劇人物，在於他自身的徹底性內部會突然產生自覺的分裂，這分裂使他質疑和否定自己，是這自我否定而不是臣屬的謀反這種外部的原因導致了他的毀滅。這自我否定之聲所蘊涵的椎心悲慟，使這「謬誤」終成為「最富有人性的」，正如本劇的最後一場，卡利古拉扼死卡索尼亞之後，來到鏡子前對自己所說：「卡利古拉！你也一樣，你也一樣，你有罪呀。……我得不到月亮了。可是，自己本來有道理，又不得不走到末日，這多叫人辛酸哪！我確實害怕末日。兵器撞擊的聲音，那是無辜的人在準備取勝。我多麼希望處於他們的地位呀！我怕。原先鄙視別人，現在卻感到，自己的心靈也同樣怯懦，這多叫人厭惡哇！不過，這也沒什麼，恐懼同樣不會持久，我又會進入那巨大的空虛，這顆心將得到安息。」「一切都看似那麼複雜，其實又那麼簡單。如果我得到月亮，如果有愛情就足夠了，那麼就會全部改觀了。可是，到哪兒能止住這如焚的口渴？對我來說，哪個人的心，哪路神仙能有一湖水的深度呢？（跪下，哭泣）無論在這個世界還是在另外一個世界，沒有任何東西能與我等量齊觀……只要不可能的事情能夠實現就成。不可能的事！我走遍天涯海角，還在我周身各處尋覓。我伸出過雙手，（喊）現在又伸出雙手，碰到的卻是你，總是你在我的對面。我對你恨之入骨。我沒有走應該走的路，結果一無所獲。我的自由並不是好的。……噢，今宵多麼沉重！埃利孔不會回來：我們將永遠有罪！今宵沉重得像人類的痛苦。」

說到底，卡利古拉的所有偉大和荒謬，在於他是個反對一切的人，包括他自己——他的「反對」不是出於對利益的追求，而是出於將「絕對自由」的邏輯一以貫之的「實驗熱情」。這種「實驗」的失敗，是由於挑戰人類的有限性而導致的失敗，是神奇之不可能而導致的失敗，是因為人類乃是不可被實驗的動物這一特性導致的失敗。正因如此，暴君卡利古拉才得以成為不折不扣的悲劇主人公。悲劇主人公必得引人悲憫和同情，而「謬誤的化身」從理論上是不可能獲得人的這種感情的，這是卡繆寫作此劇時最核心的難點。因此，為實現「悲劇」的目的，他做了如下設計：

1、使卡利古拉和他的對手——詩人西皮翁與貴族舍雷亞——完全精神化和超功利化，他們的思想、言語和行為，都不折不扣地圍繞「實現不可能之事」這一精神探討來進行。

2、賦予卡利古拉、西皮翁和舍雷亞等人以超越是非和功利判斷的人性深度與精神理解力，這樣人物關係才能時時產生出人意料的互動，而潛入到人類精神最深邃和高貴的層面。

3、每一場迫害、每一個戲劇衝突，都與人性的卑下弱點有關，比如恐懼，以及由此而來的怯懦、愚蠢、奴性、說謊、言不由衷等等。於是出現了這樣的情形：卡利古拉對臣屬們的冒犯固然可恨，以至於完全損害他們的尊嚴——比如他當眾把穆西烏斯的妻子叫走享用，比如他扮演神靈要求眾人的禮拜和供奉，比如他命令詩人排隊作詩，比如他花樣翻新地殺人……但是受辱者軟弱屈服的可鄙程度，恰與卡利古拉的可恨程度成正比。

因此，在卡繆讓卡利古拉作惡的時候，我們不會很感到暴君的十惡不赦，反倒是還「有點道理」似的。對於西皮翁和舍雷亞這兩個無畏而真實的人，卡利古拉自始至終未動毫髮，而是一直與他們進行著精神哲學與詩學的交鋒，也就是說，整部戲一直保留著高級精神體之間的神奇碰撞，以使全劇成為一種不折不扣的「醉」的寫作。「醉」滲透在暴君卡利古拉、詩人西皮翁和貴族舍雷亞之間，每個人超越己身的理解力是使他們散發光輝的酶。這神奇的酶消融了世俗的剛性原則，從而形成精神世界的空氣與水流般的蒸騰、渦漩與奔淌。這就是悲劇的創造之境。這時，悲劇作家須跳出靜態的價值評判視角，沉入到每個角色之中，尋找他們各自的合理性，然後，將這些各自合理的、已然獲得了呼吸的生命，彼此以同一精神主題的不同側面相衝突，直至高潮，直至主人公最後的毀滅。

悲劇讓人深入到精神和命運的宇宙中，她是水波般的，變動不拘的，無解的，訴諸全面的精神體驗的，但更偏重情感的體驗。喜劇，尤其是哲學批判性的喜劇，則相反，它是向外的，從社會群體境遇出發的，有一個固定的參照平面的，更主要地訴諸理性觀照的，因而會對世界產生批判的欲求。但是批判歸批判，既是要寫成「劇」，就必得形象飽滿，因此喜劇的難度在於觀念的清晰和形象的渾成之間的緊張。

《羅慕路斯大帝》的好，在於它極其精到地克服了這種緊張。狄倫馬特擅長塑造「蛀蟲」，羅慕路斯大帝就是他塑造的最出色的蛀蟲之一（《天使來到巴比倫》中的乞丐阿基也是一條蛀蟲）：心懷叵測，忍辱負重，外表荒唐無稽，內心清醒堅定，最終把羅馬帝國這個嗜血不義的龐然大物蛀空，將其拖進墳墓。「蛀蟲」以反英雄的方式成為英雄，這是迪氏喜劇的常見情況。而英雄羅慕路斯之所以要以蛀蟲的面目出現，固然是為了美學上的曲折——欲彰彌蓋，掩人耳目，出其不意，攻其不備，那種教人瞠目的效果，實在過癮。但它還有更深層的精神緣由——即構成此劇核心的是一場有關「國家」的論辯，論辯一方是人們約定俗成的「愛國主義」情感和未經理性審視的「國家」觀念，它是「正統」的，在美學上體現為愛彌良式的「一本正經」；另一方是弱者的正義和個人的權利對於龐大國家與絕對權力的質疑，它是「邊緣」的，在美學上則體現為羅慕路斯式的「沒個正經」。「一本正經」與「沒個正經」的論辯不是以直接的方式進行的，而是經過了化裝的，化裝的油彩，乃是由私人化的情感構成，但這私人情感常由觀念的思辯來牽引。比如羅慕路斯對他的決定為了「祖國」而犧牲愛情的愛女蕾婭說：「只要你在你的身上哪怕保留一顆愛情之火的火星，那這火就不能把你同你的愛人分開。即使他拋棄你，你也留在他身邊，即使他是個罪犯，你也堅持留在那裡。但是你可以同你的祖國脫離。如果它變成殺人犯的巢穴和劊子手的屠場，你就從你的腳上抖一抖塵土，因為你對它的愛是無力的。」只知養雞和賣古董的昏庸皇帝突然成了顛覆性的政治哲學家——沒正經的人突然露出了真誠的嘴臉，無為的蛀蟲突然呲出鋒利的牙，羅慕路斯的形象發生了突然的逆轉，喜劇便開始積累自己的高潮，向肅然之境進發。「佯裝」和「逆轉」是迪氏喜劇的主要修辭法。

這「佯裝」也是要一點點累積的——他周圍的愛國者的焦灼救國之舉，和他沉迷於卑瑣小事的種種荒唐無行，整整兩幕劇羅慕路斯都是在胡鬧中過來的。當他將佯裝的荒唐累積到了孤家寡人的地步，所有人包括他的妻子（羅慕路斯大帝本是一個貴族，是因為娶了皇帝的這位女兒他才登基的）都要離他逃亡時，兩人之間卻發生了這樣的對話：

> 羅慕路斯：我並不懷疑國家的必要性，我懷疑的僅僅是我們國家的必要性。這個國家已經變成一個世界帝國，從

而成了以犧牲別國人民為代價，從事屠殺、擄掠、壓迫和洗劫的機器，直到我登基為止。

……

尤 莉 婭：這麼說你娶了我，僅僅是為了摧毀羅馬帝國。

羅慕路斯：沒有別的原因。

尤 莉 婭：從一開始你所算計的無非就是羅馬的滅亡。

羅慕路斯：沒有想到過別的。

尤 莉 婭：你是故意對拯救帝國進行怠工的。

羅慕路斯：是故意的。

尤 莉 婭：你裝作玩世不恭和饕餮不止的丑角，都是為了從背後給我們插一刀。

羅慕路斯：妳也可以這樣來解釋。

……

尤 莉 婭：你是羅馬的叛徒！

羅慕路斯：不，我是羅馬的法官！

至此，外表荒唐昏庸的羅慕路斯才裸露出他的本質和使命。他對他的女兒更進一步表白了自己的意圖：「我犧牲羅馬，通過犧牲我自己。」這時的羅慕路斯已與耶穌基督無異。他的聖人面目既已無疑，他的觀念也令觀眾沒有異議，該劇至此似已無事可做。可是不然。他判給自己一個毀滅的前途，期待著日爾曼人來將它實現，然而未能。與他相會的日爾曼皇帝鄂多亞克竟和他一樣，反對自己的民族以征服弱者為務，反對「一將功成萬骨枯」的英雄主義信條，然而他卻受到他的「英雄主義」侄兒和臣屬的威脅。他需要以日爾曼尼亞對羅馬的歸順，來阻止日爾曼帝國的稱霸和殺戮。正如羅慕路斯對鄂多亞克所說：「我把羅馬處以死刑，因為我害怕它的過去；你把日爾曼尼亞置於死地，因為它的未來使你戰慄。」這時此劇已近尾聲，而羅慕路斯關於死的請求還未得到許可，他的永遠安息的願望不知能否實現——此時他最愛的女兒蕾婭和女婿愛彌良已葬身海底，惟有一死才能使他獲得極樂與解脫。然而最終，又一個突轉來臨：兩個追求人性的皇帝，最後決定通過不人性地對待自己，來成就一樁合乎人性的偉業：徹底摧毀反人性的龐大國家機器——不喜歡做國王的鄂多亞克做了義大利國王，帝國解體了；不喜歡繼續活下去的羅慕路斯活了下來，開始他每年領取六千金幣的退休生活。至此，偉大的蛀蟲羅慕路斯顯現了他全部的尊嚴，一個眾人嬉笑的對象成了背影高大的英雄。

狄倫馬特在風趣幽默與嚴肅思辯之間大開大闔回轉自如的語言天才固然成就了他的喜劇，但他廣闊無垠的思維力卻無疑是他創作的核能。說到底，他寫戲劇不是「為藝術而藝術」，而是為了在盡可能完美的藝術中，引起公眾對於現實世界的思索。狄倫馬特在《羅慕路斯大帝》1949年的「作者後記」中說：「此事有時庶幾可以推薦別人去仿效。」若干年後，蘇聯在戈巴契夫的領導之下走向解體。作家李洱心明眼亮地對我說：「戈巴契夫是當代的羅慕路斯大帝。」真是一句恰切的評語。不知戈巴契夫是否看過這部「非歷史的歷史喜劇」？無論如何，「生活模仿藝術」這句話，在1991年底的那場偉大歷史劇中多少還是應驗了。

2004年2月

寫作此文一年後，我從劇作家過士行那裡聽說，他曾就「戈巴契夫是否看過《羅慕路斯大帝》」請教過狄倫馬特的譯者葉廷芳先生，葉先生回答說：「戈巴契夫是個狄倫馬特迷。」

2005年6月14日補

隨感錄

夢醒之後幽默亡

人得一半夢，一半醒；一半希望，一半幻滅；一半溫情，一半冷峻；一半酸楚，一半歡快；一半怪誕，一半真實……才會有幽默。幽默產生於智慧的盛年，其時人對醜惡深有認知，然對拯救尚懷期待。一旦拯救之夢完全破滅，幽默也必隨之淪亡。馬克・吐溫和馮內古特都在晚年目睹現實社會無可挽救的墮落，成為了完全的悲觀主義者，再也幽默不起來了。

唉，笑，真是人世間最脆弱珍貴的花朵。

命運幽默

里普斯區分了命運悲劇與性格悲劇、命運喜劇與性格喜劇、命運幽默與性格幽默。「其一，悲劇主人公所遭遇的災難是無辜的、為命運所施加的禍殃；其二，災難是由主人公本身的邪惡招惹出來的。我們稱前一種為命運悲劇，後一種為性格悲劇。這種對立，我們可以推及一般。一切『不應有』，或者是附著於一人一物本身的『不應有』，即此人此物的屬性或者規定，或者是此人此物所遭受的損害或者否定。前一種情況是性格問題，後一種情況是命運問題。喜劇性也是一種『不應有』或者否定；它在我們看來是一種化為烏有。同樣，這種否定也能存在於一人一物本身中，或者也能為命運施加於此人此物身上……前一種可以稱為性格喜劇，後一種可以成為命運喜劇。」（里普斯：《喜劇性與幽默》，劉半九譯，《古典文藝理論譯叢》第7輯，人民文學出版社1964年，89頁）

「假如一個人遭遇的命運的喜劇性中，這個人身上的一種人的重要性或者相對的崇高性得以顯現，並且通過喜劇性提高了它的感人力，那麼這時候，可以談到命運幽默。另一方面，假如和一個人的品質有關的喜劇性或者可笑性，顯豁地說明了這種品質的人的重要性，或者使一種人的重要性正在它本身中顯現出來，那麼這時候，就可以談到性格幽默。」（94頁）

「命運幽默、即諷刺性命運幽默的特點是這樣的：幽默的承受者遭到喜劇的命運，他被嘲笑了，所以從表面看來，是被喜劇地否定了。但是，他以他對於善良與理性的意識、以他的正直與能幹和喜劇命運相對立。他仍然保存他的本色，堅持憑藉自己的正確和嘲笑相抗衡，並在內心顯得比喜劇命運更強大；他在被嘲笑的時候，我們反而更愛他了。」（95頁）

王小波小說的主人公王二、李衛公諸人呈現出來的幽默，即為命運幽默。其含義比里普斯所言更為複雜，同時含有「隱嘲性幽默」的成分。

蕭翁的肉麻處

不知是因為看的時候太睏，還是確實如此——蕭伯納《巴巴娜少校》第三幕結尾處巴巴娜（又譯巴巴拉）和他男友柯森斯的對話，讓我感覺有點肉麻。

彼時巴巴娜對「救靈魂」的事業和解脫生存困窘的罪惡事業之間的悖論恍然大悟，支持柯森斯繼承自己父親的軍火生意，而她將不再「一手捧著《聖經》，一手舉著麵包」去救窮人的靈魂——窮人在承認得救時也許只是為了麵包而已——而是要到她父親治下的那個豐衣足食、靈魂饑渴的人們中間，繼續她真正救靈魂的事業。

巴巴娜和柯森斯的這段思辨看來是蕭翁自己的真實想法，被二主人公和盤托出。最後軍火大王找到了繼承人，巴巴娜和柯森斯找到了世俗與靈魂的救贖之路。大團圓結尾。真叫人受不了。蕭翁的刁鑽挖苦迷人至極，一旦他把解決之道善良地裸給觀眾，就難免讓人難為情。

蕭伯納和狄倫馬特都是行動派作家，認真要為人類社會尋求拯救之道，且對自身之道頗有自信。藝術和行動的誓不兩立便在這裡：作家愈把自己的「辦法」端出來畫上一個確信的句號，他的藝術愈遺憾。

狄倫馬特好得多。他也探究解決之道，但他的作品在悖論面前敬畏地止了步。蕭翁相比之下哲學頭腦稍弱，也天真些，所以他長壽到了94歲。

幽默作家的科學嗜好

「誰敢說在數學和理智的運用當中就沒有激情？瞭解數學是人類最高貴的才能！說數學沒有靈魂，說它是死的、無人性的機械東西之類的胡謅完全違反了人生和歷史的最基本的事實！試問有什麼曾比數學的預見力把人的思想推進得更遠？……」（蕭伯納：《波揚家的億萬財產》，轉引自王佐良《蕭伯納戲劇三種．譯本序》，人民文學出版社，1963年）

可惜我此生恐怕沒有時間學習數學了，只能對數學和科學表示景仰而已。

近日亂翻幽默作家的生平作品，發現他們對科學技術或發明創造有著共同的嗜好。蕭伯納如此禮贊數學，間接回應了人們對他「只有智慧的頭腦，沒有火熱的心腸」的批評。馬克．吐溫窮小子時期發明過背心上用的自動紐扣、設計過獲得專利權的剪報夾，有錢之後又投資到蒸汽發生器、新式海上電報、表廠之類，還資助一個發明家研究自動排字機，結果血本無歸。拉伯雷是個醫生。斯特恩胃口龐大地擴展他的土地面積和耕種品種，不過他的收入總是抵不上投入。羅素算不上幽默作家，可是他對尼采的評述算是幽默的經典——他的數學和邏輯哲學造詣至今無人可及。馮尼格特學生物學出身。王小波工科畢業，寫作之餘發明書寫軟體，之所以沒被軟體公司購買版權，據說是因為它的使用難度有點大……

這現象真有趣。幽默是人類的高級心智，只有自由往還於主觀世界和外部世界之間的人，對宇宙和人類永存好奇之心的人，才可能具備此種心智。對外部世界無能為力、一無所知也無探索興趣者，用羅素的話說，那種懷抱《傳道書》主人公式的虛空感的人，是不可能理解幽默的。若要醫治這種虛空感，他建議去學習「客觀的知識」。他自己就是從學習數學開始，遏制了自殺衝動的。

人們都喜歡幽默，但是又賤視幽默，以為它是人類智慧的小小飾品。我卻以為它是人類的高尚智慧登峰造極之時，溢出的含蓄的訊息。

2007年8月4日

忽然想到

狎玩與戀愛

有那麼一種讀書人，待書如狎妓，如吃花酒，他們聲稱自己對書的態度是最輕鬆不過的，只為「玩樂」，因此是最不功利的。他們若做出版，就會弄很情調很「小眾」的雜誌，培養一種柔軟風流的名士文風。他們、他們的作者都名士得很。

但是這樣的名士都牙口不佳，最怕和另一種讀書人相遇——這種讀書人，待書如戀人，如飲甘醪，不愛個死去活來、徹心徹肺不算完。他們若寫文章，就要把腦和心翻騰個遍，形成一種逼人認真的死士文風。

這兩種人千萬別碰面。

彼此話不投機事小，自己壞了興致事大。

注視

一個專制國家的作家到西方世界落戶，平常不怎麼考慮的問題，現在要了他的命：他為誰寫作？

他感到自己在本土說的話過於冠冕堂皇，自欺欺人，充滿了居高臨下的優越感：我為自己寫作。

在這裡，他行不通。他需要讀者，而讀者不需要他為自己寫作。他們需要從他這裡看到些離奇特異或符合想像的東西。於是他才知道：他為讀者寫作。

在這些抱有政治和文化優越感的讀者面前，他需要讓他們分享一些能夠分享的經驗，這就有兩種選擇：1、告訴一個他們所陌生的、衝破他們成見的世界，這個世界遠比他們自己的新奇而優越，這一選擇會喚起西方讀者不明就裡的敬畏之心和自我批評；2、告訴一個他們所陌生的、符合他們成見的世界，這世界如此水深火熱，時刻需要他們的拯救和憐憫，這一選擇會喚起西方讀者的精神優越感和自我認同感。

兩種選擇看似背道而馳，卻有最大的相似性：他們都聲稱自身敘事的真實性，但實際上，那只是被注視者的目光所塑造的「真實」。作家自身的精神生活，他真實關切的微觀世界，卻可能是無聲的。或者，只有他真的「為自己寫作」時才會寫到。

所以，我很懷疑在西方暢銷的流亡作家——那些編故事的人。政治才是那些故事的作者。也許這看起來勢利，但卻是由於對「勢利」的警惕才產生這想法。

政治對文學創作有益，這一點只有在文學僅僅把政治當作材料時才適用。

同時，我也懷疑我們本土的暢銷作家。那是被另一種扭曲的目光所塑造的「真實」。政治環境和文化生態是因果關係，如此，我們這兒暢銷的是什麼東西可以想見。

關於幸福

——古人幸福還是今人幸福？

——當然古人幸福。

——為什麼？

——因為古人的生活很難呀。兩個朋友，相隔千山萬水，今夕相別，也許終生不能相見，因此更珍惜友情。兩個戀人，因為隔著禮教的約束，不能想見則見，所以相思極苦，相戀極甜，相見極樂，相離極悲，因此更珍惜愛情。因為沒有化肥和科技，糧食、蔬果和牲畜都不高產，亦都無污染，雖稼穡艱難而味美可口，因此更珍惜天物。總之，因為那時一切都是難的、不便的，所以一旦如願，便極幸福；不如願，便極痛苦。幸福和痛苦都分明地存在，所以古人幸福。

——今人何以不幸？

——一切都不難了。千山萬水幾小時就到，禮法約束幾乎無存，朋友、戀人想合則合，想分則分，因此無痛苦歡樂可言。科技日進，人的胃口對糧食、蔬果、動物饜足無已，但種性退化，全無味道。一切都容易、都方便，幾乎沒有不能實現的願望，因此人幾乎沒有願望。幸福和痛苦都無感覺，所以今人不幸。

——今人就沒有一點感到困難的事情嗎？

——哦，你這麼說，倒提醒我了。今人的幸福，更難了。所有這些問題，還沒有一個找到答案，不似古人，那些難，是可以逾越的難，有解的難，因此有克服困難的歡樂。今人的難，目前無解。現在的人類，無論哲學還是科學，都需要涅槃出一些新的智慧，克服這種難。如果幸福的程度依賴於挑戰的難度，那麼今人應是空前幸福的時期——我們生存的意義，從未受到像今天這樣高難度的挑戰。

——所以，更大的幸福等著今人了？

——如果你相信人終究是神性的生物，你就不妨這麼想吧。否則，墮落無已。

如來鼠

老鼠總是妄想成為如來——小爪伸出，幾隻跳蚤蹦跳其上。跳蚤邊蹦邊氣喘吁吁云：這如來的手掌啊，縱使天大神通也難跳出。

如來鼠放幾粒麵包屑於爪上，跳蚤感激涕零曰：為什麼要跳出手掌心呢？那些不敬神的可憐蟲啊，活該他們餓死！

如來鼠夢見自己的手掌覆蓋了貓、狗、鷹、人等等所有仇敵。天下歸一，整個世界臣服於自己。牠準備往貓、狗、鷹、人的頭上啐唾沫，羞辱他們，然後才把他們壓死。是的，一個完美的秩序必得有犧牲。

牠真是太麻痹了。睡眠中的聽力竟如此之差。連推土機的巨大噪聲也聽不見嗎？朽屋倒塌的聲音也被忽略了嗎？只能說，作為一隻自我信仰的如來鼠，牠的信仰之堅定與根基之脆弱太過成比例了。牠什麼都想過，就是沒有想到，如此之快地，自己就被推土機凌空鏟進了垃圾場。

爛去

這個民族沒有心，只有肉。鮮肉。爛肉。而已。

二十年來的治人之道成功了。

2009年4月24日

小札記

「神」是複數

有注解說，《聖經》中「神」字的希伯來文Elohim為複數，是加強意義的用法，表示神的偉大與華麗，稱為「華麗的多數」。此字雖為多數，但動詞為單數，指出神是宇宙間唯一的主宰。

「神」是複數一語大有深意。我們的頭腦由於邏輯的緣故只能把複數理解為一種修辭，但我覺得它暗示著神的意志本身是無窮數的複合體，甚至是一個共和國，彼此對話爭論、互有頡頏，時常並不一律，所以世界會是如此矛盾和充滿悖論的世界。但最終，祂們會是一個整體，此即我們永遠無法完全認知的不斷變化而又是常數的「道」。

關於原罪的猜測

《聖經啟導本》有些注解很令人信服，有的則讓人狐疑。比如，關於神為什麼不讓亞當夏娃吃「分別善惡樹」的果子，它的解釋是：這是神對亞當夏娃是否忠於祂的禁制的試探，其實不吃那樹上的果子，二人一樣有分辨審察的能力。神給人一個自由選擇的機會，叫吃的人死的不是樹本身，而是人對神的背叛。

但是，亞當夏娃在吃禁果之前是不懂得害羞的，吃了才知道以無花果樹的葉子作裙子，耶和華回來，夏娃才知道躲起來。所以，吃果子前後，二人的分辨審查能力是不一樣的。況且，神還不至於像皇帝一樣無聊，整天試探亞當夏娃聽不聽話。

所以這個故事恐怕不是注解所解釋的意思。也許是上帝已預見到人類學會分辨善惡所帶來的惡果。祂為防止這惡果禁止人食那果子。但是既然上帝是萬能的，祂為何不用一個萬全之策阻止人得惡果？我理解是：上帝要給人徹底的自由，這個世界一直在祂的創造之中。祂拒絕唯一和確定的答案。祂知道真理，也有自己的標準，但同時祂有創造欲和好奇心，是後者支配祂讓人類進行在祂看來明知是錯誤的選擇，祂要看看罪錯之後的劇情。但最後一切都要得到拯救。

一個偉大的作家也經歷過類似的心理歷程。

伯格曼的旁觀

《第七封印》裡，傾力自省的主人公瘦騎士是個冷眼旁觀的角色，這一設計絕非出自伯格曼的下意識。

騎士想求證上帝之有無，關心靈魂的得救，但是面對「巫女」的無故受刑，他還是「順從地點點頭，走開了」，因為修道士對於他們之所以這樣做給了一個似是而非的理由：「人們相信使我們深受其苦的這場瘟疫是她引起的。」

在巫女的火刑堆旁邊，他一面平靜地觀看她受難，一面沉思她靈魂的歸屬。

在這些場景之前，他已經告訴死神他對自己的看法：「我想開誠佈公地和你談談，但我的心靈是空虛的。」「這種空虛是一面鏡子，它正對著我的臉。我看見鏡中的自己，我感到恐懼和憎惡。」「由於我對待我的夥伴們冷漠無情，所以他們都離開了我。現在我生活在一個幽靈世界裡。我被禁閉在我的夢和幻想裡。」

這種「冷眼旁觀」，既源於消極自由的冷漠，也源於求知欲，「知」之所以帶有罪孽的性質，便是為此。同理，創造與道德的自我完善不能兩全，也是為此。這是伯格曼最高尚的真實。他從未給創造者營造無辜的假像。創造者是有罪的，因為他是一個對他人的痛苦冷眼旁觀的人；惟其在對罪孽的辨清和承認中繼續自己的創造，才能最終把自己有罪的靈魂交給上帝，將它洗淨。

還是伯格曼

《第七封印》和《野草莓》一樣，是個漫遊的結構。人物在瘦騎士的漫遊中隨時加入、離開、復現，最後匯合，如同音樂動機的循環往復。

人物象徵著現實世界的不同角色——

瘦騎士：懷疑論知識份子。

隨從延斯：有行動能力的唯物論者。

雜耍演員約夫和他的妻子米婭、兒子邁克爾：純樸的信仰者和得救者。

教士和竊賊雷維爾：信仰體制的寄生蟲，代表伯格曼對宗教體制的嘲弄。

形形色色的群眾。

四處都是饑荒和死亡，但瘦騎士受到了貧窮美麗的米婭的熱情接待——一碗野草莓，牛奶。喝了口牛奶，望著籠罩在美麗晚霞中的一家人，以及爽直的延斯，曾經冷漠無情的騎士對米婭說道：

「我將記住這一刻。這寂靜，這暮色，這一碗草莓和牛奶，晚霞映照下的你的表情。邁克爾的安睡，約夫和他的里拉琴。我要努力記住我們的談話。我要小心翼翼地用雙手捧著這記憶，就像捧著滿滿一碗鮮牛奶一樣。（他轉過臉去，望著大海和灰暗的天空）這將是一個好兆頭——對我來說，這就夠了。」

瘦騎士通過和死神對弈，使約夫一家逃脫了死亡。

上帝是否存在？伯格曼始終沒有找到答案，但是願意給這問題一道微光。在他的《第七封印》和《野草莓》中，「野草莓」是純樸的虔信者無需心機和勞作即可得到的自然的饋贈。耶穌說：「不要為生命憂慮吃什麼，喝什麼，為身體憂慮穿什麼。生命不勝於飲食嗎？身體不勝於衣裳嗎？」「你們需用的這一切東西，你們的天父是知道的。你們要先求他的國和他的義，這些東西都要加給你們了。」「野草莓」象徵著伯格曼對此福音的理解——那是耶穌基督的諾言及其無言的兌現，那是上帝的恩寵。

因此，把伯格曼定義為個人主義導演是不準確的，他只是真實地描述了個人主義者靈魂的困境而已。

這是一段他的自白：

有一個古老的故事，說卡爾特大教堂怎樣遭到雷劈而被燒成平地。好幾千人從四面八方趕來，像蟻群般匯合在一起，在原地重建大教堂。他們一直幹到把教堂最後建成。這些人中有建築師、藝術家、工人、鄉下人、貴族、教士和自由民，但他們的姓名都無人知曉，至今沒人知道是誰建造了卡爾特大教堂。

拋開我個人的信仰和懷疑不談，因為這是無關緊要的，我認為一旦藝術和信仰分離，它就失去了根本的創作動力。它切斷了自己的命脈，不能傳宗接代，而是自生自滅。在從前，藝術家把作品奉獻給神的光輝，自己卻默默無聞。藝術家無論在生前還是死後，都不會比其他匠人更為重要；「永恆的價值」、「不朽性」和「名著」這些詞句，對他們是不適用的。創造的才能是天賦的。在這樣的世界裡充溢著堅定的信念和自然的謙卑。

今天，個人已經成為藝術創造的最高形式和最大毒害。自我受到的最微小的創傷或痛苦，也會被放在顯微鏡下仔細琢磨，好像它的重要性是永恆的。藝術家視自己的主觀、孤獨和個性為神聖。於是我們最後都聚集到一個牢籠裡，站在一起為自己的孤獨哀鳴，既不互相傾聽，也意識不到我們正在相互窒息。每一個人都盯著對方的眼睛，卻否認對方的存在。我們在原地打轉，如此地陷入自己的愁苦之中，以致不再能分辨真與偽，分辨暴徒的狂想和純潔的理想。

> 因此，如果讓我回答我拍片的總目的，我要說，我希望成為建造那矗立在廣闊平原上的教堂的藝術家中的一員。我想用石頭雕出一個龍頭、一個仙子、一個魔鬼或一個聖人。做什麼東西並不重要，重要的是我從中獲得的滿足。不管我是否有信仰，不管我是否是一個基督徒，我願在建築教堂的集體勞動中貢獻自己的一份力量。

充分發育過的「個人」的自我超越，和從未深刻認知過「個人」的集體主義，詞句的表面多相似！南轅北轍的相似。

易卜生的《培爾・金特》

易卜生的「培爾・金特」是墮落、反諷版的浮士德，挪威版的阿Q，中庸、利己主義者的諷刺史詩。易的戲劇純然產生於精神的內面，他的戲劇與哲學的關係最近，一部戲往往是多種哲學相互駁詰的交響樂，這個藝術樣式的精神能量因此被發揮到了極致。

《培爾・金特》的主題是《布朗德》的反面。《布》表現了一個追求徹底神性的人（人神——神人的複合體）的毀滅，說的是人性與神性的衝突。《培》則講了一個被布朗德所唾棄的那一類型人的成長歷程及其最後的得救（被愛所救）。這是什麼類型的人呢？他的格言是「為自己就夠了」，他的做不到的口頭禪是「保持自己的真正面目」，他的自救之道是永遠對自己的所作所為理直氣壯、為自己的當下譜寫讚歌，在犯下罪過的同時做些好事，在靠近魔鬼的同時禮贊上帝——走到哪都給自己留條後路，並認為通往天堂的路也可以這樣買到手。這是現代人靈魂的畫像。

這又是一個漫遊結構的戲，但是首尾相應。培爾・金特青年時代出發之地，又是終老時回歸之所。中間每一遭遇，每一場景，都隱喻人類的一種帶病的品行，都是培爾・金特的一次墮落。這些嬉笑怒罵的喜劇性的墮落人物個個是格言警句的大師，振振有辭，發人深省。

多沃瑞山妖大王：「為你自己就夠了。」

勃格：「你要繞道而行。」（即繞開原則而行。）

在此人生哲學武裝下，培爾・金特離開深愛他的女天使般的索爾薇格，縱浪於人人為己的凶險之途：成為富商，結果被和他信奉同樣人生哲學的同伴騙個精光；到沙漠裡當「先知」，企圖誘拐女奴，反被女奴以他所宣稱的神聖理由拐去所有錢財；當半吊子學者胡說八道，結果來到了實現他的胡說八道的瘋人院；晚年的培爾・金特雇船回歸故鄉，結果遭遇了沉船，他把與他爭奪救命筏的大師傅推入海底。這一場戲頗具存在主義味道，但顯然易卜生已知存在主義是人類精神的毒藥。

上岸的培爾與他早年遭遇的人物一一相遇。全劇最精彩之處從第五幕第六場開始。主人公內心已有但從未展開的可能性，借線團、落葉、歎息、露珠、折斷的稻草之口唱出。那是些可以讓他得救的品行，但被培爾以「自我」之欲扼殺掉了。

「鑄紐扣的人」出場，令對白哲思迭出，這一形象的性質和功能與《第七封印》的死神相近。他讓培爾・金特出示自己美德的證明，或者罪惡的證明，他要在下一個十字路口等著拿到，否則就把他的靈魂和隨便別人的靈魂混在一起鑄成新的紐扣。

培爾・金特與索爾薇格重逢，在她愛的赦免中，鑄紐扣的人離去了。

當代社會再也產生不出如此偉大的作家作品了。易卜生看見了上帝和人，當代作家眼裡只有人。

薩拉・凱恩

人在表達最後的絕望時，語言總是力不從心的。力不從心而依舊竭力噴湧，人所能見到的是黑色的血，瘋狂，心臟一塊一塊被嘔出。旁觀者旁觀不下去了，被這訣別的訴告捲了進去。看完，好像經歷了一場死。這就是薩拉・凱恩的《4.48精神崩潰》。

這位英國女劇作家生於1971年2月3日，自殺於1999年2月20日倫敦金斯大學醫院的衛生間裡。她是用鞋帶把自己吊死的。此前兩天，她已自殺了一次——吞食150粒抗抑鬱藥片和50粒安眠藥片，被鄰居發現及時送往醫院搶救活轉。但是兩天後，在護士離開她的90分鐘裡，她迫不及待地結束了自己的生命。

她有五部劇作存世，生前已聲震歐美。她的劇作給人極大的開啟性和自由感。這是個讓我感到親切的人——真實得兇狠，對地獄圖景擁有發達的感受力和想像力，但她之兇狠書寫，非為討好罪惡，而是為阻止地獄在現實中的降臨。她死於對地獄秘密的深度知曉。她被稱作「唯一具備古典藝術氣度的當代劇作家」。胡開奇的譯筆極富詩哲之力。我注意到他為中國劇壇輸送了不少當代佳作，《枕頭人》、《民主》、《哥本哈根》、《求證》等都為他所譯，真令我深深感激。

海納・米勒

海納・米勒說過：「馬克思談到過去世紀人的夢魘，本雅明談到解放過去。死人在歷史中並未死去。戲劇的一個職能就是召喚死者——與死者的對話不能停止，直到他們交出與他們一起被埋葬的那部分未來。」「對死屍的愛就是對未來的愛。我們必須把死者當作對話夥伴或對話搗亂者來感受——未來只會從與死者的對話中出現。」

在《哈姆雷特機器》中，過去、現在和未來同時存在，一個人物同時既是他自己又是他的對立者，甚至可以成為所有人。在第四場，扮演哈姆雷特的演員否定了自己的角色，「我不是哈姆雷特」，撕毀了作者的照片，自責於自己的特權，要回歸到自己的血液和糞便裡，回到死亡之中。這種精英的自我屠殺，是對「歷史正義」的彌賽亞式解決的形象化。之後，他又穿戴上哈姆雷特的服裝和面具，穿上他的幽靈父親的鎧甲，用刀劈開三個國際共運領袖的腦袋，暗示敘述人又回歸到先前的權力和理性秩序之中。

統觀全劇，所有角色參與的只是一場又一場的生命、性別、社會、歷史角色的循環和轉化。死亡與新生、大糞和血液隨時可以互相轉換，歷史的一個瞬間既是此時，又是彼時，但最終都呈現為海納・米勒惡毒的詛咒。詛咒的背後是他對人類一切可能凝固為權力的事物的高度警覺。這是作為劇作家的海納・米勒的藝術解決方式，它作用於單個觀眾的意識中，而不期待被納入群體性的歷史。

海納的精英自我屠殺，與魯迅的急於自我犧牲、「從速消滅自己」，其本質是一樣的。世界上的左翼藝術家，都是狄倫馬特式的「羅慕露斯大帝」，其實與左翼政治領袖完全行進在兩條道路上。

2009年6月

二十

聽來的張中行

我不認識張中行先生，但師友中頗有熟其人者，給我講過他的一些故事：

七〇年代初，張先生因「思想問題」被出版社開除公職，北京無以居留，只得回河北農村老家，四個女兒則被發落在大江南北改造思想。張先生一無所有，和老伴壘房種地以度日。1976年大地震，先生的破房被震塌，先生被壓在底下，險些喪命。

八〇年代張先生住在燕園女兒家，閒來無事，走在新北大想起老北大，遂拿起筆來追憶往日師尊。投稿雜誌，少數發表，多遭退稿，只有一位黑龍江出版社的編輯看了，大為驚歎，遂得以出書。不承想很快走紅。

1994年，先生已經85歲，問他的一位忘年交：「你說，我真的出名了嗎？」那人回答：「當然啦，您出名了。」「我出名了？這怎麼可能呢？」他喃喃自語，有些得意，有些羞澀，有些淡然。「這要是在三〇年代，我也就是個小馬弁，哪輪得到我出名。」他的樣子一點不是在謙虛。

1998年，北京大學在人民大會堂舉行百年校慶，邀張中行先生和季羨林先生一起，坐在總書記身邊。張先生稱自己年老體衰，未出席盛典。

王西麟，王西麟

他的音樂是大力神寫就的。一位受過苦難摧殘的大力神，在一個不屬於他的世紀，頑強地抓住苦痛的記憶，沉湎於灼熱的情感，放眼於健忘的人類，書寫他真實的心跡。聽他的音樂，會感到難以承受的撕痛，這痛感在有他自己吟唱之聲的《黑衣人歌》和《殤》裡尤易感知。至於他的第三、第四、第五交響曲，則是毀滅、詛咒、追問和反思的建築化呈現，體積大得驚人，充滿英雄氣概，卻又極其性感。

他因思想誠摯、大膽敢言而長遭貶抑，直到去年12月10日北京中山公園音樂堂演奏他的專場音樂會，才算重見天日。音樂會結束觀眾全體起立，掌聲迎接他登臺謝幕。他下臺，觀眾仍不散去，仍掌聲不息，直到他久久地鞠躬謝幕第二次，人們才意猶未盡地離去。

這場音樂會讓我如獲至寶，遂請殷力欣引薦認識王老先生。和他音樂的沉痛同又不同，他本人的性格卻是極其熱烈而天真的。

可惜他的音樂碟長期不出，極難覓到，我是從王老處拿來自製的現場錄音碟聽的。春節期間約過士行、林白諸友去他家聽第三、四、五交響曲，老過聽罷，紅了眼圈，道：「如果沒有老王的音樂，中國20世紀下半葉的歷史算是白過了。」

2007年3月

那些驚動我的人

她們的存在對我構成驚擾。她們提醒我另一些可能的同時又要將我吞噬。我說出這些話來真是不知羞恥。不過坦率地說出難以啟齒的話，對我來說已足夠慰安。窒息對我是經常現象。多數的時候我是自愧無言。我習慣於被人像爛泥一樣踩在腳下，這時我假裝被踩的是別人，直到圍觀者散去之後，我才敢悄悄整理被踩扁的身體。它可真爛，也軟得不成樣子。但是又能怎樣呢？即使這些感受毫無價值。

什麼事我總是慢半拍，慢半拍似乎是我的安全閾。涉過這片安全閾，我騙自己說「得救了」，其實只是在積累欠帳而已。

唉，這樣出賣自己實在過分。那麼就說說那些會飛的女人。

這些人中，有的人翅膀由霓虹做成，總在半空中飛行。她似乎生來就為在夜空中展示幻念，大家必須當心，著迷於冷酷者除外。她固然受不了冷寂，所以她會搶先拋棄你。她嫵媚的羽翼煽出殘酷的風，氣流撫過你的臉。於是疼痛點燃你，讓你匍匐在地，讓你變成她的祭壇前最無謂的祭禮。你乞求她享用你，哪怕把你用完，她便立刻消失；如果她肯多鞭打你一會兒，你就會感恩地哭泣。你知道自己毫無尊嚴。「妳這毒藥！」你對著鏡子大喊，經常進行有關拋棄的演習。可你最終卻成了被她拋棄的可憐蟲之一。

而她的翅膀卻是黑色的，鼓蕩有力，直衝入雲。她習慣於加深夜的顏色，從不試圖添加別的色彩，因此你幾乎對她視而不見。間或能瞥見她飛翔的身影，你會嫌棄她姿態的生硬。「飛得再高也沒用，因為不美。」這時你以評判標準的建立者自居，完全忘記了倒楣的經歷。她也曾做過讓人欣賞的夢，後來覺得會妨礙高飛也就算了。她的興趣在於釋放翅膀的能量，一望無際的太空是她前往的歸處。我看她總有一天會在孤寂中累死，不過即便如此，我也很難讓她後悔。

她的翅膀如同鴿子，飛得安詳，溫柔優美。她是內心和諧的人，不會讓你感到焦慮。不過你可能據此判定她很平庸，任何不讓你受虐的東西都令你輕蔑。

她的翅膀和麻雀相似。會飛，也能找食，勤勉之姿令人欽佩。

這些會飛的女人，她們的翅膀煽動我的心靈。我為雙腳踏在塵土上感到厭倦。

香格里拉的雲

你們這群人從不抬頭好好看我。只知道看雪山，看草甸，看花海，看犛牛，看寺廟，看古城，看藏族納西族傈僳族跳舞，看金沙江，看臘普河，看碧塔海，對了，還看猴，薩瑪閣的滇金絲猴。你們不知道，其實是猴看你們——毛色如熊貓、紅唇如少女的猴們騎在樹上，看著谷底這幾十號人坐趴蹲站，抻頸舉首，摒息凝神，醜態百出地盯著自個兒這邊，簡直笑破了肚皮，有的笑得順著樹幹就故意出溜下來，於是你們低聲驚呼：「噓——出來了出來了！」噓什麼噓，那是猴們願意讓你看見，你還當是自己發現的哪……

有時你們也是看我的，看得很專注，很急切——清晨，天濛濛亮，幾十隻相機對著我，咔嚓咔嚓，邊照邊說：「雲彩呀，快躲一邊去吧，別擋住太陽，別讓我們白來一趟，別不給我們看梅里雪山的日出呀……」

瞧瞧，你們就是這樣對我的，作為回報，我就沒給你們看梅里雪山金頂。如果你們不這樣說，如果你們相信我，我定會化作一條最長最白的哈達，掛在王子梅里的頸上；給太陽騰出空來，讓他發出金輝；給藍天闢出地兒來，讓她映著梅里的白袍……但是那日，我受到了打擊，臉色鉛灰，身形臃腫，盤桓在梅里的胸前，只許他露出一片銀光閃爍的冰川，逗你們眼饞。「好美的冰川！」你們大驚小怪地叫嚷。——小意思，這才哪到哪。你們會更急著看梅里的金頂吧？你們會留下來，看不到就不走吧？你們會虔誠等待吧？對最美的神山，虔誠等待是值得的……那我就慢慢變白，變薄，變輕，慢慢把梅里的頭紗掀開給你們看……

啊，天神哪，地母呀，那些乘坐大巴而來的旅客，真是世間最薄情的行者！他們不但沒有留下來，反倒更加迅速地離開了！他們邊上車邊說：「總算來看了梅里雪山。」大言不慚！這也叫看了梅里雪山？沒有信仰的人是多麼不可救藥哇，連近在眼前的美景都等不及看完。紅塵男女，你們急甚？日光之下，並無新事。你們急匆匆趕去拾揀的，無非是前人吐出的甘蔗渣而已；可如果你們在神山之側駐停，靜聽，自由的神靈就會降臨在你時時更新的心上——你們何不試試這甜蜜的滋味，而趕去搶甘蔗渣呢……唉，我在這世上遊蕩了千萬年，從來萬物靜好；可自從人類發明了鐘錶，這世界就墮落了……隨你們去吧，隨你們消失在垃圾場裡吧，隨你們……三輛大巴迂曲爬行於環山路，如三隻憨愚的甲蟲。天地寥闊，寂靜無人，眾峰連綿的高原赤裸在陽光下，睡著了。驀地，環路轉彎處站立一人，如天地間唯一之人，臉膛黧黑，笑容滿溢，向大巴揮舞著手臂……車裡有個敏感的人，為這景象所震驚，於是她一直向窗外望——望著那人，直到他變成一個看不見的黑點，變成消逝在另一個世界的短促歌聲……無端的熱誠，源於無邊的寂寞吧，世間最無瑕的情感，總是這樣被輕易地拋撒和辜負……她歎了口氣，停止俯瞰，抬頭望天……她看見了我。

終於有人好好看我了。那就給你們好好看看。你們這些城市裡被灰雲捂慣了的可憐蟲，突然來到香格里拉，來到離太陽最近的地方，都有些輕微的眩暈和色盲。你們居然指著我說：「從來沒見過這麼藍的天，這麼大、這麼多、這麼白的雲！」不解風情的傢伙，難道我只是白色的嗎？只是大、只是多嗎？我是豪爽，揮霍，變幻不定……你可見哪兩片雲的顏色是相同的？形狀是一樣的？高度是相等的？姿態是固定的？你看那蒼綠草甸上、晶藍天空下，有波翻浪湧的，有萬獸狂奔的，有靜若處子的，有動如脫兔的，有慵懶安臥的，有疾走如風的……或月白，或玉白，或冰白，或紙白，或灰白……或銀灰，或藍灰，或金屬灰，或兔毛灰，或薄暮灰……皆是我，皆非我。世代生於斯土的人們，抬頭望無時不在而無時不變的我，最懂得何謂恒久，何謂無常。因之他們很乖，順從無常的意志。因之他們不馴，靈魂裡骨頭堅硬。亦因之，他們卑順健勇而慷慨好客——萍水的客人來時，敬酒，唱歌，跳渾樸的舞；相逢的客人走時，他們緊緊擁抱，依戀祝福……當然，這是你們有情的說法，聽來在理，可你們轉身即忘……這日黃昏，你們到了維西塔城的響古龍潭，修憩，喝茶，看雪山聖泉積成的潭，看潭裡游的潔淨透明的魚，看養魚開店、身著盛裝的納西一家人忙來忙去，心裡美得飄飄欲仙，紛紛大叫：「上酒來！」淳樸愛笑的納西老闆娘把服務員指揮得團團轉：快往各桌上青稞酒，上生紅鱒魚片，多多地上啊，他們城裡見不著這麼乾淨的魚，唉，這些可憐的孩子，你看他們饞的，快，快上……。

這人間俗景，我看多了，見怪不怪。我高步天上，不動聲色，正應了那句：「天地不仁，以萬物為芻狗」……我俯瞰這群塵網中人，看著你們走進「獨克宗」古城阿布老屋時的大驚小怪：那藏屋牆板，四十年前「造反有理」的標語依稀可辨，廳堂裡巨大鐵鍋乃「大鍋飯」時代所遺；主人阿布旺堆老漢捲著褲腿，你們看見他踝骨上烙著二十餘年的腳鐐傷痕……聽老漢談古論今，你們方知這個現名「香格里拉」曾名「建唐」之地，是座浴火重生的城——四十年前，三百餘年的松贊林寺毀於秦火，寺門前碧波千頃的拉姆央措亦被「填湖造田」，這片「世外桃園」，並未逃脫無處不在的歷史之手……你們唏噓不已，不禁用了疼惜的眼光重看此城：湖在人工修復，佛殿櫛比鎏金，僧侶絡繹，遊人如織；古城的石板路坑窪不平，那或許是故意的；路旁小酒吧樸拙天真，但願那主人，心中有神……一切似乎什麼都發生過……一切似乎什麼都沒有發生……

你們人類的心思，就是這樣——有時像我一樣飄忽輕快，自由自在，有時則自找苦吃，重若鉛石。因了這個弱點，你們才不得超脫，無法永生。也因了這個弱點，你們才更像人，而不是雲。

不過我還是喜歡作雲，香格里拉的雲……皆因此處，天道輪迴，生生不息；山川靜默，包容萬有。

2007年6月

名字的怨尤

博友「好事者」貼來了「另一個劉春」的博文，寫了這位詩人劉春和另幾個劉春（包括我的閨密）重名的煩惱。這也是我的苦惱啊。因為開博客，不少博友把我和那個電視明星弄混，一些同志譴責我盜取了她的英名，給她抹了黑。當然也有個把喜歡的，有時來這兒搶沙發，還問我「什麼時候開始跑文化這一口了」。唉。我想起高中時的一位女同學——她本也叫李靜，因為和我同班的緣故，她遂改名「李競一」，一定有心酸且自勵的意思。我是否也要效法她？想想還是怕我媽有意見。是她給我起的名字——她姓靜，我爸姓李。據我所知，全世界有兩千萬個「李靜」（信不信由你），但還沒見有第二個媽媽姓靜的。

去年底我和劉春、李浩吃飯，正值我批評《千里走單騎》被網友狂罵名字的時候。仨人面面相覷，然後笑噴：這不是濫名者的聚會嗎？我和劉春之名「濫」得最重，就都羨慕地看著李浩：你的名字不俗多了，加把勁吧！然而不久我就看到《美文》雜誌有個李浩開的專欄，一看就不是俺們的小說家李浩手筆。

耍筆桿的李靜好像也是好幾個。幾年前，翻譯家高興老師語重心長地對我說：「李靜啊，不要太勤奮了，這樣妳會累壞的。」我不知其意。有頃，他小心翼翼地問：「妳是否編了一套革命家傳記文叢？」天！革命家！我夢遊也不幹來這事啊！得到了否定的回答，他才鬆了口氣，猶如挽救了一場即將發生的事故。

名字一定對人有潛意識的塑造作用。我曾問畫家陳丹青，他的名字是藝名，還是生下來父母所賜？他答：「父親起的，那時他並不知我後來學畫。」我呢，叫了這名，便從小沉默，直到研究生畢業也沒寫一篇東西。畢業後到《北京文學》作編輯，仍習慣成自然地沉默著，便在責任編輯的冒號後，署名「靜矣」。果然就「靜矣」了。

後來到《北京日報》工作，一日同事孫郁、陳戎忽起雅興，湊了個絕妙對聯——上聯：「靜矣」，下聯：「莫言」，橫批：「舒蕪」（書無）。

這事今年被莫言知道，此時我已多少打破沉默，用本名寫了幾篇文學評論被他瞧見，遂贈我一書，題詞曰：「哪裡靜矣，何曾莫言！」

莫言是好筆名的範例，他的題詞也是好範例。去年我們一干人等參觀一家革命戰爭紀念館，他被請求在紀念簿上留下墨寶。只見他揮毫寫道：「炮火連天，只為改朝換代；屍橫遍野，俱是農家子弟。」題罷，他看見了——我們也看見了——館長毫無表情的臉。

2006年7月

輯二　關於王二

誰是王小波？

最初，多是與他同代的人文學者回憶和評論他；漸漸地，越來越多的年輕人鍾情他的作品，模仿他的文風，追隨他的信念，把他認作自己精神的兄長。一個青年在網路論壇裡寫道：「考完研究生了，我終於可以實現高中時代的夢想——給他掃墓。明天開始，江南出發，一路北上，一路悲傷……」這致敬和緬懷，在今年4月11日他的十周年祭日達到了頂峰：多家電視臺、鋪天蓋地的報刊和互聯網站，自發推出了形形色色的紀念專號；人們到他的墓地祭拜，探訪他插隊的地方，出版和重讀他的作品……。中國大陸的一代青年，正在用看似幼稚的「偶像崇拜」方式，來表達對這位喚醒自己獨立思考的作家的愛與感激。這是一個悖論，這悖論環繞著一個他們永遠也不會忘記的名字——王小波。

寂寞生前

無論多少哀榮加諸他的身後，我仍能記得起他生前寂寞的身影。可能他的不少朋友都是像我這樣找上門來的吧：先是偶然在雜誌看到一篇他的文章——不禁捧腹、深思、著迷，頓時記住他的和北宋一個揭竿而起的傢伙相同的名字；然後是餓狼般四處搜尋他的文字，熱病般逢人便講他的有趣，狗崽般豎耳探聽他的資訊，幸運如我者，便終於被天賜了與他相識的機會——報社實習時採訪他和他的太太李銀河。

那是1995年，王小波正是內地文化報刊競相追逐的專欄作家，我以為約他的稿子比登天還難。1996年，我到《北京文學》雜誌工作，才知道他發表小說才比登天還難。他的文學才能一生只受到過三次正式的肯定，兩次來自臺灣——他的《黃金時代》和《未來世界》分別獲得第13屆和16屆《聯合報》文學獎中篇小說大獎；一次來自國外——他的電影劇本《東宮・西宮》在阿根廷國際電影節獲得最佳編劇獎。在內地，儘管他以見解獨到、幽默睿智的隨筆雜文受到知識界推重，但是文學界卻一直未對他敞開大門。由於他的小說對精神禁忌的大膽戲弄，除了《花城》，他投稿的雜誌很少敢於和願意發表他的重要作品——反倒是他為了交差而寫的應景之作，都能迅速刊出。當然，文學雜誌自身的日子也不好過：市場大潮的侵襲，「純文學」作品的幽閉，已使它們的讀者少而又少；僵化粗暴的發表禁忌，更令主編們如履薄冰，嚴格把關。對王小波而言，發表意味著他與真正的現代小說愛好者之間交流的可能（其時互聯網剛剛起步，還無法網上發表小說），這種可能性的斷絕，對一位作家來說是致命的。

這就是王小波生前徹骨的寂寞：小說創作是他付出心血和智慧最多的領域，卻發表無門，文壇避之不及；雜文隨筆是他信手寫成、用力最少的領域，卻炙手可熱，媒體趨之若鶩。他在世時，內地僅有短篇小說集《唐人秘傳故事》（「秘傳」二字為編輯所加）和中篇小說集《黃金時代》坎坷印行。1997年4月11日深夜，這位未滿45歲的作家心臟病突發，身邊無人，溘然長逝，直至次日下午才被發現。5月13日，他的45歲誕辰，嘔心瀝血的「時代三部曲」（《黃金時代》、《白銀時代》、《青銅時代》）終於由花城出版社出版，然而他永遠也無法得見。

以反英雄的方式企及英雄的境界

十年之間，王小波的作品獨自經歷了它們的命運。主流批評家依然對他少予置評，但對那些富於探索精神的文學同行而言，他卻是他們心中的摯友。不久前，作家莫言先生曾對我描述，他當年在《花城》上讀到《革命時期的愛情》時是如此驚喜，以致他竟催促一位記者引薦他與小波相識，然而未及如願，斯人已去。青年作家李大衛則這樣談論王小波帶給他的閱讀感受：「王小波的小說兼有約翰・歐文式的殘忍幽默，卡爾維諾式的奇觀場景以及翁貝托・艾科式的雜學旁收。可以說他是賽凡提斯、拉伯雷和馬克・吐溫的精神嫡裔。……作為一位真正意義上的人文主義者，其首要標識是對蒙昧主義徹底的批判態度。從他的寫作中可以看到一個人對世界強烈的好奇心，並以青春期頑童的方式對人類的愚昧言行進行惡作劇。這是一個文藝復興式的人物，其豐富的感性和發達的判斷力之間實現了高度的平衡。……王小波是智者，但更是勇者。當一個人具備了如此智性和勇氣，我想應該稱他為英雄。或者說，他是以反英雄的方式企及英雄的境界，並使自己的全部作品匯集成為一個時代的神話。」

學者崔衛平則這樣解釋文學批評家與公眾對王小波作品截然不同的態度：「是否因為在他的作品中，觸動了有關我們這個時代、這個時代脈搏中某些深處的東西，觸動了與每一個人有關的重大的東西，而對這些東西的處理，文學批評家並不比其他人有著更多的特權或者更加擅長？所以前者的反應有可能比較遲鈍一些，相反，讀者們則更為敏感。」

智慧本身就是好的

王小波一生，因精神探索的真實無畏和藝術創作的精緻獨特，而走過了一條舉步維艱的荊棘路。他的作品兩百萬字左右，數量不多，能量巨大，篇篇精彩，主要包括：文革題材中篇小說：《黃金時代》、《革命時期的愛情》、《似水流年》，當代題材中篇小說：《三十而立》、《我的陰陽兩界》（合為小說集《黃金時代》），未來題材中篇小說：《未來世界》、《白銀時代》、《2015》（合為小說集《白銀時代》），歷史題材長篇小說：《紅拂夜奔》、《萬壽寺》、《尋找無雙》（合為《青銅時代》，以上三部合集稱為「時代三部曲」），歷史中短篇小說集《唐人故事》，一些分散的短篇小說、同性戀題材的中篇小說、舞臺劇和電影劇本各一部，以《沉默的大多數》為代表作的約三十萬字的雜文隨筆，早期作品和未竟稿，他寫給妻子李銀河的優美情書，以及與李銀河合寫的同性戀社會學著作《他們的世界》。

王小波與李銀河是中國內地同性戀社會學研究的開創者，經由他們的調查研究，中國存在龐大同性戀群體的事實才被首次公開，這一研究在上世紀九〇年代初遭遇了激烈爭議和巨大阻力——《他們的世界》一書出版艱難，發表相關文章的刊物受到官方警告。討伐者認為他們揭開了社會的瘡疤，有傷風化，於人有害。王小波對此回應道：「這個研究的出發點是對這個社會視力缺陷的憂慮，以青蛙的視力來打比方……它能夠看到眼前飛過的一隻蚊蟲，卻對周圍的景物視而不見，於是在公路上常能看見扁平如煎餅的物體，它們曾經是青蛙。它們之所以會被車輪軋到如此之扁，都是因為視覺上的缺陷。」「假如不瞭解這些事，恐怕有一天我們會被軋得如此之扁。」他的中篇小說《似水柔情》、電影劇本《東宮・西宮》和同名舞臺劇本即是對這一無聲人群的同情理解之作，他也是中國大陸觸及此一題材的首位作家。現在，內地同性戀人群已可以公開自己的性取向而少社會壓力之憂，與十年前的境遇有天壤之別，這一變化，不能不歸功於王小波夫婦作品的浸潤人心。他們的工作，極大促進了內地公眾對同性戀者的寬容與理解。

綜觀王小波一生創作，「時代三部曲」是他最重要的作品。它們可以概括為一個主題：「智慧」在荒謬生活中的悲觀境遇。這是一個高度抽象的意圖，和每個中國人切身的精神體驗密切相關，但在他之前的中國文學從未對此加以探討。當這一抽象主題化身為歡蹦亂跳的主人公王二、李靖或薛嵩，在過去、現在或未來展開自己的故事時，卻是具體、清晰、幽默而出人意料的。中篇小說《2015》如此開頭：「從很小時開始，我就想當藝術家。藝術家穿著燈心絨的外套，留著長髮，蹲在派出所的牆下……」最後那一句沒出現之前，一切都是正常的；但是最後這句話出現了，一切的味道就都變了——「藝術家」和「派出所」之間突兀而可笑的關聯，埋伏著「智慧」被「權力」所規馴和懲罰的黑色線索。

小說裡的王小波盡情表達了自己的懷疑悲觀，雜文裡的他則釋放出感人至深的大愛熱腸，而這兩者都是以極其迷人的幽默方式抵達的。他把「智慧」引入倫理的論域，將一種超越功利、超越現世的美好價值，融化在趣聞典故和親歷故事中娓娓道來。他在講理時絕不說教，只以朋友或「壞小子」的姿態與讀者東拉西扯，直到最後，讀者被他完全說服，同意和他一起奔赴那個幸福的天地：「智慧本身就是好的。有一天我們都會死去，追求智慧的道路還會有人在走著。死掉以後的事我看不到。但在我活著的時候，想到這件事，心裡就高興。」

這段話如今已成為他的遺囑，他對我們這些活在世上的人最後的懇求。

應香港《亞洲週刊》之約而作，發表於該刊2007年5月

王小波與柯希莫男爵

在探討王小波形象時，我總會想起卡爾維諾《樹上的男爵》裡兩個有趣的怪人：一個是「樹上的男爵」柯希莫，一個是強盜賈恩・德依・布魯基。柯希莫在12歲時厭倦了地上的生活而跑到了樹上，在樹上學習閱讀，長大成人，急公好義地參與各種人間事務，可就是一會兒也不要過地上的生活，最後攀上熱氣球墜海而死。他的墓碑上寫著：「柯希莫・皮奧瓦斯科・迪・隆多——生活在樹上——始終熱愛大地——升入天空。」賈恩・德依・布魯基是個老百姓聽見他名字就打顫的強盜，和柯希莫結識後，就整日躲在山洞裡心無旁騖地看小說，他以前的同夥卻打著他的旗號到處害人。賈恩對喜歡的小說抱有致命的好奇心，這天他從前的兩個部下找上門來，搶下他手裡的書，威脅他必須去搶稅務官家裡的稅款，否則他們就一頁頁燒掉他正在看的理查森的《克拉麗莎》。賈恩現在不怕沒命，就怕不能知道《克拉麗莎》的結局，只好去了。其時他已變成一個不會作惡的多愁善感之輩，到稅務官家裡比劃了一番，便束手被擒。賈恩不在乎怎麼判決他——他知道等著他的是絞刑，而一心想的是由於不能讀書，這些日子將在牢裡空過了——那部小說只讀了一半。好在柯希莫替他解決了難題，天天站在監獄外面的樹上念給他聽。在行刑的那一天，他還差菲爾丁一部小說的結尾沒有讀完。當絞索套上賈恩的脖子時，柯希莫出現在他面前的樹上。

「告訴我他的下場。」犯人說。

「把這樣的結局告訴你，我很難過，賈恩。」柯希莫回答，「約拿丹最後被吊死了。」

「謝謝。我也是這樣。永別了！」他自己踢開梯子，被勒緊了。

在我看來，王小波就是那位「樹上的男爵」柯希莫，對「大地上的事情」一清二楚，熱心參與，但他一刻也未離開「樹上」——那是他畢生的立場，讓自己超越在人類的陳規所構成的思維邊界——「地面」——之上。柯希莫的「心中有一個關於人類社會的理想。每次當他著手把人們聯合起來，……他就在那棵樹上演講，總是會產生一種密謀的、宗派的、異端的氣氛，在這種氣氛中他的話題很容易從具體講到一般，從關於從事一種手工技藝的簡單規章制度渾然不覺地談起建立一個公正、自由、平等的世界共和國的藍圖。」這是一段有趣的描述，使我想起王小波生前，在我和他幾次有限的會面裡，也彌漫過這種不法分子暗自接頭的詭秘而「異端的氣氛」。這種氣氛源於對不能以「合法」面目出現的某種美好事物的相同愛好——愛好者對這種事物既抱有頑固的信念，又對它目前難以改變的壓抑處境（包括自己）感到可笑，「詭秘而異端的氣氛」即由此而來。這種美好的事物，用卡爾維諾的話說叫做「天空」，用王小波的話說，叫做「智慧」。柯希莫臨死之前也要攀上熱氣球飛上天空，這種姿態和畢生追求智慧的王小波相比，有最大的神似之處。

至於強盜賈恩，我認為許多自覺的「王小波追隨者」（借用《南方週末》今年4月11日提出的一個概念）和他有最大的神似之處。而歸根到底，這也是和王小波的神似之處：在遇見柯希莫之前，賈恩孜孜於奪取世俗的財富；遇見柯希莫之後，賈恩沉迷於虛幻的精神世界，將一切俗念置之度外；即使死神降臨，也不能撲滅他對這「精神世界」的好奇心。我這麼說便陷入了一種邏輯上的混亂：到底王小波像柯希莫，還是像賈恩？到底我們像賈恩，還是像王小波？其實我的意思是說：誰像誰並不重要，重要的是卡爾維諾揭示了人性之中這一不朽的天真——一個人一旦縱身躍入「智慧」的天空，他就會最大限度地超越自我，超越功利，超越一切人為設置的價值樊籬，而將自我全部投入於不可遏止的認知與創造衝動之中。這就是賈恩臨終前「謝謝。我也是這樣。永別了！」的動人之處。這也是柯希莫、賈恩、王小波和「王小波追隨者」的最大神似之處。人類一旦專注於純粹的認知和創造，他就會超越一切思維的邊界，在追求智慧的道路上做出更加自由和美好的事情。王小波以他卓異的寫作，在中國實現和提醒了人之存在的這一可能，同時，他也一直用他素樸、睿智而節制的聲音，試圖把這種超越精神從傾聽他的人們心中喚醒。在以實用功利主義和泛道德主義為主流價值觀的中國，建立和實踐與之完全相反的超越實用功利和道德判斷的「認知與創造」價值觀，是王小波終其一生的道德踐履。

在王小波這裡，「智慧」首先意味著「認知」，也就是瞭解世界的本真。既瞭解自然世界的本真——它屬於自然科學的領域，又瞭解人類社會的本真——它屬於人文的領域。只有不斷認知本真，才能不斷超越陳規和成見所構建的各種思維邊界，我以為這是他所有文本的潛臺詞。他堅持這樣一個常識：無論自然科學還是人文領域，探求本真的認知活動都必須「價值中立」。即便是為了捍衛「民族自尊心」，也不能背離這一原則，把本民族的文化缺陷以「文化相對主義」的名義說成某種「文化特異性」，嗜痂成癖，進而加以美化（見《「行貨感」與文化相對主義》、《洋鬼子與辜鴻銘》、《智慧與國學》等）。作為小說家，「價值中立，追求本真」的認知原則遠非王小波的文學實踐，卻是他的文學倫理，這一文學倫理叫做「見證」——見證歷史的真實境況，確切地說，見證「精神歷史」的真實境況。「如果這樣去寫似水流年，倒不患沒得寫，只怕寫不過來。這需要一支博大精深的史筆，或者很多支筆。我上哪兒找這麼支筆？上哪兒去找這麼多人？就算找到了很多同伴，我也必須全身心投入，在衰老之下死亡之前不停地寫。這樣我就有機會在上天所賜的衰老之刑面前，挺起腰桿，證明自己是個好樣的。但要做這個決定，我還需要一點時間。」（《似水流年》）

王小波以想像力、誇張、荒誕、狂歡、詩意與黑色幽默，而非以忠實於「生活原貌」的記錄修辭法，來實現「見證」的倫理。這是他的超越「德性思維」的意圖在文學中的現實化。在小說裡，他著眼於「個人」在錯亂的環境中理性蒙受的損傷、創造力遭受的毀滅、以及健康自然的生命狀態受到的扭曲，他揭示出這種損傷、毀滅和扭曲所導致的邏輯上的荒謬和理性上的可笑，並以此給予支撐中國幾千年（而不只是那個浩劫年代）的反智主義思維以重重一擊。而道德的淪落和情感的哀傷，作為理性錯亂的結果，只是他舉重若輕的小說的微弱餘音，但它在敏感心靈中激起的巨大波瀾，卻遠非抒情感傷的文學所能達到。

這種「見證的文學」裡有許多精緻變幻的文學技巧，其最驚人和獨特的一種便是歸謬法，即從一個假定其為真的前提出發，經過周密合理的邏輯推論，最後得出一個離奇的結論；由這結論的離奇，使人意識到前提的荒謬與錯誤；由前提的荒謬與錯誤，一整套煞有介事的價值體系便得以土崩瓦解，從而在客觀上收到「黑色幽默」的效果。將邏輯科學的基本手法如此應用在文學的領域，是王小波在文學上的創舉。

舉例來說，他的中篇小說《似水流年》寫到了一位從美國留學歸來想要報效祖國的李博士：「李先生告訴我說，他在大陸的遭遇，最叫人大惑不解的是在幹校挨老農民的打。當時人家叫他去守夜，特別關照說，附近農民老來偷糞，如果遇上了，一定要扭住，看看誰在幹這不屑而獲的事。李先生堅決執行，結果在腰上挨了一扁擔，幾乎打癱瘓了。事後想起來，這件事好不古怪。堂堂一個doctor，居然會為了爭東西和人打起來，而這些東西居然是些屎，shit！回到大陸來，保衛東，保衛西，最後保衛大糞。『如果這不是做噩夢，那我一定是屎殼郎轉世了！』」一種只有人在「做噩夢」或者「屎殼郎轉世」時才能成立的現實，該是多麼的荒謬呢？

王小波後來的小說離開了文革題材，轉向了「唐人故事」和「未來世界」，表明他已放棄以書寫「現實生活場景」來認知和見證歷史的意圖。有論者據此認為他「從此回避《黃金時代》提出的重大命題」，「轉向對小趣味的關注」，「要戲謔，要遊戲，要操作」（楊健：《中國知青文學史》），我以為這種評價是不準確的。題材雖換，主題未改，而想像力的天空則得以極大的拓展，作為厭倦重複、真正對敘事的「無限可能」抱有雄心的小說家，這一點無疑對王小波具有更大的誘惑力。

想像力對王小波而言，是一個天馬行空的領域，但是正如形式主義文論家巴赫金所指出：小說作為一種「社會性雜語」，是「社會性對話的參與者」，「是對話的繼續，是一席對語」，而不是一個從龐雜的社會現實中分離出去的封閉審美空間。如果的確存在一些作為「封閉的審美空間」的小說，那也是「社會性對話」的另一種方式，即「不與對話」。後新時期以來的「先鋒小說」、「私人化寫作」就是這種「不與對話」的文學。探討這種文學「不與對話」的成因、機制和後果，會是一件有趣的事。由最初的「不與合作的緘默」發展為後來的「安全的市場准入」，直至成為一種新的天經地義的「文學本體論」，「不與對話的文學」的功能和身份已經發生了喜劇性的變化。可以解釋的是，正是這種文學的「不與對話性」，或者說「不及物性」，構成了中國當代「先鋒文學」的主流特徵，所以王小波的「對話性」的「先鋒文學」，一直在現有的文學格局裡無法安置——因為一種內容如此「清晰」（而不是流行的混沌和晦澀）空間如此廣大（而不是流行的馳騁於原子化的私人領域）手法又如此前衛（甚至比許多前衛的小說還前衛）的文學，實在讓習慣了既有的內向的「腹語」的文學體式的批評家們陷入失語。

因此，需要指出的是，王小波的想像力雖然天馬行空，但它一直受到他的「見證」和「對話」意識的支配。這種「見證」和

「對話」，與其說是出於道德的衝動（索忍尼辛式的），不如說是出於「認知的衝動」，出於對智慧的追尋，出於對「成為一個富有創造力的個人」的祈願。智慧和創造，是王小波的終極價值，但他強調，要獲得這兩種東西，就必須突破一切思維的禁區，必須直面一切真實的境遇，必須超越所有的價值邊界。在長篇小說《尋找無雙》序言中，他明確地說：「在我看來，一種推理，一種關於事實的陳述，假如不是因為它本身的錯誤，或是相反的證據，就是對的。無論人的震怒，還是山崩地裂，無論善良還是邪惡，都不能使它有所改變。惟其如此，才能得到思維的快樂。而思維的快樂則是人生樂趣中最重要的一種。本書就是一本關於智慧，更確切的說，關於智慧的遭遇的書。」小說講了這樣一個故事：唐代建元年間，王仙客到長安尋找表妹無雙，想要娶她為妻。第一次找進來時，坊裡的人們都表示既不認識他，也根本沒聽說過有什麼無雙。至於他說的那座空院子，他們說那是一座廢尼庵。王仙客毫不放棄，查明那個院子根本不是廢尼庵，坊間人又改口說那是一座空道觀，以前住著一個淫蕩的女道士魚玄機，後因其打死自己的使女而投案自首，結果被處死。「尋找無雙」的主線這時被魚玄機的故事岔開，王仙客自身的角色也開始分裂，他在人們的輿論中變成了魚玄機的老相好，同時他自己也在想像中扮演著對魚玄機施淫施虐的牢頭角色。他迷失於這種幻覺中，分不清自己是誰，也拿不准無雙是否存在。後來，無雙的使女彩萍的出現喚醒了他的記憶，他和彩萍住進那座空院子，真實的記憶才漸漸蘇醒——他的確有一個表妹無雙，且她就住過這裡，她去哪兒了？王仙客和彩萍在坊間大耍「流氓行徑」，才逼得道貌岸然的老闆們告訴他事實真相：原來某一年無雙一家被皇帝指為附逆的罪人，男的被殺，女的被賣，無雙被帶進掖庭宮了。知道了無雙的去向，王仙客便重又踏上尋找的旅途，雖然他很難找到。整部小說敘事繁複，線索錯綜，人物誇張多變，風格諧謔多姿，但卻直指有關記憶與遺忘、見證與遮蔽、智慧與蒙昧、反抗與合謀、真與偽等多重複合的嚴肅主題。這個狀似戲說的故事「發生在一個逼人裝傻、不傻不足以生存的荒誕情境裡，」「失蹤的無雙是一個事實，涉及到已知與未知，尋求無雙的過程是由已知推及未知。這一認知能力，是我們所說的智慧。可是智慧如何能生長呢？所有的知情人都不說實話」，而只維護著一種「瞞」和「騙」的生活。（艾曉明：《尋找智慧》）

但是，只要王仙客堅持這種對智慧的尋求，他就會無限地接近真相，他就會因為接近真相而自覺地成為權力愚弄的反抗者。他的出發點既不是尋求一種政治，也不是尋求一種道德，而是尋求無窮無盡的智慧、自由、愛與美。雅斯貝爾斯這樣概括蘇格拉底：「這裡我們發現一條規則，它不是什麼狂熱，而是對擺脫倫理教條的最大渴望。這條規則是：堅持你的心靈對一種絕對的開放。」王小波筆下的主人公「作為他的第二自我」（李大衛語），也是如此。他們永遠是僵化秩序的搗蛋鬼（看看那一個又一個王二吧），他們永遠是內心熾熱的創造狂（看看發明開平方根機、證費爾馬定理的李衛公，看看為迎娶紅線打造囚車的薛嵩），他們在這個世界上永遠戴著兩張臉：一張是玩世不恭、歪歪扭扭的「壞種」的臉，他壞給皇帝、員警、軍代表和道德教師看；一張是愛意澎湃、智慧勃發的至善的臉，他「善」給紅拂、紅線、陳清揚和白衣女人看——不，不只是給她們看，他把自己完全地獻給她們，她們這智慧、有趣、性與美的化身，他的心靈所永遠為之開放的「絕對」。

這真是中國文學裡從未存在過的主人公，正如王小波是中國文化裡從未存在過的作家一樣。在這塊難以超越的土地上，王小波偏偏超越在傳統的邊界之上，徹底摧毀了「智慧」在「道德」面前與生俱來的原罪感，這是他作為傑出作家無比卓異的道德實踐。關愛大地的柯希莫男爵升上了天空，熱愛智慧的王小波則為年輕的後來者永遠開啟了智慧和有趣之門。即便他已離去，這扇大門也永不會關閉。

2002年4月16日

一代人的精神兄長

「混帳東西」的紀念

王小波曾寫過一篇題為《電視與電腦病毒》的文章，對電視節目圍著節日紀念日打轉的現象痛心疾首，大意是說：中國電視編導的腦子裡總有一本日曆，每到一個節日或紀念日，就要放一些和該日子有關的電影或歌曲，結果把電視節目搞得沒滋沒味的。「有些日子所有的頻道都在鬧日本鬼子——當然，這些鬼子和漢奸最後都被抗日軍民消滅了，但這不能抵償我看到他們時心中的煩惡：有個漢奸老在電視螢幕上說：太君，地雷的秘密我打聽出來了——混帳東西，你打聽出什麼了？從我15歲開始，你一直說到了現在！」

王小波雖然絕頂聰明，可是他肯定想不到自己如此早逝，更想不到每當他的忌辰，就會有人在媒體上紀念他——我相信他如能預見到這一點，定會想辦法長生不死，以免因為他自己的緣故，出現他最「煩惡」的情形。這樣的情形已有七年，而且看起來沒有結束的勢頭。如果他的在天之靈能對我們說話，恐怕他的話會很不客氣：「混帳東西，紀念了七年，你們都紀念出什麼了？從我死的那天開始，你們一直紀念到了現在！」當然這種可能性很小，因為平時待人接物，他總是個謙謙君子，所以他的語氣可能是這樣的：

「求你們別一到4月11日就說我了，我簡直快羞死了。」十有八九會是如此。他既然討厭人家把許多偶像強加給他，他必也不願把自己變成偶像強加到別人的頭上。作為一個一生反對各種政治強制、文化強制和道德強制的人，他一定最反感聽到這樣的話：「看看人家王小波是怎麼做的，再看看你們！」把自己變成一個令他人自慚形穢的榜樣，無疑會是他最為詛咒的事。

但是關於紀念他這件事，我恐怕會這樣勸他：如果一個時代、一些人，一到某個日子就自發而非強制地紀念某人，便表明該時代該人群最缺少和需要那個人。人們要通過「紀念」這種儀式化的行為，來強調己之所需與己之當為。如果有一天王小波式的力量不再稀奇，我們自然就不會再紀念你了。他聽了這番話，也許會心裡稍安，就不那麼反感我們了。而只有他不反感了，作為粉絲的我才能安下心來寫作此文。因此還請讀者朋友原諒我把文章的頭開得這麼長。

我們這些人

接著我想說說為什麼老是我們這些人在紀念他。所謂「我們這些人」，就是年齡段在「七〇後」前後的一些人，再擴展些，就是生於六〇年代到八〇年代的一些人。記得第一本紀念文集《浪漫騎士》和第一本評論集《不再沉默》都是由年齡與小波相仿的學者主編或撰寫的，之後，在話語空間裡一直念叨不休的，就是「七〇後」與「八〇後」了，甚至還有了個小波君一聽其名必會昏迷的網站「王小波門下走狗大聯盟」，以及一本據說有「小波風」的小說集《一群特立獨行的狗》，來向他致敬。——順便說一句，不管這個「門下走狗」多麼事出有典，總歸不那麼「王小波」；況且「走狗」的「走」有「跟隨」意，即便是「一條」也不能算「特立獨行」，更何況是「一群」，「一群狗」而曰「特」立「獨」行，未免對一個詞的使用太強其所難，即便是戲仿「一隻特立獨行的豬」，也仍是如此。

對不起，又扯遠了。其實我的意思是說：「七〇後」一代之所以不停地追念王小波，只能說明一件事：自他逝去之後，我們既未能找到與他的智慧、理性、魅力及健全程度不相上下的精神兄長，自己也沒能成為與他不相上下的成熟的個人。我不能不悲哀地說：在王小波的身後，勇敢、堅韌而智慧的自由知識份子群落不但沒有壯大，反而日漸萎縮；而一茬茬披著「小波型」修辭外衣的自鳴得意而又脆弱不堪的「自由分子」，倒是多了起來。「王小波」的語義符碼被迅速地膚淺化和時尚化，以至於一些有著逆反心理的「精英」，甚至羞於再提王小波之名。這真是不幸的事。

心腸與智慧

經過七年的時間，我們這些受過王小波作品哺育的人，已從不諳世事的二十幾歲，邁進略經風雨的而立之年。對於王小波留下來的精神遺產，我終於知道了要把它分為兩個部分：王小波心腸與王小波智慧。沒有前者，絕無可能產生後者，任何以為可以拋掉前者而直取後者的努力，最後收穫的精神格局可能都會極其微小。類似的情形，我們可以從「剝離技巧」的中國當代新潮文學中看到。以前人們對「王小波智慧」談得較多，在經歷了這個國家諸多或大或小幸與不幸的事件、旁觀了知識界一場又一場歸於泡沫的論爭之後，我認為現在更需要留意「王小波心腸」。前幾年曾經激動過我們的一些知識精英，近年的所言所行之所以言不及義無有所指，自然與知識儲備的老化和問題意識的弱化大有關係，但更重要的是由於袞袞諸公缺少如王小波那般真誠、善良、大愛且勇敢的古道熱腸。

想必王小波不會同意我的有泛道德化嫌疑的解釋，但我仍是以為，一個知識份子在擁有足夠智慧的前提下，惟有具備這樣的心腸，才會對他人的境遇苦樂抱有感同身受的理解，並且產生表達的力量和勇氣，有了理解和勇氣，他在人文研究中才可能獲得敏銳深刻的問題意識，在文學創造中才可能傳達悲天憫人的深情高致。在智力相當的情況下，正是這最樸素的心腸，劃出了不朽與速朽的分界。也正是這素樸之物，最無法取巧和作假，它一旦與心智的運動相結合，便會使人的創造力迸發出震撼靈魂的光芒。《聖經》中有大意如下的話：凡要保存性命的，反要失掉它；凡要失掉性命的，反要得著它。這句話的前半句，最適合說給那些一心想給自己樹碑立傳、什麼好處都想得的人聽，無論官員政客，還是知識份子；後半句，悄聲說給小波聽就行了——這其間道德、利益與身後榮辱的能量守恆和轉化原理，恐怕不是他所屑於證明的。然而我們這些生者若是不知，就未免太過昏聵了。

他唯一的憂慮

王小波總是說：我唯一憂慮的，是我不夠聰明。他從不憂慮自己不夠善良，因為他覺得善良這東西實在太過基本，沒有難度，屬於「良知」範疇。按照《辭海》的解釋，「良知」乃指天賦的道德善性和認識能力。天生就有的好心腸自然不必強調，他只憂慮人類後天努力才能獲得的東西——聰明與智慧——會隨時消亡。他的二百多篇雜文反覆絮叨的無非是一個道理：這世界若想變好，必須醫治愚蠢。為此他不惜耐下性子，用古今中外、尤其「大躍進」和「文革」中的諸多荒誕故事，苦口婆心地規勸國人不要重蹈愚蠢的覆轍。現在看來，他所擔心的「愚公移山」式愚蠢似乎快要過去了，但是《尋找無雙》裡王仙客在長安城所遭遇的愚蠢卻遠未過去——那就是不敢直面真實歷史與現實、不敢承擔個人權利與責任的愚蠢。如果說防止「愚公移山」的愚蠢只要大力發展工具性智慧就可完成，那麼杜絕王仙客所遭遇的愚蠢則需要更全面的智慧——除了動用工具理性，更要動用價值理性。

價值理性是在良知指引下的智慧，此一理性的衰弱，必會導致人的全面退化，其結果是滿大街行走著既無美感也無責任感的市儈小人。有一點王小波沒有提到：良知即便是天賦的基因，遇到極其惡劣的環境也會變異衰減，其脆弱程度甚至高於「智慧」。良知在這世上若真的化為烏有，那麼再高的「智慧」也只能為惡了。我看在某些特定的空間裡，一些強人的確運用著濾去了良知的高超智慧，來盡可能地阻止「沉默的大多數」獲得識別真假、善惡、愚智與好壞的包含良知的普通智慧，智慧和技術若落到這種人手裡，天下勢必會傻子惡人橫行。因此，若真想告別愚蠢，恐怕僅有智慧還不夠，還得加上「勇敢」，即不怕為遭遇不幸不平不公不義的人——不管這人是別人還是自己——說話和做事的素質。有了勇敢而智慧的素質，才能有良性公共空間的形成，個人才能擺脫孤立無援的原子化境地，而逐漸建立一個按照人道準則而非叢林規則運行的社會。

一句話：智慧固然重要，但是在一個是非顛倒的世界，真誠、善良、大愛和勇敢的好心腸卻是同樣重要的。這是王小波，我精神的兄長，在他的紀念日暗示給我的東西。他還暗示我：社會的健全與進步，只能訴諸每個公民自身的努力與覺醒，若寄望於充當「王者師」，則一切必會歸於虛妄。這大概是王小波與他的師祖胡適以及一些胡適弟子的不同之處。

2004年4月2日

（原載於《南風窗》，2004年4月16日）

為什麼中國會出現王小波？
——為他逝世十周年而作

十多年前，小波先生還在世的時候，我問他一個傻問題：「您就從來不生氣嗎？」他知道我的意思：你的文章無論寫到多可氣的事，都那麼不動聲色地悶逗，生活裡你也這勁兒嗎？

記得他笑了笑：「怎麼可能呢。再說生氣也不能隨便給人看呀。」這就是說，他生氣的樣子是絕不會讓我看見的。

可是不知為什麼，我一直想知道他是如何生氣的，正如我還想知道他是如何哭泣的一樣。大概他作品裡無處不在的壞笑，讓我對與此相反的表情愈加好奇吧。然而永遠無法得見了。

直至去年，我終於從許倬雲先生那裡聽見他生氣的情形：「大概是八四年到八七年，每個星期三的下午，我和小波都要在匹大的辦公室長談一次。我們聊起各自的經歷，經常說著說著就生氣地互相拍起了桌子。」

「你們生對方的氣？」

「不，都是為自己講述的事情生氣。他講在大陸農村插隊的事，對比起官僚和農民懸殊的生活差距，他很為農民感到不平，聲音越說越高，桌子越拍越響。」

之所以想起王小波「生氣」的事，是因為剛剛被朋友考了一下：「為什麼中國會出現王小波呢？按說這是不可能的。」這問題的意思是：「中國」乃一種精神文化，「王小波」乃完全迴異的另一種精神文化；按說前者是母體，後者是孩子，然而這個孩子的基因，好像絲毫也沒有母親的遺傳，那麼他是怎麼生出來的呢？

我一時想不起做玄而又玄的形上分析，只好把小波「生氣」的情景講給他聽，並念誦許倬雲先生的十六字考語：「情深義重，好奇心切，求知若渴，領悟力強」。朋友聽罷，連連點頭：「是了，是了，天性如此篤厚而純真，難怪他是王小波了。」然而他馬上又搖頭：「可這不算理性的回答。」

於是我就試著理性地回答：因為在現當代中國，除了本土文化，還有翻譯文化和科學文化。對，是漢語的羅素、馬克・吐溫、蕭伯納、卡爾維諾、圖林和愛因斯坦們催生了王小波。他們是他的精神之父。母親……母親就是漢語吧。所以你總不能說王小波是石頭裡蹦出來的。

關鍵是選擇問題。同是選擇精神摹本，中國當代作家多選拉美魔幻，可是王小波卻選擇英美幽默文學和南歐清晰精緻的現代派文學。他作此揀選，是因為客觀的科學文化支撐著他的精神構架，這種精微而外向的思維必定會讓他尋找與之相應的藝術形式。他的思維和寫作是以羅素哲學為底色的，而羅素首先是數理邏輯學家，該學科是骨頭中的骨頭，科學中的科學。王小波自己對邏輯學的研究，也到了符號邏輯的階段。所以你看他的雜文和小說，雖然形象歡蹦亂跳，可是那層層推進的邏輯，著實密不透風。

聊到這兒，我終於能講講他的小說了。我敢和你打一百萬的賭，王小波有幾部小說將是被後世反覆閱讀的不朽之作——至少《唐人故事》的每一篇，《黃金時代》，《革命時期的愛情》和《紅拂夜奔》沒問題。據我的閱讀經驗，這些小說的文字、內涵、形象和寫法均為上上乘，尤其後兩項，可以說為古今所無——壞作品當然也可以壞到古今所無，可天地良心，對他的作品不可能取此說。

《黃金時代》、《革命時期的愛情》諸篇小說，也許可以這樣概括：它們都講述了一個個懷抱羅素式哲學態度的主人公，在不同時空中的荒誕遭遇和灰暗處境。這些主人公的特點是：智力超群，求知若渴，內心叛逆而與世無爭，只想在平淡的人生中，得做自己想做之事——這種事往往是與人無害的智力活動。王二們既無澎湃的抒情言志，也無鮮明的道德評判，而是時時抽離情感與是非，刻刻處於旁觀和判斷的狀態，以便把他們所置身的現實當作認知的客體。這是羅素所主張的「避免歪曲客體」之法——由於知識乃是自我和非我的結合，主體對於「非我」，一定要按其所是來認知和接受，而不能以自身熟悉的主觀幻像取代之。於是我們看到，主人公一直在極盡精確、「價值中立」的思維中經歷著生活，但他一次次收穫的，卻是精確思維所無法解釋也無從想像的現實——當此之際，生活的荒謬本質被突然裸裎，而孵育此類生活的那種精神結構和決定力量，也從出人意料的角度遭遇了追問與襲擊。《黃金時代》、《革命時期的愛情》、《似水流年》、《我的陰陽兩界》都是以這種手法結構成篇的，主人公跨越今昔、若有所思的生活，就如同一道道古怪的邏輯證明題——演算者竭心盡力遵循科學的步驟，可推導出的合理結論，卻與荒誕的真實答案大相徑庭。

作者對生活的這種寫法，使他看不出一點怒髮衝冠、大義凜然的氣質，相反，他倒更像是一個全無心肝、道德淪喪的傢伙。只是偶爾，我們會看到這樣的段落：「小時候我去逮蜻蜓，把逮到的蜻蜓都放到鐵紗窗做的籠子裡放著，然後再逐一把它們捉出來電死。沒被電到的蜻蜓都對正在死去的蜻蜓漠然視之。因此我想到，可能蜻蜓要到電流從身上通過時，才知道中了頭彩，如夢初醒吧。」（《革命時期的愛情》）

這樣的段落會有什麼意思呢？也許，根本就沒有什麼意思吧。

小波，不知您聽見我的這篇廢話是否會生氣。願您安息。

2007年4月6日

怎樣看待王小波的遺產？

王小波一生只寫作雜文隨筆和小說劇本，以及協助李銀河做的少量社會學調查。關於如何看待王小波的遺產，在他逝世八年後評價日益多元，這可以從4月24日舉行的「王小波與青年文化」研討會上（見2005年4月25日《新京報》）見出。但我認為再多元，也不能離開「王小波是一位作家」這一事實。如果將對思想家或人文學者的專業訴求加諸王小波，就如同要求一朵玫瑰花成為牡丹花一樣不切實際。

王小波雜文是否只傳播了文明世界的普遍常識？是的。他的雜文是否因此可以被評價為膚淺的？不。王小波在雜文中創造性地使用邏輯歸謬法，張揚智慧和有趣，申說平等與自由，讚美科學和藝術，反對狹隘民族主義、偽科學、假正經、實用功利和愚昧盲從——其價值不在於他講的這些人盡皆知的道理本身，而是在於他講道理的方式改變了中國人固有的德性、渾沌、矯情和自滿的思維習慣，而激發了一種智性、邏輯、幽默和不滿的新思維，以及關於平等自由、特立獨行的價值觀念。王小波將人類社會的普遍共識表達得如此迷人，以至於讓人覺得，不接受這些美好的事物簡直是不可思議的。中國人總是習慣於將人類的正面高貴價值描述成掙扎和戰鬥的產物，某種令人不快和回避的負擔，但是王小波讓人知道，智慧、有趣、自由、平等、科學、藝術之所以是好的，乃因為它們是能給人帶來快樂和幸福的事物，人應當出於生命的本然需求去追求，而不是為了使自己在別人看起來是個好人去追求。他用自己發明的獨特文體，讓漂泊無依、充滿懷疑的人們繼續漂泊和懷疑，但卻不是絕對虛無主義的懷疑，而是對摧殘人之真、人之智、人之美的那些看似自古皆然的事物的懷疑，懷疑之後方能自由。在獲得了充分的自由意識之時，他主張向未知的世界快樂進發，而非為回不到處女地式的精神家園愁腸百結。

王小波的小說主要講述了性愛、智慧和有趣在中國的奇特境遇。這是中國文學裡從未出現過的主題，而他講述這一切時所用的手法，也是中國文學裡未曾有過的。王小波借鑑了二十世紀的西方文學技巧，但其價值源頭卻來自古希臘和西方文藝復興時期的人文主義思想，這是他與中國現實進行真實對話之後選擇的結果。他的小說主人公是一群具有高度精神同一性的人，充滿自嘲地懷疑這個充滿悖謬的世界。王二、李衛公們的精神譜系，可以和阿里斯托芬的《鳥》、拉伯雷的《巨人傳》、布林加科夫的《大師和瑪格麗特》、尤瑟納爾的《苦煉》、卡爾維諾的「祖先三部曲」以及貢布羅維奇的《費爾迪杜凱》相接。這些人物洋溢著自由的人類明晰於自身價值立足點的自信，他們與世界的緊張關係，乃是由於創造和求知的衝動受到層出不窮的戕害而起。他們的確缺少現代主義以來人類擁有的分裂體驗和虛無情愫，但誰又能說唯有分裂和虛無才是唯一的真理呢？狄倫馬特有言：「誠然，誰認識到這個世界的無意義，無希望，誰就會完全絕望。但這一絕望並不是這一世界的結果。相反地，它是個人給予世界的回答；另外的人的答覆可能會不是絕望的，可能會是個人決定容忍這一我們生活於其中的世界，就像格利弗生活在巨人之中一樣。他也實現了時間的距離，他也退後兩步來測定他的敵人，準備自己和敵人戰鬥呢還是放他過去。這仍然可以顯示出人是個勇敢的生物。」

毫無疑問，王小波的小說，就是那種「顯示人是個勇敢的生物」的小說。當然，除此之外，世界上還有無數其他類型的小說。「須知參差多態，乃是幸福的本源」，須知王小波只是探求了屬於他自己的那一份可能性，如果到他那裡尋求所有的可能性卻失望而歸，那不是王小波的問題，而是尋求者的問題。神也不能包治百病，何況王小波。

2005年4月25日

（發於次日的《新京報》）

《唐人故事》：王小波的現代童話集

「他畏懼自己的及我們的憂愁，於是以自己的才智為大家消愁解悶。他的憂鬱本身就具有經典意義，他的才智也變得如此。」看完王小波的《唐人故事》，我想起這句話。唉，可惜它不是我的發明，卻是哈樂德・布魯姆用來誇獎蒙田的。王小波配不配呢？我堅決認為：配！

《唐人故事》是王小波的第一本小說集，寫於1980年代，1989年山東文藝出版社初版，1998年後被收進他的各種集子裡，今年中國檔案出版社加了插圖，又出了個漂亮的單行本。這是我八年來第三次讀它，讀時仍忍不住發出陣陣傻笑，讀後則如走出大森林般，腦子清新如洗。於是心生疑惑：此書魔力何在，竟讓自詡挑剔的俺看過三遍還若癡若傻？

思忖再三，發覺《唐人故事》的秘密就在這「癡傻」二字。作者乃一癡人，懷抱至真至純之念，決然相信世間最美妙者，莫過於智慧、愛情與自由，數千年的權力秩序和現世裡的利害得失無論如何強大，在它們面前也沒戲，不但沒戲，而且會死得很難看。此等癡念豈非傻得離譜？可王家老二偏偏對之至死不渝，且有本事讓它在小說裡天才地實現——他在此書中發展出一種童話敘事方法重講唐傳奇，其怪誕空靈，與吾國當代文學占統領地位的寫實之風迴異。只不過傳統童話乃是「大人講給孩子聽」，王小波反其道而行之——一副「孩子講給大人聽」的語調。只是這個「孩子」是雙面的阿努斯：前面為頑皮童真、信口雌黃之小兒，後面為精神獨立、價值篤定之成人。《舅舅情人》等五篇，就是這個認定了人類美好價值的成熟漢子，用孩子的純真無畏一根筋勁頭編就的現代童話。

這寫法的好處是：「童話世界」不受世俗邏輯的拘管，在一個按照純粹的心靈邏輯運轉的空間裡，人物經歷著繽紛的精神冒險。這些「唐代人物」，主體性極其豐盈，遊戲精神高度充沛，乖張有趣，怪念迭出，多是女賊男盜不倫之徒，常有打賭競賽搗亂之舉。故事的每一處轉折，完全不靠這些人物在緊急情境中的被動起落（這種情況基本不存在），而是往往由類似這樣的句子來完成：「他起初想……後來又改了主意……」也就是說，是人物內心的自主對話造成了情節的突轉。這一做法在效果上稚拙可掬，在回味上卻寓意無窮，《夜行記》最為典型。

《唐人故事》雖然寫於八〇年代，但是它的現代感至今不衰。《立新街甲一號與昆侖奴》裡，每一句「這種感覺，古今無不同」，即實現一次高效率的時空轉換，同時為全篇確立了詩的節奏；《紅線盜盒》中，紅線這個精靈古怪的小蠻婆，徹底顛覆了象徵著等級、官本和男權的薛嵩的權威，這一顛覆也釋放出閱讀者對「陰暗傳統」的攻擊快感；《紅拂夜奔》的偽史插敘和故事懸念相映成趣，漫畫誇張的人物和精神自由的主題相互彰顯。而《舅舅情人》，則是我所見到的關於「暗戀」的小說中最奇特的一部。故事的巧妙編織、形象的生動易見，文本分析也許能探究清楚，但是誰能說清小女孩和王安之間的「綠色的愛」到底為何物？作者似乎在說：這是一種純粹的精神之愛，女孩得到了她對此愛的驗證，就離開了王安的生活，王安的妻子也得以釋放回家與他團聚，還改正了自己愛吃醋的毛病。十足的大團圓結尾。但它留給讀者的疑問卻遠為複雜。

童話都是「大團圓」結尾，《唐人故事》也是。有人據此認為王小波是個自我麻痹的盲目樂觀主義者，我以為相反：那只是天性抑鬱的他消愁解悶的方法而已。與其說這是他的認識，不如說這是他的信念：他願意孩子似的相信，陰暗滯重的世界終將沒落，美好的自由將如不竭的清泉，洗去人類的貧乏與憂鬱。

記王小波被「劣勝優汰」的一次遭遇

我曾經在一家文學雜誌工作，責編過王小波兩篇不太重要的作品。相信和他認識的文學編輯多會有與我相似的經歷：實在不是他捨不得把好作品給你，而是你根本發不出來。我記得是1996年8月，從他那裡拿到了《紅拂夜奔》的列印稿，回家讀罷，如遭電擊，心想這等傑作若不發表出來，簡直是作孽！興沖沖提交給領導，她看罷認為作品還好，就是太長，從文學期刊的「潛規則」看來，也太尖銳，需要刪節。我只好請他忍痛把它刪成一部三萬多字的中篇。他居然從命了，我相信如有一點在別的刊物全文發表的可能，他都不會同意這樣做的，這是他為了能「與人交流」不得不付出的代價。等我再提交刪節本的時候，領導剛因為前一期發表了一篇含有「黃色笑話」的小說（該笑話似乎涉及到牙籤和避孕套），而受到上級主管部門的訓斥，並被告知以後不許再發「格調低下」的涉性作品。《紅拂夜奔》豈止是「涉性」，簡直是無性不足以成《紅拂夜奔》，何況「性」背後還隱藏著讓「上級們」更加浮想聯翩的不舒服內容。就這樣，連斷簡殘編的《紅拂夜奔》都不能在這裡發表。我感到沮喪，更感到難過——我讓這位敏感的作家浪費了那麼多時間，去肢解他自己的心血之作，最後卻又白白肢解了，這件事我至今不能釋懷。

承蒙王小波的善良，他還是耐心地給我寫過兩次約稿。一篇是《〈私人生活〉與女性文學》，一篇是短篇小說《夜裡兩點鐘》，後者是為該刊的「短篇小說大獎賽」寫的。老實說，對後者我不夠滿意，有種滯絆的感覺，和他天馬行空的一貫風格很不相同。他自己也是不滿意的，他一邊用點陣式印表機列印著作品一邊對我說：「這種有損尊嚴的東西，我以後再也不寫了。寫多了就成沒滋沒味的人了。」他待人寬厚，前半句話他咽下沒說，但我知道他的意思：你們北京刊物限制多，我不能盡興寫；不寫吧，還對不住你的信任和看重，以我的自律，只能寫成這樣了。他還說到有幾個朋友發現他近期雜文越寫越老實，不如以前有意思了，他很不安，說以後寧可寫有滋有味但發不出來的文章，也不再寫發表順利但自我約束得不成樣子的東西。「本來你是個挺有滋有味的人，可是卻讓朋友覺得你這人沒滋沒味的，那幹嘛呀。」

諷刺的是，這篇王小波寫作生涯裡不夠成功的短篇小說，發表時卻沒遇到一點障礙。現行文學體制的遊戲規則便是如此：劣勝優汰，安全至上；最了不起也就是在安全域之內，來一點有限的「擇優選用」。至於為什麼只有「劣」的才安全，「優」的就危險，不是我們普通人能想明白的事。

現在的年輕讀者也許會奇怪：他的書現在鋪天蓋地地賣，也沒見有事啊，怎麼生前發表那麼難？後來我用《大話西遊》的思路做了番假設，覺得如果時光倒流，還真有可能在他生前就把所有作品一字不改地發表，步驟如下：

1、找一個絕對可靠的代理人，自己從此銷聲匿跡；

2、該代理人夾著他的作品對諸家雜誌和出版社編輯四處遊說，這些編輯再眾口一詞地對他們的領導遊說，他們的領導再對上級主管部門遊說：這個人已經死了，這是新發掘出來的遺作，雖然其作品極不雅馴，甚不乖巧，可是您放心，死人不能把咱活人怎麼著，發表它，只能證明咱活人寬大為懷，況且「遺作」這東西最有市場效益。

3、作品獲准出版。

如是者循環往復。

於是王小波同志就能在生前親眼目睹自己的作品迅速發表、出書、被追念、被喜愛的盛況。雖然自己的名字打著黑框，雖然人們痛惜的樣子著實令自己過意不去，可是心血之作得以面世、越來越多的人懂得了「智慧是好的」這種局面，已讓他足夠過癮。心情一好，身體也就好了，「遺作」也就源源不斷地「被發掘」，由此他成為一位長壽的「已死作家」也說不定。霍桑寫過一個短篇，講的是一個埋伏在自己家門附近十年之久、已被家人認為「死去」的男人的故事，小說構思與我的構想相近，但是在想像力的奇崛方面，卻比我差得遠，可見中國這塊土地上埋藏著多少文學創作的寶藏。如果不是確確實實參加了小波先生的葬禮，我真懷疑愛搞惡作劇的他的確就是這麼做的。八年過去了，他應該又攢了不少「遺作」，等著有一天由代理人宣佈他的「意外發現」吧。

但好像事實並非如此。好像王小波的確是死了。這說明他在如何保護自己方面，想像力比我差得遠。或許是這個致命的弱點害了他：誠實。我建議，如果這世上還活著有王小波之才的人，千萬吸取這個教訓，不要太過誠實，一定要用我支的招試一試。不管怎麼說，成為一個源源不斷地創作著的長壽的「活死人」，遠比作一位四處碰壁、英年早逝的天才，更能讓後世的人少一點痛惜。

2005年3月

1995年，採訪王小波

翻起我1995年的報社實習採訪日記，關於王小波的有兩條。一條是8月某日，上書：「年初讀《東方》雜誌，第一次見王小波文《中國知識份子與中古遺風》，笑得趴在桌上，發誓一定結識此人。今日為《生育與村落文化》採訪李銀河，正好逮著其夫君、我偶像王小波。此君人高馬大，聲音沉緩，神態很不振奮，目光習慣性地低垂，看著地面，直到把話說完，才和我對視一下，可見是個敏感、羞澀、喜歡獨自默想、不願饒舌的人。採訪其對『人文精神』討論的看法，他說：『我喜歡追求真理，因為真理最終是簡單、有趣而且新奇的。有些人把又複雜又呆板的道德教條叫做真理，我不喜歡。』應我之強烈要求，他從書櫃下方扒出《黃金時代》一本簽名贈我，並說：『寫得不好。我老師許倬雲批評我還得練字。』」

另一條是11月某日，上書：「為寫王小波專訪，再次見他。請他談經歷和寫作經驗，他只用了幾分鐘，然後說：『我的大半生經驗用不了一個上午就能講完。』他注意到我驚愕的神情，補了句：『真的，我不大會講這些。』後來聊起了我們都喜歡的莎士比亞和卡爾維諾，他的話才如滔滔江水，最後他說：『他們的作品才是人類智慧的結晶，是讓我感到人世無限美好的東西。作家的責任，就是創造出這樣的東西來，別的，都不值一提。』」

現在，王小波如同一筆被過度消費的遺產，人們——包括我——已經說得太多了，以致於我懷疑自己是否已忘記他本來的面目——那個樸素而沉默者，那個以智慧之創造和公正之實現為最大快樂的人。

輯三　社會批評

「個人」的精神成熟與「中國文藝復興」

有關「中國是否需要文藝復興」的探討，目前已變成到底中國需要「個人覺醒運動」還是需要「社會復興與道德重建運動」的論爭，「文藝」暫且被放在了一邊。劉軍寧和崔衛平二位先生選擇前者（但也並未排斥後者），認為可借助文藝達致國人對「個人尊嚴」的覺醒；秋風先生選擇且只選擇後者，認為中國「放縱的、原子式的和物質主義的個人」及其文藝已經過剩，因此無需「文藝復興」，相反，倒是需要一場「讓個人學會與他人共同生活」的社會復興與道德重建運動，以形成保護個人尊嚴的「元規則」，這才是當務之急。

「空蕩蕩的個體」？

秋風先生的《道德重建、社會建設與個體尊嚴》一文讓我感到困惑之點有二：1、他批判了歐陸啟蒙主義運動的「建構論唯理主義」，推崇「以英格蘭普通法傳統為經驗基礎的英國個人主義傳統」，但是他給中國問題所開的「社會復興與道德重建運動」的藥方及其論述方式，卻是「建構論唯理主義」式的。2、他關於「個人」、「個體」的描述和想像只局限於人類的動物性或物質性存在，因此一談及「個性解放」，就是對個人「動物性慾望」的完全放縱，這是他反對「中國文藝復興」的道德基礎；而他所提供的唯一救贖之路，就是「讓個人學會與他人共同生活」，「讓每個人具有在與他人的互動中生成此類規則的能力（「規則」指的是道德規範、法律規則、商業慣例、文化習俗等等——引者注）。這種能力在空蕩蕩的個體身上是無從發現的」。我注意到，「個人」一詞在上述引文中皆為賓語，它被祈使動詞「讓……學會」、「讓……具有」牢牢夾住，暗示出「個人」在秋風先生觀念中的完全被動性與可灌輸性；而「空蕩蕩的個體」這一描述，更表明秋風先生對「個體」內涵的意識空白。這種關於「個人」、「個體」的言說方式，恰恰也是「建構論唯理主義」式的，而非「經驗論個人主義」的。

「個人」、「個體」到底意味著什麼？是否張揚「個體」就必然導致個人與公共生活的脫節，而使人陷入原子化和動物化的境地？在當下中國，精神成熟的個人尚未普遍長成之前，由無數不成熟的個體所參與的「社會復興與道德重建運動」（假設這種運動果真能夠來臨的話），可能結出成熟的果實——健康公正的「元規則」嗎？

問題的關鍵，我以為不在西方的文藝復興運動和啟蒙主義運動功過如何，以及西方的「個人」、「個體」概念究竟怎樣，而是在於我們對自身困境的癥結如何認知，以及解決路徑如何尋找。也正因此，劉軍寧先生提出的「中國文藝復興」命題顯現出價值，因為他切中了中國「個人」精神不成熟的要害。

愛與好奇的「個人」

中國文化傳統以宗法秩序為價值核心，沒有完整的「個人」觀念。「五四」知識份子雖曾高揚「個性解放」的旗幟，也是以「光大宗邦」為旨歸，並無成熟的「個人」意識。及至當下，人文學者雖借鏡西方自由主義，提出「個人優先」觀念，亦是出於建立「憲政框架」之必需，因此對「個人」內涵的探討，單單側重社會－歷史的物質功利層面，而對其超越性的精神審美層面，殊少觀照。由此可以解釋，為何當下知識份子在制度干預的道路上一旦遭遇挫折，就會對中國現實的改進感到完全無能為力——這是「知識功利主義」的必然結果：既不相信個人的精神存在、精神建設之意義，又無力改變國人的物質存在狀況，於是知識者只能陷入思維和行動的虛無與停滯之中。

因此，這種「個人」的精神不成熟狀態，首先應當用以描述中國的知識份子自身；而中國若果真會有一場「文藝復興運動」（姑且這麼叫罷），則首先應當是知識份子的自我成長與精神健身運動，在此一過程中，他們與公眾分享精神成長的經驗，並共同走向成熟。

誠然，成熟與不成熟都是相對的，但對於「精神成熟」，本文願意遵循一條近乎悖論的界定：愛與好奇的能力。這超乎天然的熱忱童真，恰恰能引人走向精神的成熟。——蘇格拉底飲鴆之前對看望他的夥伴們說：「我請你們思考的是真理而不是蘇格拉底。」「請記住，無論生死，邪惡不會傷及善人。」他的第一句話證明了人類的智慧之愛超越物質生命欲求的真實性，第二句話則啟示了信仰的全部真諦，而致生命於自由之境。這是「精神成熟的個人」的極端範例。無庸置疑他太特殊，也太難了，但他所昭示的生命價值觀卻不難實現。正如文藝復興巨匠達・芬奇所言：「知與愛永成正比。知得越多，愛得越多；愛得越多，知得越多。」

愛與好奇建立起個人與世界之間外向的超功利關係，「個人」因此既不是封閉而空空蕩蕩的，也不是純物質性和動物性的，而是開放、快樂且奔淌著精神之溪流的超功利主體——儘管他也從事物質功利的生存，但這種生存是為了更好地探尋「萬物之理」，探尋自身與整體性存在的真切關聯，在此種行為中，個人確認生命的意義。無論何種時代，這都是「精神成熟的個人」的題中應有之義。從古希臘的德爾斐神諭「認識你自己」，到文藝復興時期蒙田的家族徽章「我知道什麼？」，再到康德建議的啟蒙運動口號「敢於知道——開始罷！」（引自賀拉斯的詩句），直至十九世紀末尼采的「重估一切價值」，都提醒著這一真理：把超功利的智慧認知，視作個人最深刻的道德和增進精神成熟的基礎。

雖然多年以來，中國關於「個人」、「個體」、「主體性」的哲學著譯已汗牛充棟，但是我們從未像現在這樣，對「愛與好奇的個人」、「精神成熟的個人」、「超功利的個人」萌生出如此普遍和自覺的探索欲求。精神成熟的個人時代將在中國開始了嗎？如何開始？

文藝：審美的拯救

哈樂德・布魯姆說過一段著名的話：「莎士比亞或賽凡提斯，荷馬或但丁，喬叟或拉伯雷，閱讀他們作品的真正作用是增進內在自我的成長。深入研讀經典不會使人變好或變壞，也不會使公民變得更有用或更有害。心靈的自我對話本質上不是一種社會現實。西方經典的全部意義在於使人善用自己的孤獨，這一孤獨的最終形式是一個人和自己的死亡相遇。」但經典藝術家並不因此是被動的，他／她的「增進內在自我的成長」的作品，對人類而言乃是一種審美的拯救。這是比任何社會－歷史的短暫得救更永恆的救贖。它們構成人類精神的故鄉。

當代中國的文學藝術，有多少作品可給人精神還鄉之感？可「致人於善美剛健」，出人於精神之「荒寒」（魯迅語）？有多少作品可讓我們感知愛、智慧、信仰與自由，讓我們感到自己與存在本身的血肉關聯？有多少作品讓我們感到生命的深刻肯定性？創作者富於力量和啟示的主體性？他／她的觀察世界的超越日常的澄澈目光？他／她的神性與詩性，他／她的愛欲與苦痛？他／她對生命之無限與不朽的真切體驗與接近？……

當這些精神籲求紛紛落空於當下的創作實績時，我感到中國的文藝家和我一樣，需要一場自我成長與精神健身運動。但它必得有別於以往的那種口號泡沫式的思想文化運動，而是一場立足於精微深遠之域的哲學和文藝實踐的漫長旅程。而它之所以被作為「運動」提出，僅僅是因為，對自我和世界的肯定之愛與超功利認知，對個人之精神成熟的深廣探索，需要獲得創造者們更普遍的共識。

2007年1月

《不得已》新篇

有些事情，發生一兩次不奇怪，如果此起彼伏、步步升級，就會顯得離奇。比如說，母親節這日我看到了兩條新聞：四十多位政協委員聯名籲請設置中華母親節，且擬定亞聖孟子的誕辰為正日子——不為孟子，只為他「三遷擇教」、因他而著名的娘親；湖北竹山縣舉行女媧公祭大典，兩百人共拜東方聖母，為此該縣還投資了一千五百萬建設「女媧文化」景觀，並「考證」出當地特產綠松石即是當初女媧補天用的「五色石」——至於為何「五色」變「一色」，消息裡未做說明。我以為這些都是別致有趣的新聞，可留作茶餘飯後的談資。

但是又驀地想起，關於節慶和紀年的較勁已經不止一次了：去年底，有博士聯名呼籲抵制西方耶誕節；幾個月前，有學者建議中國廢棄西元紀年，改用軒轅紀年；不久前，某大學校長在人代會上提案，為增強國人的民族認同，縮短「五一」、「十一」長假，延長春節假期……。

至於紀念女媧，此前早已有甘肅天水、山西萬榮、河北邯鄲、陝西臨潼等各地版本，且每一地都認為自己的女媧才是正版。有位古典文學學者在某地考察研究後指出，「中華之母——女媧」確有其人，她身上集中體現的「聰明智慧、勇敢無畏，忍辱負重、自強自立，無私奉獻、不計名利，胸懷寬廣、博愛慈悲，勤勞刻苦、維護正義，熱愛和平、造福人類，厚德載物、生生不息」的「女媧精神」，構成了偉大「中華民族精神」的核心內容。這位母親的偉大，已遠遠超過「三遷擇教」的孟母和「刺字示兒」的岳母，儘管後兩位也值得當代中國母親學習，但更值得學習的還是女媧，因此他不贊成把中華母親節定在孟子生日，而認為定在女媧誕辰較妥。當然，女媧確切生日很難查考，並且究竟是否實有其人還真說不定，但不妨礙我們把該日子定在民間傳說的「媧皇聖誕」——農曆三月初十這一天……

說起「公祭」，也是近年一大熱門，各地政府牽頭，不但祭黃帝、炎帝（神農）、伏羲、女媧、堯、舜、禹等諸神大帝，還祭孔子，祭屈原，祭伍子胥……凡搭得上當地一傳說的，都有被「公祭」的可能。我正等著我的故鄉小城某日傳來公祭袁崇煥和菊花女的消息——前者是抗清英雄，在我故鄉打了最後的英勇一仗；後者是本地民間傳說的女主角，正以村姑的形象屹立在渤海之濱……

既然寫到了炎帝神農，就不能不說起另一則新聞：最近，來自全球的五百多位中醫藥界人士齊聚廣州「炎帝神農中醫藥發展論壇」，並首次共同發表《中醫藥發展宣言》，堅決反對任何形式的廢除、排斥、歧視中醫藥的言行。有人馬上議論道：「中醫所蘊涵的學術價值是比價值連城的文物國寶還要價值無比的國粹……中醫之道表面上看是治病之道，事實上也是政治、軍事、文化、教育、科學等領域必須遵循之道。因此，那些輕言廢除中醫的人，說輕點是對中華文化的無知，說重點是這些人別有用心……力挺中醫，就是力挺中國文化。」

既然提到了孔子，那就更是說也說不完啦：前有孔子標準像轟轟烈烈的確立，現有于丹老師《論語心得》的走紅，更有十博士聯名（又是博士聯名）抵制于丹，大聲呼喚國人對聖賢經典的「敬畏之心」……

既然說到了于丹，那就不能不提央視「百家講壇」，這個壇對於培養吾國吾民的「傳統文化熱」、「國粹熱」，以及確立于丹老師經典詮釋的正統地位，做出了巨大貢獻。若干天前，在李零先生新作《喪家狗——我讀論語》的研討會上，我有幸一睹該壇總策劃某某先生（該死，他的名字我居然忘了）的風采，並記住了他振聾發聵的一句話：「各位學者還別忙著這麼早給于丹下結論，到底誰對誰錯，歷史自有定論。」回想起于丹老師關於「民無信不立」和「支離疏的故事」等等前無古人的講解，我不禁對此君指鹿為馬的氣概和穩操勝算的信心仰慕不已。什麼叫話語權？這就叫話語權——不問是非對錯、只按我的需要給「歷史」定稿的權。至於「我」是誰，我不知道，但我知道肯定不是我。

…………

照這麼扯下去，我的文章就不該登在報紙上，而應發表於《故事會》，所以只能就此打住。這些事離奇歸離奇，卻有一個共同的主題，即「復興中國傳統文化」。從字面上看，這是一個良好的意願，凡華夏兒女炎黃子孫，都不該有意見——是啊，中國作為「大國」，在物質文明上已經「崛起」了，文化上不為人類做出點獨特的貢獻來，說不過去。從以上列舉的事實來看，此種文化潮流的「獨特性」毋庸置疑，但能否算得上「貢獻」，我就沒有把握了。

讓中國人不過西方節，只過中國節，不用西曆，改用黃曆，對人類有何貢獻？或者，調門別那麼高，就說對咱中國人自己，有何貢獻？我暫時看不出來。

但是經過冥思苦想，我終於看出了一樣好處——有利於讓每個和中國人打交道的外國人，都成為一個曆法演算專家。如今世界是個地球村，中國人和外國人少不了有各種交往約會，如果我們用了軒轅曆，預約時間就足以動用一番腦筋——洋人說約會時間要在西元2008年5月23日上午10點，我說不行，得在軒轅五千八百二十三年十月初八寅時，由於雙方都停留在自己的紀年裡，為了明白對方說的時間到底距現在多久，就需要進行一番曆法演算。為了保持國格和增強民族自信心，我們是堅決不能把軒轅時間換算成西元時間的，那就等他們換算成我們的。但計算儀器又發生了問題：洋人用的是西方霸權主義的科學儀器推算曆法，我們是用數千年前黃帝時期仁愛和平的中華傳統儀器推斷曆法——至於這種儀器是怎麼找到的，自有提倡軒轅曆的專家負責——洋人怎麼能找到同樣的儀器，以便推算時間呢？那就讓他們進口吧，順便學習學習我中華民族悠久偉大的傳統文化。但可惡的是，洋鬼子都是些惟利是圖、趨利避害的動物，他們經過一番成本核算，覺得和中國人打交道的時間成本、物質成本以及腦細胞成本太高，性價比太低，就不和我們玩了。同理，阿拉伯兄弟、非洲兄弟都會遇到這一障礙，有些兄弟的民族自尊心比我們還強，更不和我們玩了。最後，我堂堂中華終將孤家寡人，悠然獨處，其樂陶陶，不亦快哉？

這一思路，正與三百年前「我大清」的一位官員不謀而合。該人名楊光先，當官期間主要和一個叫湯若望的德國傳教士叫板，留下了一部名為《不得已》的文集。該文集有兩大閃光點需被後人牢記：一是指摘新曆書封面不該用「依西洋新法」五字；二是留下了一句名言——「寧可使中夏無好曆法，不可使中夏有西洋人」，用現在的話說，就叫「回歸中華文化本位」。皇帝也害怕文人的意識形態，背不起「數典忘祖」的罪名，在楊大人堅持不懈的上書下，湯若望終被判罪，楊大人也終於坐上了湯教士欽天監監正的位子。只可惜，天朝道統並未因楊大人的維護而免於崩潰，反倒是故步自封的愚昧，加速了一個大國的衰亡。

七十多年前，魯迅先生曾說：「楊光先的《不得已》是清初的著作，但看起來，他的思想是活著的，現在意見和他相近的人們正多得很。」現在重溫此語，我恍如進入了一架時光輪迴機之中，感到實在離奇。王小波認為，從一個錯誤的前提出發，經過周密的邏輯運算，最後會得出千奇百怪的結論；因此如果我們的生活太過離奇，就多半不是好兆頭——它表明此種生活的前提一定出現了錯誤。根據以往的經驗，社會生活中錯誤的前提所導致的現實結果，比紙面上的錯誤演算可怕得多，因此還是儘早糾正這些錯誤的前提比較好。

2007年5月17日

戀父文化

近來偶翻舊書，發現《世說新語・德行》裡有一則關於「二難」的典故，讓我頗感困惑：說的是東漢名士陳寔，有長子元方，少子季方。季方一次在人前因論其父功德，很給陳寔爭得了面子。後來，元方的兒子陳群和季方的兒子陳忠，有一回也各論父親功德，二人相持不下，最後找他們的爺爺評理去。陳寔捋著鬍子慈祥地說：「元方難為兄，季方難為弟。」是為「二難」。這件事是作為「德行」載入《世說新語》的，可見歌頌父親功德，自古以來都被視為最堪嘉獎的品性。後來《紅樓夢》裡賈政罵寶玉賈環也是「二難」，是難以教訓的「難」，概是因為寶玉不但不頌父德，還像耗子躲貓一樣老躲著他。我困惑的是：何以我們的祖先如此重視兒子對父親的歌功頌德，以致頂禮膜拜？他們不嫌肉麻嗎？

前些時又看了上海話劇藝術中心演出的話劇《正紅旗下》，發現該劇對「父親」的膜拜，又遠勝於「二難」。這是北京劇作家李龍雲根據老舍先生同名未完成自傳體小說改編的。老舍本意以此刻畫可悲可憫的「八旗人格」，怎料浩劫降臨，先生含屈自盡，此書便未能完成。改編後的話劇上半場還好，因為有原著可依；下半場是李龍雲的續寫，不知為何就改變了方向，變成一支八旗子弟振奮精神、抵抗外侮、保家衛國的頌歌，恍惚間像是出自一位義和團大師兄之手。其中令我尤其困惑的是這場戲：老舍的父親在抗擊八國聯軍的戰役中於南長街米店身負重傷，將要犧牲，臨終前問福海哥道：「你說，聖上此時若像我這樣，會對你說點什麼？」福海搖頭。舒先生端坐在米袋之上，對福海哥做了個蒼涼的手勢：「他會說，福海啊，跪安吧。」言罷凜然微笑，從容死去。此時悲壯的音樂隆隆響起，三聲呼喝伴以長長的回音：「跪——跪——跪——」，福海大行臣子的三跪之禮，以助這位老實的長輩在對至尊之位的意淫中，心滿意足地死去；同時在另一光區，作為敘述人的老舍先生（焦晃扮演）也由站立轉為長跪不起。這場「跪戲」持續了大約七八分鐘之久，是下半場的高潮。我的困惑之處在於：為什麼要在舞臺上，把「跪拜」這一放棄自我地表達孺慕之情的動作，強化到如此地步？再定睛一瞧，原來他跪的是父親、皇帝、「民族大義」，真可說跪出了我們傳統的正根兒。在這個傳統中，孺慕者愈跪，跪拜對象——父親、皇帝、民族——便愈崇高和壯偉，我們心中那股唯我獨尊（這個「我」，該是指我們的民族）的「浩然之氣」便愈盛。最後，由於長久的俯伏，我們會感到「自我」已在顫慄和狂喜中消亡，而「父親－民族」的圖騰卻深深融化在血液裡。只要外敵來犯，血液裡的民族義憤便一點即燃，一致對外，所有「家醜」便都不作數，堆積如山的問題亦大可不必追究和解決。此一心理過程，或可稱之為「戀父」。

現在，「戀父情結」的「父」已超越了它的個體指涉範疇，無限擴展到我們的公共空間，而昇華成一種權力文化心理——它體現為對族群、國家、傳統、威權等集權價值的激烈認同與強悍護守，以及對個體權利、個性與自由的先驗輕蔑。秉承這種文化性格的人

——尤其是一些學者——對我們的民族和國家總是抱有超乎尋常的責任感，《新京報》7月16日刊登的韓毓海先生專訪《韋伯：懷著悲壯的心情投身學術》，就體現出這樣的責任感。韓先生嘉許韋伯，乃因為他認同韋伯這樣的觀點——我不懂德語，不知道韋伯是否確曾如此說過——「德國學術和德國經濟學必須服務於德意志民族復興的根本利益，而不是幫助民族的敵人去瓦解和出賣本民族的長遠利益」。他還讚賞韋伯的研究中「充滿了對於德意志民族的深切關懷，從德國現實出發的強烈使命感、以德意志文化自豪的強烈自信心」。按說這些看起來都沒什麼問題，但我只是對韓先生沒論及的幾個問題頗不放心：

1、如果一個民族國家內部存在嚴重的制度弊端，普通公民的個人權利時常遭受侵害，人們是否有權力以公民的名義，審視、批判和改變之？是否有人一旦審視、批判和要求改變了，他就是「幫助民族的敵人瓦解和出賣本民族的長遠利益」了？批判的方向究竟應主要指向自身的缺陷，以求其改進和更新，還是把矛頭向外，把危機的產生歸咎於「民族敵人的侵略」，然後「安內必先攘外」？

2、一個民族的文化傳統中如果存在反人性和反自由的因數，是否可對此文化傳統進行反思和批判？是否一旦冷峻地反思和批判了，他就被視作「沒有文化自豪感」而成為「漢奸」或其他的什麼「奸」了？

3、「民族的偉大復興」到底何意？是立足於這個民族的每一個體成員的公正與幸福，還是不考慮甚至犧牲每一個體成員的公正與幸福，以成就一個民族面對其他民族時顯現出來的龐大規模與威懾力？這三個問題實在是我這個無知老百姓的心病，如今憋在這裡，也不知去問誰。

在這篇訪談的結尾處，韓先生引用了卡夫卡的話：「人們只應該讀那些刺痛和傷害他們的書。」我倒深以為然。如果一個民族長期生活在歌頌祖德的戀父陰影中，那麼檢討本民族、本國家之有限性與不健全性的書，無疑是富於「刺痛和傷害」的；而一本老是稱頌己身偉大光榮的書，則只會使少數心懷憂思、熱望改進的人感到「刺痛和傷害」。不知韓先生所稱道的「刺痛和傷害」，究竟是指哪一種。

2004年7月

「那是些骯髒的事情！」

我曾有一個女友，雖然蘭質慧心，可年過而立仍是單身——我是說，不只是沒有結婚。原因全在她的父親：女友從14歲她的母親去世那天起，就和父親相依為命，發誓要一直守在他身邊，直到他的百年。她父親精神有點問題，作為孝女，她不放心把他送進精神病院，也不放心把他交給訓練有素的保姆，甚至她都不放心買個相對獨立的兩代居，讓他離開一會兒自己的視線——她自己照顧他，下班之後永遠形影不離。她父親的症狀是這樣的：打開電視，一看見男女拉手、接吻、上床，他就會倒地一滾，慘叫一聲：「那是些骯髒的事情！對我影響不好！」看見女主持人穿得少一點，他也這樣。最過分的是有一次我和我先生一起去她家，老頭的目光一落在我先生的身上，就立刻臉色慘白地倒在地上，一邊蹬手蹬腳一邊喊了起來：「那是些骯髒的事情！對我影響不好！」其音高亢悽楚，無休無止。起初我不明白為什麼，只見女友不時看看我先生，面露為難之色，我才恍然大悟，趕緊拽著他離開她家。門剛關上，叫喚聲就停止了。

後來我才得知，她父親每當病情發作，就回歸童稚狀態，重複他在14歲偷窺別人時，父親教訓他、讓他背誦的話：「那是些骯髒的事情！對我影響不好！」這位純潔的父親，一見男人出現在女兒面前，就會瘋病大發，以致那些對我女友心儀的男子，最後都不得不落荒而逃。有時我覺得女友自己也有責任：她完全可以讓父親在一個時間段內與自己分處兩個空間，她不，那麼她就只好當修女。

之所以講這個故事，是因為我感到自己就置身於此故事之中。近日以來，打開電視、報紙和網路，我都被告知：為了加強未成年人的思想道德建設，現在的電視節目正在展開「淨化工程」——涉案劇23點以後播出，不得有「過於」暴力、血腥和恐怖的鏡頭，刪除不健康的「涉性」內容，主持人的著裝、髮型、發音、頭髮顏色、言行與表情「不得過於標新立異」等等，對未成年人的感官和思想，進行了全方位、全時段的呵護。這是一個非常善良的願望，只是「度」實在不好把握——最頭疼的莫過於判斷何者為「過於」，何者為「涉」（不健康的「涉性」內容）。對此，大體有兩種立場。

其一，心智成熟者的立場。對這種人來說，由於他對人性的光輝和弱點都有深刻的洞察，因此他很難覺得有「過於」和「涉」的存在，當然，為了給未成年人一塊淨土，他贊成「分級制」，就像我的女友可以和他父親分住兩代居一樣。成熟立場要求文化領域——包括電視領域——的政策制定、價值取向與行為方式，以能夠增進人的心智成熟、或便於心智成熟者求知與創造為目標。就是說，讓世界盡可能地開放，而非盡可能地封閉；讓人們盡量多地瞭解，而非盡量多地禁忌。持此立場者相信：人是自主、自由和獨立的，人類可以通過求知獲得智慧，掃除蒙昧。智慧可以抵達善，以及一個更文明的世界；蒙昧則導致惡，以及一個更野蠻的世界。

其二，心智未成年者的立場。對這種人來說，由於他對世界和人性瞭解甚少，因此看見什麼他都會覺得過分，同時，為了避免那些「雜七雜八的人」對他們施加壞影響，任何文化產品都不能有「分級制」，就像我的女友認為自己必須和他父親住在一起一樣。未成年立場要求文化領域——包括電視領域——的政策制定、價值取向與行為方式，以能夠培養「思無邪」的接班人、或在理解力和創造力上遷就心智未成年者為目標。就是說，讓世界盡可能地封閉，而非盡可能地開放；讓人們儘量多地禁忌，而非儘量多地瞭解。持此立場者相信：人是一個整體的零部件，一個有待馴養的生物，一個隨時會賊性大發的作亂分子，人類決不可以通過求知獲得智慧，掃除蒙昧。因為智慧導致惡，並顛覆一個秩序安穩的世界；蒙昧則導致善，以及一個馴順平靜的世界。

鑒於我們在文化上有遷就智力弱勢群體的傳統，在判斷何者為「過於」和「涉」的問題時，多半會採用第二種立場。那麼如何量化「過於」和「涉」，就是一個問題。說到這裡，我忽然發現自己立功的機會到了：量化標準是現成的，那就是我女友她爸。只要請他坐在電視螢幕前，只要他發出一聲尖叫：「那是些骯髒的事情！對我影響不好！」我們就可以將該節目判定為「過於」和「涉」，那些平靜地通過老人家視線的節目，則可以放心地定為廣大未成年人的精神食糧了。

這真是個好主意，我立刻向女友家走去。可是鄰居歎息著告訴我：那個對她爸百依百順的孝女，不知為何近日得了和她爸一樣的病，要找他們，你現在只好去精神病院了。

2004年7月

作為社會論壇的戲劇

北京在國內算是戲劇最活躍的城市，但演戲、看戲和評戲的也仍是極少數人。不過「國際戲劇演出季」除外：今年整個的五月，各大媒體上關於各國戲劇演出的報導總是長篇累牘。你可以在有限的時間裡，集中看到歐美亞非的不少好戲，很有點普天同慶之意；同時有些國外戲劇人的講座，其實也很有意思。

其中有個德國人曼弗雷德·拜爾哈茨的講座給我印象很深。拜氏是國際劇協主席，他的講座主題是「歐洲當代戲劇發展」。主席的開場白便說：「在社會變化的當口，戲劇是最最重要的。戲劇給我們一個公開的論壇，表達我們的思想、感覺與政治境遇，它是一個想像的實驗室。」他介紹道：德國越來越多的青年人在寫劇本，一個原因當然是戲劇所需資金少，容易得到資助，但更重要的一點在於，新一代劇作家覺得訴諸語言、動作的戲劇能夠更直接地與外界交流。接著他羅列的情況很讓我這個中國人眼紅：在德國有一百五十六家劇院是由國家資助的，劇院上演的劇目有40%是當代原創劇。單是他所在的黑森州劇院—這個劇院有五百五十多個演職員，分佈在歌劇、話劇、舞蹈、兒童戲劇和音樂會五個門類裡，在威斯巴登市每年就要進行八百場演出，每年上演三十二部新作品，其中話劇新作有14.5部。威市是個二十八萬人口的小城市，而來看戲的則有三十五萬人，就是說，周邊城市有不少人也來看。他說，戲劇的繁榮不是歐洲現象，在伊朗的德黑蘭，每年都有一個「日出戲劇節」，在三個星期內有80部伊朗新戲上演，它有個神聖不可侵犯的規則—前三天的演出不可有外界的任何審查，因此那三天的戲劇氣氛是活躍放肆的，其中不少戲劇能真實地表達藝術家對伊朗現實問題的思考。

我不厭其煩地記錄以上數字，是基於對北京戲劇狀況（此處單指作為「社會論壇」的話劇）的感受。與小小的威斯巴登市不同，北京有一千五百多萬人口，有頗富盛名的國家話劇院和北京人藝，以及各行業文工團幾十家，大小劇場十幾個，但是每年看話劇的觀眾恐怕不到一萬人（說實話，這是我大概估計的，因為沒人做此項統計）；與黑森州一個劇團每年有十四、五部話劇新作不同，國家話劇院或北京人藝每年能有兩三部原創劇就不錯了，大部分的時間，都是在搬演國外經典劇目或自己的家傳老戲，有時做做名著改編，比如國話今年大成本投入的《九三年》。由於對票房的擔憂，劇院一般不敢上演新的原創劇。而票房低迷，自作孽的高票價是個關鍵因素——高則280元（有時會高到800元），低則80元，一個普通市民即便買最便宜的票，也要花掉工資的三十分之一，這可算一項不小的冒險。從這一點上，說我們的話劇不是給「普通人」而是給「有錢人」看的，應不為過。若如此，則背離了話劇作為「社會論壇」的功能。在歐美，話劇屬於普通文化消費，好戲的票價也大概只相當於最低月薪的六十分之一，因此公眾看戲是家常便飯。話劇既是表達思想、情感和政治境遇的「社會論壇」，則應該誰想進都能進得起，都能與「壇」上保持真實的互動，否則怎麼保持這個論壇的開放與活力呢？

但是話劇作為「社會論壇」的觀點似乎尚未被內地的戲劇人接受，或者說，尚無法被我們的戲劇人付諸實踐。臺灣導演賴聲川幾年前帶他的《千禧夜，我們說相聲》來京演出，使我見識了中國人怎樣把話劇作為「論壇」來使用——此劇第三場專門戲仿臺灣的政客競選，其嬉笑怒罵的批判力量令每個觀眾捧腹深思。內地不多的原創劇集中在私生活領域和古代題材，幾乎不觸碰更廣泛的社會生活領域，這種謹小慎微和「畫地為牢」是和文化環境的禁忌壓力密切相關的——有一屆大學生戲劇節出現了一部表現民工的戲，但很快就不許再演了。我們的話劇的確沒有伊朗的審查程式，但是也沒有德黑蘭每年三天的無邊際赦免。話劇創作人的智慧時刻耗散在對付「潛規則」和商業票房的風險之間，時間一長，也難免反倒在戲劇本身裡無智慧可言了。

難以實踐話劇的「社會論壇」功能，加上話劇門票的高門檻，使有條件的戲劇人轉而熱衷於製作「戲劇大片」——國家投資上百萬，豪華舞美，大腕明星，全力營造「完美視聽效果」。這意味著戲劇人正在轉向對戲劇的物質絢麗的追求，以彌補其精神層面的貧乏——盡量在「硬體」上讓觀眾感到錢花得值吧。這是一種精神蛻化的風尚——把給精神充電的一日三餐，變成單純讓眼睛和耳朵養尊處優的難得吃上一回的鮑翅大宴，總有一天會讓話劇失去其存在的根基；公眾一旦失去這個直接以藝術來反思生活的重要場所，則我們總有一天會在文化生態上受到報應。

2004年6月

《培爾・金特》新編

如你所知，《培爾・金特》是挪威大戲劇家易卜生一百三十多年前的劇作，主人公浪蕩子培爾・金特一生顛簸，流落各地，犯過罪，行過善，歷盡奇遇，只為尋找「自我」，最後白髮蒼然的他悲愴地剝開一個洋蔥頭，每一層都象徵著他的一段經歷，他要找那個芯——他的自我，芯卻是空空如也。老故事了，如此體驗充盈的主人公總是引我遐想，恰好前幾天他來到北京，使我得以在天橋劇場一飽眼福。這是挪威易卜生劇院的版本，總體來說演得不錯。承蒙不知是誰的苦心，為拉近該劇和中國人民的距離，跑龍套的加進了不少中國人，對白和旁白也摻進不少表情過於豐富的中國話；女主人公、培爾・金特的心上人索爾維格也一舉裂變成兩個，其中一個由中國女演員扮演，這樣一中一挪兩個索爾維格就像一對異國雙胞胎，穿著同樣的服裝，手拉手在臺上走來走去。顯然咱們中國的索爾維格比他們挪威的漂亮，所以常把觀眾帶出戲外，想些別的。比如我就是其中的一個。

但因為我是女性，很難對索爾維格想入非非，英俊善變的培爾・金特便潛入了我的意識深處。既然導演可以讓索爾維格變成一中一挪兩個女人，我為什麼不可以讓培爾・金特走得更離譜？所以對於培爾・金特的漫遊，我大膽地進行了一番再創作：

話說培爾・金特來到了烏有國的一家酒吧，和各色人等飲酒交談，其中有商人、官員、軍官、學者、大學生、記者等等。談話是這樣進行的——

培爾・金特（微醺地、推心置腹地問旁邊一個男人）：「朋友，你說『自我』到底是什麼？它在哪裡呢？我怎麼看不見？」

商人（從錢包裡掏出一疊信用卡、保險卡、消費卡）：「傻哥們，這不明擺著嗎？在這裡啊！還有，在我明天將要售出的樓盤裡！（低聲）你不知道，那片地皮有多麼便宜！那些原住民是些農民，沒花幾個拆遷費，基本上連蒙帶嚇地就把他們哄走了，我就把樓給蓋了。」

培爾・金特：「敢情你們賺錢那麼容易！他們為什麼會忍受你們呢？」

官員：「不忍受，他們想怎麼樣呢？偉大的人民都是要忍受各種各樣的磨難的，就像偉大的母親一樣；否則，他們就是刁民，需要進行教育和各項學習。」

軍官：「刁民和各類妨礙社會穩定的人，都是我們的敵人。哪裡有敵人，哪裡就有我們！我們要讓他們逃無可逃！我們要把槍口對準他們！我們要讓他們生活在恐懼之中！啊，我讚美恐懼！恐懼會使人順從，會產生效率，會維繫秩序，會讓人安分守己！」（高唱《恐懼頌》踱到一邊）

培爾・金特：「雖然我曾經是流氓，可我還知道，不應這樣對待弱勢群體。」

官員：「對弱勢群體，我們已經出臺了許多人道的政策措施，以減輕他們的負擔，讓他們和全國人民一道，大踏步地奔向物質富裕。」

培爾・金特：「您單說到『物質富裕』，為什麼不提『精神富裕』呢？」

大學生（搶先回答）：「我們的精神也很富裕啊！比如，政府為我們樹立了各種榜樣——有工人，有農民，有幹部，有士兵，有商人，還有科學家，每位模範各有一種精神，比如「張三精神」、「李四精神」……等等，我從沒見過任何國家有這麼多『精神』，你還嫌精神不夠富裕？真是咄咄怪事！」

培爾・金特：「可是，這裡面我看不到人的自由精神，也看不到自我……」

記者（拿著本和筆，茫然地）：「自由精神？它是什麼？是物質財富的一個新的統計方法嗎？不是？不是說它幹嗎？」

培爾・金特（沮喪地搖頭）：「你們這些人……我似乎很難聽懂你們的話。」

學者：「這就是東西方之間的文化差異了。我們有我們的特殊情況，你們應當尊重我們文化的特異性。比如你說的什麼『人的自由精神』，它就是西方強勢話語製造的一個神話，需要徹底戳穿。我們的人民現在最重要的是要吃飽飯，過多的自由精神會妨礙他們專注於此項目標，你可明白？」

眾齊聲：「物質！物質！最重要的是物質！只要物質慾望充滿了人民的靈魂，這世界就太平了！」

培爾・金特（雙手伸向蒼穹）：「啊！偉大的哲學！也許我需要沉思一百年，才能初通你的皮毛！上帝啊，賜予我智慧吧！」

2004年6月

驚悚美學

「好看」還是挺「好看」的。尤其，幹這種讓四十億人在同一時刻評頭品足的事情，能頂住壓力把它幹完而沒發瘋，就夠了不起了。通過奧運開幕式，張藝謀終於找到了他最合適的職業。

奇觀足夠多，感官足夠震撼。尤其「古代」部分，的確有種莊嚴奇美，是全球化時代異質文明的罕有遺音。但是，一看這幅「中華文明簡圖」人們就會明白，中國人後來挨打是必然的。這種文明從誕生之初，就是文人精神占上風，強調秩序、禮儀、規矩、服從——身體服從意念，個人的意念服從整體的意念，整體的意念是誰的意念呢？不是孔子的意念，而是君臨一切的帝王的意念。所以「中國身體」可塑性最強，最守紀律、最能吃苦、最不可擁有自身的目的性，最貢獻於「一」。

「現代」部分雖然五光十色，但是精神空洞，只見物而不見人。人的價值、尊嚴、自由精神、美感和創造力安在？看不出來。劉歡和莎拉・布萊曼演唱的主題歌，旋律尚湊合，而中文歌詞板結無趣至極。

總之，這是一場展示「中國有什麼」，而不是展示「中國要什麼」的盛會。

中國要什麼？幾乎所有的硬體都有了，惟缺「軟體」——人的精神自由、尊嚴和美。不表達這種渴望，就不是一個有靈魂的作品。

奧運開幕式的「美」裡有一種驚悚、怪異和陰沉的東西，它在張藝謀的電影藝術中貫穿始終，我稱之為「驚悚美學」。它不是暴力美學，而是美學暴力，帶有絕殺式的陰沉兇狠的攻擊性。那種突然爆發、陰森莫測的權力感，不祥的死亡氣息，對生命的摧金斷鐵的態度，從《英雄》、《十面埋伏》和《滿城盡帶黃金甲》一路沿襲而來（最富象徵性的是《十面埋伏》裡齊刷刷劈砍竹子的鏡頭），融化在開幕式一個個驚訝的「意外」裡，那種疾速的炫目之中有一種「殺氣」。

開幕式的「內容」是和平、生命、文明等正面價值，但是老謀子的美學「形式」卻流露了他更真實的自己。

張藝謀只是張藝謀，他不是「中國」。

2008年8月11日

地震抄

101塊

汶川大地震期間看到一則帖子，是一個父親講上小學的兒子在學校捐錢的事。

爸爸：「兒子，捐多少？」

兒子：「101塊」。

爸爸：「為什麼不捐整100？」

兒子：「100塊是捐給災區小朋友的，1塊是留給官員貪污的，免得他們想貪污時，從這100裡面拿。」

由於現實的關係，我國黑色幽默人口已經嚴重低齡化了。

有人建議，媒體不但要發佈捐款清單，更要發佈使用捐款的採購清單，確是正理兒。這次事關全世界人民的愛心，不能指望人家外國人、海外僑胞、臺港澳同胞，都像我們本土的「101塊小朋友」這麼通情達理啊。

2008年5月23日

強姦鬼意

據說，王兆山副主席「縱做鬼，也幸福」的《江城子》最近在香港走紅，很為我們內地人掙了面子。有香港網友評論道：「見過強姦民意的，還沒見過強姦鬼意的，大陸作家太有創意了！」

2008年7月7日

「反智主義」？

翻《南方週末》，看到薛湧文章《「反智主義」思潮的崛起》，頗有夾纏不清之處，時時感覺自己被帶到了溝裡。我同意他的政治態度，也同意他對國內「主流經濟學家」的批評——後者即論證「幹部是改革開放利益受損最多者」、斥老百姓的反對之聲為「非理性」的那批人。

實際上，我看來看去，薛的意思是反對政治精英主義和權威主義，反對知識精英在參與政府運作和公共決策制定時，利用自己的知識權威凌駕於公眾之上。他把這種立場叫作「反智主義」，還溯源到美國左派知識份子霍夫斯塔特（Richard Hofstadter）那裡。當他批評吳稼祥、唐小兵對「反智主義」概念不清時，就說霍夫斯塔特的意思可不是這樣的。但霍的意思是怎樣的，他到最後也沒說清。

國內知識界說「反智主義」時一直指稱的是威權或民粹以道德名義反對智力判斷，與薛的「反智主義」所指稱的大不相同。如果字面相同而含義不同，且你作出了引經據典正本清源的論證姿態，就需要把經典引證到底，可是他不，他後來全是自己的一套解釋。好像是一套嫁接，於是所有西方著名的保守自由主義者在他的論證中都成了他所說的「反智主義者」。

他還區分了「智力」和「智識」的概念，但亂子就出他對這兩個概念的隨意界定上，它們有很大漏洞。

依我看，應當說「智力」屬於專業領域——此處「專業」的意思是廣義的，易如生活裡判斷一件衣服值多少錢，難如造血幹細胞移植、藝術品創作（審美創造行為也屬廣義的智力範疇）；「智識」是人在價值判斷和公共決策領域的思維結果。在「智力」領域我們必須服從知識的權威，在「智識」領域則每個人都是平等的權力單位。薛湧試圖指出的是，在「智識」領域，公眾必須提防知識精英利用自身的知識權威，僭越每個公民對自身和公共生活的決定權。憲政制度是對這種僭越的最佳防範機制。這也是沒錯的。

薛的問題在於自己就混淆了「智力」和「智識」的範疇。他舉了個魯迅的例子，簡直是自亂陣腳。說身為醫學院學生的魯迅在日本觀看屠殺麻木的中國人的幻燈片時，居然覺得有如此靈魂的軀體是不值得救治的，這是多麼令人毛骨悚然——一個病人走進醫院時，醫生怎麼能對他是否值得救治進行道德判斷呢？

薛先生在面對具體生活時的邏輯混亂簡直讓我瞠目。在他看來，如果你是醫學院學生，就得一輩子當醫生，否則就是「不要」老百姓「讓渡」給你的關於醫療的「智力權力」，你就是一個潛伏的殺手。可事實是，魯迅不是站在手術臺前面對病體產生這個想法的，他是在學校裡判斷和選擇自己今後的生活道路時作如是想的，這是一種純粹的關於自身生活的「智識」（借用薛湧引證的詞兒）活動，魯迅沒有權利做做這種活動嗎？

有的讀書人我佩服他讀書多，知識多，但是他利用知識判斷「活世界」時，不時會讓我大腦短路。這時怎麼辦？我要跟我家樓下的賣菜大姐學學——她的口頭禪是：「只有自個兒最可靠！」

2008年3月16日

惡搞練習：
陳凱歌罵的不是胡戈，是張維迎

北京大學就在我家北邊，但我很少去校園裡散步。嫌擠。今兒陪著老公去裡邊複印書，借此好好溜達了溜達。

出小區北門，經過左岸工社、海淀橋，在十字路口西北邊等綠燈，一抬頭看見一個巨大的公告牌，紅色背景裡雷鋒叔叔笑容可掬，帶著護耳棉帽，旁邊兩行毛體字大標語：「3月5日：向雷鋒同志學習，發揚螺絲釘精神」。

走到北大南門，發現西側破敗的照相館殘跡已被鏟平。那個殘跡曾經保留了好幾年，在一面牆上，透明塑膠布裡罩著店主全家人的幾張照片，記得其中一張是一位穿著紅衣、神采飛揚的老太太，翩翩舞著紗巾對鏡頭微笑。然而旁邊的大字報寫著冤情，大意是：這樣一個幸福之家，因為北大南牆徵地，他們便被這座學府剝奪了合法經營的權利，又無公平的補償，幾番爭執，現已家破人亡。他們求告無門，雖不能繼續經營，但也要留著這廢墟，讓世人知道他們的不平。以前每經過這裡，都感到極其壓抑——廢墟如此頑固地保留著，說明北大必有理虧之處。於是無比佩服這中國第一學府真夠堅韌——這麼丟臉的事，就這麼一直丟著，也是有容乃大啊。然而今天這片殘跡已無，不知那戶人家是怎麼個結局？

進了南門，迎面又見一幅幅紅綢標語：「志願服務奧運，爭做和諧青年」，「歡迎新書《做魅力女人》主創者來我校座談」（大意）……

從報欄前走過，中青報的一行特大標題映入眼簾：「知識份子：不要在活著時給自己的聲譽送葬」，忍不住駐足觀瞧：原來說的是北大經濟學家張維迎一大驚人洞見：中國改革，利益受損的第一是領導幹部，第二是工人，第三才是農民。高啊，所謂知識份子者，就是要有不隨流俗的勇氣，言人之所不敢言，想人之所未曾想。就是這位張大經濟學家主持的北大改革，主張行政部門利益不動，先從教學科研人員折騰起。北大一改，天下景從，所謂「敢為天下先」者，張維迎先生是也。北大啊北大，真是藏龍臥虎，敢作敢為：不久前有拆除校內清代園林之盛事，現又有著名精英為領導幹部喊冤之義舉。俺區區小民，不禁對此偉大學府高山仰止，五體投地！

多日前，得悉大導演陳凱歌衝冠一怒，說出一句名言：「一個人不能無恥到這個程度！」世人風傳他罵的是胡戈，我想他近日可能就會出來澄清這件事：「我罵的不是胡戈，我罵的是張維迎啊。我怎麼可能那為那麼小的事生氣呢？你們太不瞭解我了，唉，被人誤解的滋味真痛苦啊！」

2006年3月4日

花刺子模國王不許笑

據說，為了淨化青少年成長環境，有關方面要把「禁止惡搞」寫進《未成年保護法》裡。看到一則報導，是說全國人大在修訂《未成年保護法》時，會吸取廣大家長和教師的意見，尤其是像劉螢這樣家長的意見：

> 劉螢對記者說：打開電視，一些有著暴力和兇殺場面的影視劇撞擊眼簾，令人害怕；翻開報紙，從明星生子到處女賣身救父等，被大肆渲染，低俗不堪。此外，從網路上蔓延開來的「惡搞」之風更是甚囂塵上。孩子整天在這樣的環境中，能不受污染嗎？現在，劉螢給她的孩子和學生看報紙、雜誌等，都要先親自過濾一遍。
>
> 她還舉了不久前上五年級的孩子嘴裡說出的某報對中國傳統節日「七夕」的「新版解讀」：牛郎因為沒錢買房，王母娘娘不讓他和織女結婚。他一氣之下下海經商，後賺得百萬資產，買了一輛鵲橋牌轎車去接織女。
>
> 劉螢說，孩子有一次還朗朗上口地背了一首帶有濃重地方口音的手機彩鈴：「春眠不覺曉，處處蚊子咬。打上敵敵畏，不知死多少。」

「真正的唐詩，孩子反而記不全了！你說這樣下去怎麼得了？！」

正如劉螢所擔憂的，輿論環境中一些不利於青少年健康成長的不和諧音，會導致青少年價值觀、道德觀的錯位和喪失，由此帶來的一系列更深層次的不良文化影響，甚至可能導致未成年人走上違法犯罪的道路。

專家指出，目前我國未成年人違法犯罪問題日漸突出，違法犯罪人數呈上升趨勢，並向低齡化、團夥化、惡性化方向發展。從分析其犯罪誘因上看，不良文化和輿論環境影響巨大，特別是網路在誘發未成年人違法犯罪要素中所占的比例急劇上升。據一些省市未成年管教所的統計顯示，少年犯中有70%以上受到過不良文化的影響；暴力型犯罪和性犯罪的少年犯中，有90%以上看過兇殺、暴力、淫穢錄影和黃色書刊；80%的未成年違法犯罪人員都曾涉足過網吧。

我們都讀過王小波著名的《花剌子模信使問題》，說的是戰爭期間，花剌子模國王這樣對待信使：帶來好消息的信使，給他重賞；帶來壞消息的信使，把他餵老虎。這種不在打仗而在信史的嘴巴上下功夫的做法，最後遭到了亡國的報應。小波先生是由當時學術界對同性戀研究的態度而發的感慨，現在我們面臨的是有關方面對待輿論的態度——所謂惡搞，無非是國人對現實黑暗的一種反應方式而已，是以「笑」的態度面對令人痛苦的問題，對維護「社會安定團結」做出了無比巨大的貢獻。現實問題在先，惡搞在後。不去解決那些要命的問題，反而要捂住每一張要發笑的嘴，這是什麼態度？實乃花剌子模國王的態度。殺掉信使很容易，讓信使虛構太平也不難，只怕重重危機衝破城池那一天，花剌子模的國王和子民都不知道自己是怎麼死的。

2006年8月24日

輯四　藝評

關於死亡的不朽之詩

——以色列話劇《安魂曲》

幕啟，舞臺裡布仍有一層黑色幕布，上面綴著金色繁星。音樂起，身著褐衣的希伯來女人拉開黑幕，從舞臺左側緩緩走向右側——星夜漸盡，曙色曦微，明亮的天幕露了出來；一個黑衣女人手擎一隻天鵝線偶，走出，操縱著那隻孤單的天鵝振翅飛翔，也從臺左緩緩走向臺右。一天開始了。

舞臺地面是個土質斜坡。一個做棺材生意的行將就木的老頭嘟囔著上場，抱怨這個偏遠小鎮老人們老也不死，好不容易有個重病的還死在了異鄉，到手的生意飛了，真是個慘痛的損失。他抱怨自己命運不濟，現在只好住在一座破房裡，和一個蠢婆娘生活一輩子，多麼失敗的人生啊——說著，他的房子和婆娘也上場了。老太婆穿著破舊的白袍，畏畏縮縮；房子是一個男人扮的，他有一張悲傷的臉，頭戴一個小木屋頂，足蹬兩把椅子（椅座向前），踩高蹺般笨重地走上臺；一個抱著各種道具的襤褸男人跟在後面。老太婆病得很重，但是她在丈夫面前不敢休息，她繞著房子狂奔勞作，每轉一圈就變魔術般換一樣勞動工具，它們都是那個「道具男人」躲在「房子」身後換給她的。最後她累倒在椅子上，快死了。丈夫此時才恍悟，他一生都沒有善待過這個一直敬重他的女人，他懊悔，他要趕緊給她治病，他帶著她坐上馬車去看病。

衰老的馬車夫一星期前死了兒子，他老想好好跟人談談這件事，但是沒人聽。他的馬也是人扮的，兩條牛仔褲腿破著大洞，頭上戴著一個象徵性的馬籠頭，腳上的爛鞋厚跟在前，如同馬蹄，屁股後吊了根尾巴。他也有一張悲傷的臉，疲敝地在臺上奔跑著，看了讓人想哭。

老頭求了醫也沒攔住老太婆的死。天使收走了她的靈魂。他把她埋葬。他孤獨地走在路上，算計著死亡是一筆好生意，不用吃飯、喝茶、上稅，就可以過上千百年。

他碰上了一個抱著嬰兒的貧窮、絕望而年輕的母親。他陪她坐上擠著妓女的馬車去看那醫生。一樣沒有救。天使收走了嬰兒的靈魂。他幫她埋葬嬰兒。他求她哭一哭，也許她會好受些。她說不，哭的話，只會讓世界好受些，她不想哭。老頭說，設想你站在人生的十字路口上，你不知該往哪裡走，難道你不想哭嗎？她搖頭，說她從來沒有站在過十字路口，她永遠只有一條路，一直走到這裡；如果說她碰見過十字路口，那就是現在——她到底哭還是不哭。她選擇不哭。她說每個人的命運就是排著長隊等待發到手裡一把糖果，而她沒有等到。

孤獨的老人走著，他說人生如果是另一種過法，那一定是不同的景象：他的老太婆、年輕母親、老車夫、妓女、醉漢都歡笑著手拉手，圍著他歌唱跳舞，老太婆從沒有這樣燦爛地笑過……

但是也一樣。他仍然孤獨地死去。天使收走了他的靈魂。舞臺上空無一人。

黑衣人的提線天鵝從臺右緩緩飛向臺左。褐衣人拉起綴滿繁星的黑幕從臺右緩緩走向臺左——餘暉將盡，夜幕垂臨。一天結束了。生命結束了。

我無法不復述這部名叫《安魂曲》的以色列話劇。我無法不對它偉大的編劇、導演哈諾奇・列文奉上我由衷的敬畏、熱愛與感激。對於它，我只想體驗和追憶，而感到評論是粗暴的。這部用舞臺完成的不朽詩篇，足以灼傷任何一個與它相遇的靈魂。它是最高意義上的戲劇，超越了社會、歷史、地域和文化的一切界限，而直擊人類心靈最深處的悲愴。那是「一種可怕而蓄意的空缺，一種我們會被吸入進去的宇宙虛空」（哈樂德・布魯姆形容《李爾王》語）。在浩大而詩性的無能為力中，我們願意沉下去，沉下去，打開靈魂的每一個毛孔，迎接宇宙和命運的拋擲。

可惜列文此時只能在天國傾聽頌贊。寫作和導演此劇時，他已知死神將近。沒有人能比坐在墳墓邊的他更好地表達對死亡的看法，哪怕它的原作者契訶夫。《安魂曲》是根據契訶夫三個短篇小說《憂傷》、《苦惱》和《在峽谷中》改編而成，其實只是取了它們的人物關係。去掉具體的時空背景，「死亡」的主題被詩化和形而上化。地點高度簡約——老頭的家，路上馬車裡，衛生員的象徵性診所，柳樹下。全劇為了保持情緒的均衡，老頭、年輕母親和馬車夫奏響的「死亡」主題，總是被坐車的妓女、醉漢的諷世鬧劇節奏性地打斷。鬧劇也不是白給的，妓女關於「從前的玩意兒」和「今天的玩意兒」的笑罵，鞭打著這個靈魂凋零的物質時代。

透過臨終之眼，這位偉大詩人以《安魂曲》昭告他所看到的世界：什麼都無法拯救一個即將赴死的人，什麼都無法慰藉一個失去親人的人，無論是上界的天使，還是塵世的醫生。孤獨是每個人最終的宿命。然而人卻在對此宿命的領略中走向悲憫與和解。劇中的天使襤褸、善良而卑微，他們的溫暖拯救不了母親的絕望；劇中的醫生瞌睡、冷漠而無奈，他的粗暴是在掩飾自己無能為力的愧疚。劇作家如此觀照這個無可依偎的世界，並非讓人陷入悲觀絕望之中，而是在顯現人類精神能力的強大尊嚴。

演員的表演是介於「演」與「不演」之間，他們的面容在靜默中便已表現了一切。場景轉換是以人物的敘述性臺詞簡潔地完成，與中國戲曲的方法相似。舞美、燈光都只為烘托一個詩意而素樸的靈地，極為簡約；人扮佈景樸拙童真，令人既感新奇，又四溢著人性的體溫。劇中人全著波西米亞流浪人的傳統服裝，哀傷、襤褸而永恆。現場演奏的音樂如此動人，女歌者的嗓音純淨甘冽，撫慰著現場每一個悲傷的靈魂。

2006年3月31日

《哈姆雷特1990》這面鏡子

林兆華導演在《哈姆雷特1990》中大肆揮灑他哲學性的直覺。面對莎翁這部位於西方經典之中心的偉大劇作，他的揮灑看起來未免太過無法無天了。

「無法無天」的第一步是劇本。導演棄朱生豪適於品讀的華美譯本不用，而請翻譯家李健鳴重譯了一個質樸直接而口語化的本子，且大幅刪削了人物數目和臺詞。更過分的是，他根據自己的表達需要更動了劇本：

原劇第三幕第三場，表現「哈姆雷特之猶豫」的經典段落——王子見國王懺悔禱告而放棄動手的大段獨白——被刪除，國王的懺悔被移至第四幕——他佈置了殺害哈姆雷特的陰謀並將其送走之後的獨白裡。

原劇第四幕第七場，王后向雷歐提斯描述他的妹妹奧菲莉亞淹死情形的臺詞，其第三人稱敘述被改作王后「角色換位」成奧菲莉亞時的第一人稱自述。

原劇第五幕第一場兩個掘墓人的對白被重組、分散在序幕和第一、二、四、五幕的起始，成為貫穿全劇始終的結構性線索，也象徵性地定下了該劇的「循環論」與「相對論」基調——「世上什麼人的家世最長久？」「種地的和我們挖墳的。」選擇「掘墓人」這種位於社會底部、洞悉眾生平等和生死本質的詼諧角色貫穿全劇，等於為這個充滿罪孽和美德、恐懼與自省的故事，選擇了觀看、評論它的相對性和喜劇性的視角。這是導演之哲學本能的外化。

在此劇結束之際，還增加了德國劇作家海納・米勒《哈姆雷特機器》中的一段臺詞。

至於劇場呈現的「無法無天」，已令熟悉林兆華的觀眾見怪不怪。舞臺極簡：唯有代表王座的理髮椅，兩排可升降的吊扇，兩部老式電話和一部放映機，這些道具看起來和中世紀故事風馬牛不相及。演員極簡：僅有九人，每人至少飾演三個角色，皆穿線條極簡的當代服裝。表演極簡：演員完全放棄濃墨重彩的舞臺腔，在本色之中扮演角色。在哈姆雷特、僭王和波洛涅斯之間，在王后和奧菲莉亞之間，有多處「角色換位」。可以看出，導演拒絕這些角色僅僅屬於故事，他的「角色換位」手法意在強化角色們普適性的「借喻」功能——哈姆雷特們是人世間各類品行、各種社會角色的指代性符號，舞臺上的角色換位，意在直觀地宣示一個人的善惡美醜、高低貴賤及其擔當的歷史角色，充滿了相對性、偶然性和不確定性。這是虛無而豐富的人性之謎。

可以說，林兆華的借喻性舞臺表達了自布萊希特時代起即已形成的理念：戲劇本身即是假定性的藝術，我不假裝我在一個特殊的時空裡「真實地生活」，我承認我在「表演」，同時，觀眾朋友，你要注意了，我演的可能就是你——我就是你的一部分，你也是我的一部分，在我這面鏡子前，請你好好照見自己。

不巧的是，我們遭遇了一個最難以《哈姆雷特》為鏡的時代，但也可以說，我們來到了最需要以《哈姆雷特》為鏡的時代——在這面體現了最豐富的人類精神內在性的鏡子前，橫陳著當下之人精神內在性的空前貧乏。因此，《哈姆雷特1990》在劇場之中，需要和如下疑問發生對話：這個王子復仇的故事，它和現在的社會問題有什麼直接的關係嗎？臺上那個恐懼不安猶疑不決的傢伙，他的困擾和我的困擾有什麼直接的關係嗎？他搞笑嗎他好玩嗎他諷刺嗎他麻辣嗎？好像都有些，可是他這樣做的理由和我的生活有什麼直接的關係嗎？……

在這個既集體主義又自我中心的社會，我們已難以忍耐任何超出社會－歷史維度和私人生活維度的藝術，難以理解任何與我們沒有「直接關係」的作品，即便它是《哈姆雷特》。如果你對我說，戲劇還存在著哲學和人性的維度，此一維度和我的每分每秒都息息相關，那麼我有兩點意見回敬你：1、現在社會問題很嚴重，你的這些維度不重要，我們也顧不上；2、現在戲劇觀眾流失很嚴重，你的這些維度太晦澀，不具備娛樂價值，我們不歡迎。由此，戲劇便順理成章地成為社會鬥爭和娛樂大眾的工具，而無需去創造微妙深邃的精神生活。

顯然，《哈姆雷特1990》拒絕戲劇的這一命運，它要在個體人性和整體哲學的層面與當下對話。在1990年林兆華的原初版本中，關於真相與謊言、謀殺與復仇、道義責任與責任恐懼、行動的軟弱與良心之不安等道德主題，如今已沉潛下去，成為被「雙重解構」的對象——也就是說，對於以上道德主題在當下時代被肆意解構的狀況，此劇通過對其反諷性地戲仿而將此解構狀況再度解構，是為「雙重解構」，實為對道德可能的重新建構。例如，1990年原版本中，老國王的冤魂是隱身的，只體現為憂憤的廣場喇叭喊話聲，現在，他由篡位國王的演員扮演，拿著一個亮晶晶的新喇叭匆匆訴說被殺的冤情，其滑稽之狀如街頭推銷員。這是對時代之痛的當下處境的冷酷反諷。

由於冤魂的滑稽性，哈姆雷特的復仇和恐懼也隨之失去了嚴肅性。因此偉大的演員濮存昕那如癲似狂、出神入化的表演，已不是在塑造原典之中那位「自由的自我藝術家」（黑格爾語），而是去塑造這位藝術家在一個物化健忘時代「退化」了的形象——一個深知精神高貴、道德完美為何物、但只能以佯狂搗蛋拒絕秩序之同化的堂・吉訶德。

無論《哈姆雷特1990》對莎翁原作作多大程度的偏離，它對其精神主線的把握卻是精准的，那就是哈姆雷特高度豐盈的精神內在性，與劇終「一切皆徒然」的死亡結局所暗示的宇宙虛空之間，所保持的永不鬆弛的張力。這一張力在中國人看來是令人困惑的——既然宇宙虛空，一切徒然，人的精神要那麼豐富幹什麼呢？還不如絕聖棄智順應天道的好。但西方人不作此想。宇宙雖然虛空，但人恰恰是忤逆宇宙意志的一種生物，這一主題後來為卡繆的「薛西弗神話」所隱喻，中國藝術家們如要參透它，還需要一定的時間。

2008年11月

《備忘錄》：從0/134到136/136到n/m……

劇作家過士行說，他就是要導一部「看不見導演的戲」。看完《備忘錄》，我覺得這事成了。

《備忘錄》是法國作家讓・克勞德・卡里埃爾寫於1968年的舞臺劇，角色只有一男一女——男的叫讓・雅克，女的叫蘇珊，場景單一封閉——一直在男主角的家裡。這部戲看起來是關於兩性關係的，但不是情感劇；思量起來是富有哲學意味的，但並非薩特式的「境遇劇」。它的荒誕與驚警流淌在毫不變形的日常情境中，兩個角色的碰撞糾結如兩股難以逆料的溪流之匯合——水質、溫度、水生物不同，愚鈍的肉體很難感知匯合之後水之變化，須借助心靈的化學設備，在暗流變幻中即時監測分析。面對如此劇作，任何導、表演的過度風格化都會損害作品的精神流動性與複雜性，而淪為僵硬的圖解；相反，惟有導演和演員之「我」隱匿、消失，這部傑作才能真正「活」在舞臺上，喚醒我們的驚愕。

驚愕什麼呢？誠然，讓・雅克的備忘錄是非同尋常的——在不速之客蘇珊走進他家之前，他已經記錄了134個和他做過愛的女人。蘇珊會成為他的第135個嗎？她怎樣成為了他的第135個？然後彼此是愛，還是厭棄？順著這種國產電視劇的思路，你將永遠無法抵達《備忘錄》。實際步驟是這樣的：1、蘇珊費盡心機想在讓・雅克家裡多待會兒，後者則不遺餘力要把她趕出去——此時的她是令他惱火的入侵者，在他的世界裡佔據著0/134的位置。2、讓・雅克在和第135個女人過夜後回到家裡，他們開始彼此交流。蘇珊欲擒故縱。他們互表愛意。他向她求婚。她成為他的136/136，他的唯一。3、讓・雅克聲稱已按蘇珊的意願辭去工作，隔絕外界，在他的單身公寓裡讓她完全擁有他。蘇珊恐懼，意欲逃離，讓・雅克把她留下，自己離去，稱會常來看她。至此，他們彼此或許成為了對方的一部分，對方的n/m。

此劇的最難點在於它全盤的不確定性。人物關係不確定——蘇珊到底是讓・雅克・費昂的一個舊情人，還是陌生人？從臺詞的蛛絲馬跡看，我們可以理解為前者，這樣此劇就帶有懸疑性質，我們的注意力會僅僅集中到對男主人公生命狀態的驚愕和批判上；但由於男女主人公的臺詞真真假假、自我顛覆，我們又會否定這個相對低級的猜測，而傾向於同時接受這兩種關係選項。這對女演員的角色把握是個考驗——不能完全不帶前史地表演，但又不能完全沉浸於這種想像的「前史」之中，她的模糊的神秘性，和她清晰的說謊、撒嬌與努力，必須相得益彰才行。鄭錚的表演雖稍嫌吃力，但對此分寸的把握還是相當適度。

此劇的主旨更是不確定的：它要說什麼？男女之間愛與自由的悖論？——當你是他的「0」的時候，你追求成為「1」；當你真的成為「1」時，你感到責任的束縛和失去自由的恐懼，又飛速地逃向「0」？卻不儘然——從人物的隻言片語中，從他們的眼神和表情中，我們還能看到卡繆的格言「我們要活得更多，而非更久」已被反諷性地實踐，看到馬克思的預言「一切堅固的東西都煙消雲散了」已化作存在的現實，更看到現代人致命的疾病——生命的虛無，主體的瓦解，自我的中空，靈魂的孤獨，最要命的是——雖然我們心裡只有「我」，但其實我們已沒有靈魂，沒有自我……但是，但是儘管如此，劇作家卡里埃爾仍欲以讓・雅克和蘇珊之間最終的溫情，呵護人類自我救贖的一粒微火——好像那是遲遲不來的上帝之火……

現在，此種生命體驗對國人來說已不陌生，但將它形諸作品的時刻尚未到來。借卡里埃爾之筆，幫助我們發現和理解內在的迷津，是「新銳導演」過士行的苦心。他的意願達到了。

男演員趙立新的表演遊刃有餘，令人驚歎。他有一張高度精神化的面孔。一切皆空，一切皆有。很不中國。極為自然。這張面孔疲憊，混沌，好心，心不在焉，敏感，輕率，滑稽，神經質……他就是劇本裡走出的讓・雅克。卡里埃爾想必就是照他寫的讓・雅克。他的反戲劇化的平淡表演隱藏著強大的張力。面對觀眾，他是難以控制和難以預料的，因而是富有震懾力的。這力量使雙人舞臺成為茫茫劇場的絕對重心，引起了觀者對複雜精神世界強烈的好奇，與陌生的敬意。

2008年10月

必須冒犯觀眾
——有感於話劇《建築大師》

當泥塑木雕般的眾人仰望著建築大師索爾尼斯從高樓墜落，小陶虹飾演的希爾達卻興奮得漲紅了雙頰，狂喜地呼喊著：「可是他究竟爬到了頂上！我還聽見空中豎琴的聲音呢。我的——我的建築大師！」靜默。劇終。戲，便如此地成了。《建築大師》，這部易卜生晚年極難索解的作品，在從不安分的中國大導林兆華手裡，獲得了它的靈魂與呼吸。

需要向林兆華和濮存昕們致敬！他們把一位躁動不安的藝術家對上帝、藝術、生命和責任的徹悟與困惑、幻滅與熱愛、惡意與溫存，表達得如此空靈深邃，別具一格。從表演到舞美，從燈光到音樂，無不簡扼精約，在「空的空間」裡，觀眾得以心不旁騖地觀察劇中人神秘複雜的精神運動。

此劇的表演方法無疑是冒犯觀眾之欣賞習慣的。它因涵容了多重意蘊而給觀劇帶來了一反常態的智性難度，卻絕非毫無道理的一頭霧水。演員盡可能的「靜止雕塑式的表演，和冷靜疏離式的傳誦臺詞」，逼近了林兆華所追求的「靜態話劇」意圖。舞臺設計也服從此一目的：空蕩蕩的黑白兩色幾何空間，一把帶腳凳的火紅色單人沙發，一張活動玻璃幾，一個容納次要角色的出人意料的凹間，就是全部。空間轉換完全依賴觀者的想像。在高潮時刻，幾何擋板打開，舞臺後部一架寒光閃閃的漫長階梯直逼臺頂，等待著建築師索爾尼斯頭暈目眩的攀登。

濮存昕的表演證明了他是最具形上理解力的中國男演員。他飾演的索爾尼斯慵懶地臥在沙發上，直面觀眾，時而對白，時而獨語，毫無動作，這個姿勢幾乎貫穿全劇始終，但精神的波瀾卻在他吞吐臺詞的微妙節奏和表情眼神的輕柔控制中得以傳達（如果他再內斂些就更好了）。相對於濮存昕的「靜」，小陶虹的希爾達則如跳躍的火紅音符。二人雖然在言語上直接對話，但形體上卻是半呼應、半面對觀眾的。劇中其他角色的交流方式亦是如此，總之，動作均極其微小，惟有語言的激流如同音樂一般在舞臺上或獨奏、或變奏、或多聲部合奏，以此使劇中人的焦慮、慾望、孤獨與迷狂得以裸裎。此種表演頗得中國戲曲表演法之神髓：演員「既是角色，又不是角色」——即演員的表演有一種先驗的「面對觀眾」的對話特徵，由此擺明了演員是在「扮演」角色，而非戲劇化地「融入」和「體驗」角色；同時，演員的內在自我則又必須成為一個如此豐富而開放的存在，以至其臺詞和動作竟像是「他／她自己」的「下意識流露」。這是一種極其悖論的表演方法，林兆華所謂「不演地演」大概就是這個意思。而實際上，「不演」是更不露痕跡的「演」，它對演員要求極高，非成熟演員絕難擔此奧義。這也是此劇的次要角色為何過於相形見絀的原因。不成熟的演員先得知道如何以「演」擺脫自身的物質化自我，才能走向下一步的如何成熟地演那個「不演」。否則，他／她的「不演地演」，就真的成了其貧乏自我的笨拙照搬了。

「不演地演」對於戲劇及其觀眾有何「意義」？為了在品種學上增加一套新的表演方法？為了獲取一種新鮮的觀劇體驗？然，亦不儘然。我以為它根本的意義，在於解除了戲劇化表演加之於劇作的「著重號」。不自然的著重號一經刪除，演員以既是自己又是角色的「日常」面目示人，那角色所秉有的衝破日常邏輯的精神聲響反而會得以加倍放大，並滲透性地震動觀者的心靈。這時候，習慣於「故事」和「抒情」的觀眾當然會無所適從，但唯有毫不妥協地冒犯觀眾的積習，藝術才能長進其自身。

2006年7月

皮娜·鮑什的身體

皮娜·鮑什的身體超越了時間和物質。67歲的她在舞臺深處一襲白袍，默然獨舞，年輕些的舞者在舞臺上無數椅子之間穿行、踉蹌、拂開椅子、擁抱、接吻、親近、逃離……但觀眾的目光都集中在她的身上。因為她是皮娜·鮑什，德國最偉大的現代舞者。她閉著眼睛，隨亨利·珀塞爾的音樂，隨著舞臺上的情境，用手臂和身軀表現靈魂的孤獨不安，悲傷焦慮。手臂幅度很小，像她的面孔一樣靜默而表情豐富。肉身完全透明地洩露著她的靈魂，或者說，成為她的靈魂而非她的異物。

觀看她的身體的人，因為被這靈魂的幽深之美所震懾，不再看到她的皺紋，她的白髮，她鬆弛的皮膚，她衰老的年華。或者說，對於她所表現的一切而言，她的皺紋、白髮、鬆弛的皮膚和衰老的年華已成為必需的。不如此便不夠味。當然，在她的韶華之年，她作此舞時，人們不會這麼想。也就是說，無論她在何時，她都是人們希望看到的樣子。因為她自己是不按照人們希望的樣子去成為她自己的。因為她早已遺忘了自己，同時又無時不面對著自己——自己和他人真實的心靈。

《穆勒咖啡館》是舞蹈劇場作品。「正文」裡有五個角色：一對身穿社交裝的男女，一對身穿便裝的男女，一個表情冷酷的西裝男子。職業裝男女象徵人的社會屬性，便裝男女（女子穿著一襲絲袍）象徵著人的真實自我，西裝男子象徵著道德律令。劇中有兩個重複十次以上的動作，都由便裝男女完成：

一是二人正在擁吻時，西裝男子出現，強行掰開二人手臂，強迫男子雙臂抱起女子，男子服從，但是剛剛抱起女子，手臂就無力地垂下，女子滑落地上；女子站起，二人繼續擁吻，西裝男子又出現，又強迫他們剛才的動作，男子又服從，女子又從男子手臂滑落……如是者大概十次，只是速度越來越快，男子的手臂越來越無力……男女之間偎依的慾望和承擔的無力，竟是用如此簡單的動作表現的。

一是男子和女子輪番抱起對方，將其身體摔向透明的玻璃牆。如是者又蓋有十次。這是表現逃離心獄的失敗的努力。

在多變的重複中，在既日常化又象徵化的非舞蹈性動作中，愛的渴求、呼告、衰竭、焦慮、孤獨、無力……越來越得以深入地呈現。

皮娜・鮑什遠在這些角色的衝突之外，她的動作是舞蹈性的（我不知道舞蹈界用什麼術語區分這種舞蹈性和非舞蹈性），外化著不同人物內心的詩性成分。最後，在舞臺由明轉黑的瞬間，皮娜飄舞至臺前，「社交裝」女子的帽子被戴在了她的頭上。象徵著一個人本真之我對社會規範的無奈妥協。

在這作品裡，皮娜・鮑什似與其他角色無關，她的身體周圍籠罩著神性的寂靜。但她無疑是他們的主題。

2007年9月23日

《喉嚨》無聲

「英國戲劇舞蹈節」於11月12、13日在天橋劇場由英國著名的蘭登舞蹈團拉開序幕之後，戲劇單元的演出則從本周開始移師北兵馬司劇場。17至20日在此上演的F/Z劇團的《喉嚨》，令人震驚地展現了人類身體無限的表現力，以及在那令人目眩神迷的表像下，關於人類處境的深刻內容。作為一部優秀的舞臺劇場作品，《喉嚨》跨越藝術形式的界限，榮獲了2002年英國創新優秀全戲劇獎，和世界博覽會2003年最佳當代雜技獎。英國《先驅論壇報》這樣評價它：「一點繩上雜技，一點機敏的幽默，一點歌舞表演，還有神奇的最後的驚喜，在結尾處你看到約翰・保羅・扎卡里尼從一個充滿了情緒矛盾、身份問題、不解的渴望的世界中冉冉升起。《喉嚨》在果斷的信心和人性的弱點之間聰明地徘徊……一個迷人的驚喜。」

《喉嚨》對國內觀眾來說，其獨特性在於它的演員集舞蹈、戲劇、雜技和歌舞於一體的表演，打破了所有以為「雜技只是給孩子們看的」這一傳統偏見。雜技（攀繩索等等）作為戲劇動作之一，表達的是形而上的精神內容，因而擺脫了「技」而近於「道」。表演藝術家約翰・保羅・扎卡里尼的情緒從歡笑變化到絕望，從脆弱到果敢——他為觀眾和虛擬的鏡中的自己梳妝打扮，他狂歌勁舞調情，他單調無聊地揉面，他懸吊在舞臺上空，他在從舞臺上潑灑下的水中滑動（在11月的冷天裡）……使自己成為各個層次的夢幻的混沌載體。劇中對於光、水、麵粉、繩索和天幕的創造性運用，為簡約的舞臺創造了豐富迷離的效果。

整部戲簡短，集中，長度不足一小時。臺詞極少，幾乎全為肢體語言，戲的含混性、抽象性與多義性由此而來。不同的人對它的主題可以有不同的理解：一個性倒錯男子的心理苦悶與掙扎後的戰勝？孤獨物化的日常生活對人的包圍與傷害，以及最終的醒悟與沖決？一個人對自我的多重面具、多重幻想的展現，以及最終對真實的確認與勇敢的突圍？……解釋是各種各樣的，然而對戲劇情緒與節奏的感知是相同的。從日常庸碌的重複，到假意的狂歡，到孤獨寂靜的重複，到突然真實的發現對自我的撞擊，直到沉重的撞擊使主體進入痛苦的掙扎與重生的升騰……在後半部分，主人公重複地揉麵，揉著揉著，他把麵如同嬰兒般從「喉嚨」處破開，那裡面滲出了血，他的手裡沾滿了血，他陷入駭怖之中，他四處洗刷他的手，他在水裡洗手，他洗不淨，他全身浸入水中，他在水中打滾，他要清洗整個自己，仍是洗不淨。此時舞臺上空一柱淨水兜頭而下，繩索也緩慢下垂，他迎接那水，接住那繩索，他攀索而上，消失於我們的視野之中，尋求最後的救贖。是什麼救贖了他？那繩索接引他回歸上帝，還是別的什麼？我們無從知曉。但是這部舞臺劇的創作者處理日常生活的態度和想像力，則令人震驚。從對庸常的戲仿到將其形而上地撕裂，不著痕跡地經由「揉麵」這一動作加以實現，「麵中之血」是否暗含基督救贖的典故我不甚清楚，但是它對於全劇情緒、主題和動作的轉折則是決定性的。不管觀眾對此作何理解，它都能將人引向靜默與沉思。這時候，無聲的沉思所表達的敬意，比歡笑和掌聲更強烈。然而那也只是短暫的一刻，接著觀眾又笑了——因為男主人公在幕後拋下了隨他掙扎過的短褲，絕望與歡笑之間，就是這樣沒有距離。

2004年11月

「廁所」裡的中國

近日，過士行編劇、林兆華導演的話劇《廁所》在北京大受爭議，據有關媒體稱，原因之一不為別的，乃在於劇中的「粗口」太多，頗令道德君子產生「破壞首都精神文明」之慮。由於我自認為是個君子，因此便帶著十二萬分的憤慨步入劇場，準備加入譴責該劇的行列；但是看完之後，我卻改變了主意，畢竟一個成年人的虛榮心占了上風：我實在不好意思置一部劇作如此明顯的苦心於不顧，而融入一個智力幼稚園不明所以的純情大合唱之中；相反，我還想要借助這點殘存的良知，探究一下它到底苦心何在。

有媒體說，「《廁所》是一部蹲著的《茶館》」；有的說，「《廁所》離《茶館》還差得遠」；過士行說，「《廁所》在結構上是反《茶館》的」；我說，《廁所》在藝術上接近著《茶館》，而思想上則已超越了《茶館》。《廁所》有一個仿《茶館》的結構：三幕劇，三個時代（七〇年代，八〇年代，九〇年代），展現同樣一群人在此三個時代裡各自不同的命運。比較起來我們可以看到：在《茶館》的三個時代裡，主人公的命運由如履薄冰走向黯淡毀滅，然而在一個舊時代黑暗終結之處，升起的是老舍先生對一個新時代甜蜜的憧憬與謳歌；而在《廁所》的三個時代裡，主人公們的物質境遇由骯髒落後走向文明現代，精神境遇卻由壓抑窒息走向殘酷荒蠻，在一個新時代物質進步的繁華表像之下，埋藏著過士行對歷史現實苦澀的冷視與反思。《茶館》的荒誕是一個已然畫了句號、反襯現實之幸福的荒誕；《廁所》的荒誕是一個正在進行、昭示現實之病的荒誕。《茶館》是溫情的，這溫情裡流淌著上一代知識份子從傳統浸淫中形成的脆弱與純真；《廁所》是叛逆的，這叛逆裡湧動著一代新知識份子從切身經驗裡獲得的清醒與疼痛。黑與紅，冷與熱，笑與淚，髒與潔，冷嘲與溫愛，痛撻與撫慰，絕望與祈禱，死亡與新生……是一枚硬幣的兩面，同一命意的兩端，正是它們的相反相成，構成了《廁所》這部充滿藝術良知與對話精神的作品的複調風格。

雖然《廁所》在我有限的理解力看來，還不能說是完美——對同性戀的臉譜式刻劃，結尾處知識份子（「外鄉人」）脫離了全劇一以貫之的社會—歷史邏輯，而展開的對於「單獨排便」與「集體排便」的抽象文明論的思考，在我眼中都是白璧微瑕。但是說到底，誰能否認它的力量呢？那些既令人捧腹又令人含淚的臺詞，那些不思量自難忘的形象，那份對我們時代與人的忠直、憤怒與大愛，那份表達的粗魯、精緻與慧黠，諸種荒涼，諸般亂象……使它成為一部國內五十年來罕有的優秀戲劇。觀眾是最心明眼亮的，他們本能地被吸引前來，打破了長久以來戲劇作為小圈子內自我欣賞之物的封閉狀態，而使《廁所》成為浩浩蕩蕩的公眾會心地大笑、鼓掌、回味自身處境的場所。簡言之，《廁所》終於發揮了戲劇作為「社會論壇」的現代功能，在藝術與現實之間，創造了一次輝煌有力的旅行，一場動人心魂的對話。

這種對話，產生於藝術家對現實複雜性的勇敢直面和對藝術複雜性的深入探尋，那些被「美好生活」的甜膩面紗長久遮蔽的眼睛，大概一時半會兒很難承受真實慘烈的自然光。對這樣的眼睛你既無可厚非，也不能興師問罪，但是反過來，讓這種眼睛來充當藝術立法者和道德審判官，更是千萬使不得。尤其讓這種事發生在主導公眾視聽的大眾傳媒上，就更使不得。但是現在看來已經發生了——對《廁所》這部複雜作品的探討，現在正越來越簡單地集中在劇中幾位「落後分子」的那幾句髒話上，剪除之的呼聲越來越高，意思是如果刪乾淨了，這部戲也就正派了。長此下去，不知我們還能有什麼戲可看。由此可見，媒體記者如何擁有儘量理性而複雜的頭腦，如何少以自身渾然不察的有限性誤導公眾，是個嚴重的問題——比如我現在居然開始發昏地以這種口氣說話，就足以證明一個自認為真理在握的有限者，是多麼容易犯病。

2004年7月

觀照「後現代孤獨」的一種方法
——臺灣話劇《早安夜車》觀後手記

關於「微小」

無疑《早安夜車》的物質空間是極其微小的——兩對戀人，在公寓裡吃早餐，難以交流地交談，像被強行上了發條一般地遵循都市生存的節奏和邏輯趕路，誠惶誠恐，焦慮不安，心生厭倦，又停不下來。心裡最微小的夢想——去游泳，看星星，在這身不由己的匆忙中也一直只能是個夢想。戀人之間言不及義，心不在焉，咫尺天涯，彼此隔膜。疲倦，無力，惘然，想要哭泣卻找不到流淚的理由，想要傾訴卻得不到默契的回應，想要自由卻拿不出超越的勇氣。人們身陷在無邊的生存之網中，孤獨、無助而軟弱。是什麼力量使人這樣？難道就這樣下去嗎？生命的支點究竟在哪裡？

後邊這三個幼稚但真誠的疑問句是我加的，但我以為它們就暗含在作品之中，作用於觀看者的靈魂。都市人身不由己的「抽象被奴役」狀態，在這樣的自我反觀中，會出現破損和缺口，自由或許就從這缺口中溢出，瞬息之間便解放那羈押在悶罐子裡的靈魂，而這就是一部現代作品產生意義的時刻。

可以說，該劇的功力正在於「方寸之間見宇宙」，在極有限的空間中，在似乎是極其蒼白和無病呻吟的構成元素裡，其表達的痛苦卻是十分普遍和形而上，而表現的層次又是十分豐富和飽滿的，以至於竟鼓脹了出來。

關於「重複」與「變奏」

《早安夜車》不是講故事的作品，演員也未如期待的穿得那麼少，所以它委實「不夠好看」。但是若論尊重觀眾的智力、想像力和對真實存在的感受力，《早安夜車》無疑是好的，它的修辭是那麼講究，抽象與具體的表現拿捏得如此恰到好處，單是從它的手法之一——「重複」與「變奏」——來看，便可見創作者的匠心。

此劇的結構便是「重複」的：開端是四人躺在地上，肢體在夢中如水族動物般遊弋，夢想著自由的海，突然鈴聲響起，他們驚醒，打仗般穿衣，刷牙，做早餐，穿梭來去，動魄驚心，瑣碎地叮囑和告知，一切都乾乾巴巴的，硬硬硌硌的，草率而認真的，哪裡總有些不對勁的……結尾亦復如是。對話常常重複：甲對乙說過的話，乙又對甲說了一遍，甲對乙剛說過一遍的話，過會兒又說了一遍，諸如此類。最要命的是，情境自始至終是重複的。但在這些隱喻性的重複中，一些變奏如電光石火，乍然迸現，使劇中角色由催眠狀態突然進入自覺狀態裡，其片刻的徹悟，也將觀者穿透。比如這段：潘潘在思考她和小黑的關係時，忽然說了一段話：「在銀河系中，離我們最近的一顆星球距離地球有四光年那麼遠。也就是說，如果有一個人用一臺超科技、超高倍數的天文望遠鏡，在這個時候，從那顆星球上看著我們，那麼他將會看到的，是四年前的我們……」如果你不是一個靈性被物質生活全然壓碎的人，你就不會對這樣出乎意料的時空反轉視點無動於衷。

關於「怪誕」

一部觀照慣常生存狀態的戲，若要達到觀照之目的，「怪誕」似乎是必須的，但它的功能不是提供噱頭，不是追求外在的「炫」，而是刺激對作品本身所探討主題的想像與思考，這樣產生的怪誕，便是作品本身的血肉構成，而不是裝飾性的衣裝。它使被思考的主題和被感受的體驗因「陌生化」效果而得以強化和凸顯。

在本劇中，一次又一次的重複是怪誕的，洗澡的時候穿上全副潛水衣的樣子是怪誕的，說些奇怪的夢境是怪誕的，「我是最好的，我是最棒的，我會成功的！」機械自我鼓勵是怪誕的，甚至劇中角色表現出的對索然寡味的生存的執著看起來也是怪誕的，對於情感和肉體歸宿的漫不經心與茫然苦澀更是怪誕的。至於演員出色的肢體語言所散發出來的怪誕，更不復言。

「怪誕」的形式是因荒誕感而來。所謂荒誕，照卡繆的意思，就是人與世界陷入敵對和不協調的關係中，就是「在一個突然被剝奪了幻覺和光明的宇宙中，……人被剝奪了對故鄉的回憶和對樂土的希望。」對這種荒誕存在一旦有所感知，荒誕感便誕生，對荒誕的反抗也便開始。這是怪誕的《早安夜車》與其他不夠成功地表現後現代之孤獨、無奈與焦慮的作品的不同之處。這也是藝術作品「觀照」地表現與「無觀照」地表現的不同之處。

2003年11月

《正紅旗下》：老舍對李龍雲的「排異反應」

我是懷著追星般的熱望去看上海話劇藝術中心的《正紅旗下》的——一為老舍先生這部未完成的傑作，二為久負盛名的劇作家李龍雲，三為形象儒雅演技醇厚的焦晃，四為「上海」大膽演繹百年前的「北京」。看完上半場，我心欣欣然，以為半世紀不遇的戲劇傑作就此誕生；待看罷下半場，我卻像泄了氣的皮球一般，無法相信自己看到的是同一部戲。如今靜下心來，我用一句話表達對它的觀感是：《正紅旗下》是一部在物質層面上精緻細膩、在精神層面上陷入混亂的話劇，由於後者的致命，前者便歸於無效，最終使它成了一部遺憾之作。

平心而論，演員在劇本精彩之處的表演是酣暢細膩的——焦晃在上半場扮演的老舍溫厚和暖，自然從容；上半場之末，「大姐夫」和他的父親那場荒誕可愛的「痛下決心」與「紙上談兵」戲，堪稱劇作、導表演俱佳。此劇的舞美、燈光也別具匠心。舞臺底部水光瀲灩，或許暗示老舍先生的投湖之死，或許暗喻敘述人老舍乃是佇立在歷史的長河邊對我們說話；時開時合的灰色牆垣既區隔了景區、起「戲中戲」幕起幕落之效果，又烘托出古老寧謐的歷史感。流暢繁複的燈光在營造劇中所需氛圍時，也頗能畫龍點睛。以上乃是該劇物質層面，可圈可點之處不少。

然而一部作品如果脫離根本性的精神探討，而只著眼於局部技術層面的感受和評判，最後的收穫就會如盲人摸象。一部做工精良的話劇若不是由清醒健全的戲劇觀支撐，則一切的外部努力也終是徒然。現在國內的話劇風尚與電影一樣，喜以明星陣容的強大和視聽效果的華美來證明它是「好作品」，再有追求一些，或許會許諾給你一個「好故事」。至於價值取向的清醒、精神意涵的深邃、情感力量的震撼等等，似已無足輕重，甚至淪為笑談。總之，「感官高於精神」，劇本如有精神缺陷，就以豪華的「舞臺效果」遮掩，觀眾有時被主創者看作是單純的低級感官動物，塞給他們一點「視聽效果」就不錯了。加之現在的話劇漸以片面的商業模式運作，這種弊病就更其發揚光大。如此做法或許一時半會兒會「蒙」些觀眾，但長此以往，愚弄觀眾的招數使用淨盡，結果仍是把大家的胃口倒掉。不但市場發育不起來，話劇這門高貴嚴肅的藝術，其自身品質也會因長期失去思考的習慣而走向沒落和退化。當然，如果話劇人自身並不珍惜話劇的精神品性，不懂得將此品性轉換成正面的市場效應，反而把它視為實現市場價值的絆腳石，而恨不能把話劇完全變成一般的文化商品才好，單以一時一地的票房論英雄，以上所說便都可作廢。如果真要探討問題，那就得回到精神的原點上來。

似乎扯遠了。《正紅旗下》應該說不是一部片面追求感官效果的話劇，也不是一部完全拒絕思考的話劇，它的問題在於思考的扭曲所造成的荒謬，以及華美的感官效果對此荒謬的掩飾與美化。可以說，話劇《正紅旗下》是老舍對李龍雲產生「排異反應」的產物，在相似的「京味」外衣之下，兩個情感邏輯和思想邏輯毫不相干的靈魂強迫性地捏合在一起，造成了這部古怪的作品。

現在的通行標準是：一部話劇即便是改編於名著，也不必要求它多麼忠實於原著，只要它自身在藝術上成立即可。衡量《正紅旗下》，我也用這個標準。可以發現，老舍先生的《正紅旗下》雖為斷章，卻可看出他意在以回憶和虛構復活一個個與家族相關的「正紅旗人」，在纖毫畢現地繪製人物性格長卷的同時，將一種可悲可憫可愛可憐、頗具文化反諷意味的「八旗人格」勾畫出來。在這裡，歷史是背景，「人」是主體。李龍雲在劇作裡改變了老舍的意圖，以這些軌跡尚未畫完的八旗子弟及其周邊人等為材料，「再現」了發生在「庚子之變」時期北京城的一段「屈辱歷史」。在這裡，人物是道具，「宏大歷史」是主體。

我們知道，一部歷史題材的話劇，不可能僅以「再現歷史」為終極目的，它要麼隱喻我們的當下處境，並有意觸動我們對自身境遇的思考（比如亞瑟・米勒的《撒勒姆的女巫》）；要麼寓言一種人類恒久的精神困境或存在的悖論，以喚醒我們對命運與存在進行形而上的觀照（比如卡繆的《卡里古拉》，狄倫馬特的《羅慕路斯大帝》）；要麼隱含一個困擾我們許久的歷史問題，藝術家要對它進行一個獨特的詮釋，以此回應多年以來它產生的現實餘響（如根據雨果同名小說改編的話劇《九三年》裡，對於「革命」問題的思考）……總之，歷史僅僅是一個媒介，通過它，我們打開認識自我的又一幽徑。當然，還有一種特殊的歷史劇，它展現往昔的痛苦，是為了反襯今天的幸福；它渲染異族的野蠻，是為了反襯自己的無辜；它煽動對外部假想敵的仇恨，是為了避免對內部不義秩序的質疑。這種戲劇是變相的「頌聖劇」，只有強權時代才會出現並且盛行。實際上，沒有「為歷史而歷史」的話劇，「為歷史而歷史」的是歷史著作和教科書（也不能保證全是，在有的國家，歷史學也是意識形態鬥爭的場所），如果佐以形象，則是歷史教學片或連環畫。即便是這種「純歷史敘述」，也有各自不同的歷史觀來主導，在講述同一個歷史事件時，一個經歷過現代思想啟蒙的人和未經啟蒙洗禮而精神仍處於前現代時期的人，他們的敘述和評價一定截然不同。

現在，話劇《正紅旗下》面臨的問題是：它沒能實現話劇在出示歷史情境的同時，引領人去「認識自我」的功能。編劇在創作時大概經歷了「『再現歷史』還是尊重老舍原著？」的困惑，最後，他以折中的做法解決這一問題，寫出一部分裂的話劇——上半場盡量依循原著，下半場則按照自己的歷史觀盡情馳騁。於是我們看到了這樣一部作品：上半場的重心在刻劃荒誕脆弱而又搖曳多姿的「八旗人格」，下半場則以情節化、故事化的手法，唱起一支八旗子弟抵抗列強欺侮、捍衛民族尊嚴的頌歌；上半場基本超越了國家民族視角，而澄澈無礙地表現著人物的性格和靈魂，下半場則狹隘民族主義的造作激情成為戲劇主腦，「國家民族」而非「個人」佔據了價值的核心。上半場像是出自老舍之手，下半場像是出自一位義和團大師兄之手；「上半場是《正紅旗下》，下半場是《紅旗下》」（引自與一位朋友的聊天）。因此可以看出，此劇的問題根源不在於藝術層面，而在於劇作家和導演的認識層面——不是說它在藝術上已大功告成，而是說它在藝術上存在的問題，乃是由認識的「前現代性」引起。

主導劇作者寫作此劇的是一種「舊意識形態」的歷史觀。對於「庚子之變」的描述，基督教牧師與信眾的刻劃，義和團與清兵的抵抗，西太后和清政府的叛賣……全部沿襲了八〇年代中學歷史教科書的敘述與觀點，沿襲了簡陋的「侵略／抵抗」模式。上半場那些有聲有色的人物，在下半場變成了演繹歷史教科書的可憐教具。人物的開放性和獨特性蕩然無存，變成了民族義憤的單一載體，人物偶爾閃現的個性火花，也只是起著花絮的作用而已；上半場散文式的結構也已終結，變成下半場疲於推演情節的線性結構；在上半場老舍先生還是一位幽緩舒徐的故事敘述人，到了下半場，則一會兒是對著死去的父親長跪不起的孝子賢孫，一會兒又是用畫外音朗讀「正史」的官方宣講人，那種客觀真理式的廣播員聲調聽起來真是刺耳之極。在本劇結尾，「老舍」反覆念叨「《正紅旗下》寫於1961年，我沒能把它寫完，這是我最大的遺憾，我對不起他們……」至於為什麼沒有寫完，卻不交待。最後，老舍先生走向舞臺深處，留給觀眾一個惆悵的背影，表示他在走向死亡。此時畫外音分別響起老中青三代群體的挽留聲：「舒先生，不能走！」「老舍先生，不能走！」「老舍爺爺，不能走！」然而他還是走了，但是不知道那段歷史的觀眾，還是不知道老舍為什麼「走」，怎麼「走」的——他是不堪義和團的精神後裔——紅衛兵們——的侮辱淩虐，自沉太平湖含恨而「走」的。由於潛在的禁忌，在舞臺上無法實現真實的呈現或可理解，然而如果替換成這種呈現，又未免太過矯情和肉麻了。

在此劇中，義和團仍舊作為一個「進步」的民間組織來刻劃，對於它在一些著名歷史事件中表現出來的野蠻性、殘酷性與蒙昧性，沒有絲毫的反省；西方傳教士也仍舊是中國近代史上的丑角、帝國主義侵略的幫兇，對於他們事實上給中國帶來的文明的曙光，他們的獨立於本國政府之外做出的超越功利的貢獻，也完全無視。其實關於這些歷史的真實，這部話劇也的確不必直接表現，但是，與它相反的那種東西，那種極易煽動起狹隘民族主義情緒、虛假愛國情感和片面仇外心理的因素卻在劇中佔據了主導地位，則是不可原諒的。它既摧毀了這部作品的藝術性，又使它在思想性上完全失敗。話劇應是一種使人清醒和優美的藝術，而非培植狂熱蒙昧的場所，這是戲劇人所應具有的最起碼的意識，他也應具有實踐這種意識的最起碼的認識能力。沒有這一認識能力，拒絕這一認識能力，最終受損的會是無辜的觀眾、艱難的戲劇，以及藝術家自己的藝術良知。

2004年8月

2004年看的戲

2004年，北京戲劇舞臺上值得回味的劇目、現象和事件可謂多多——無論話劇還是戲曲，無論嚴肅戲劇還是商業戲劇，也無論是原創劇、改編劇還是「引進劇」，都是如此。在五色雜陳的紛紜表像下，一個由來已久的主題浮現了出來，那就是：2004年的戲劇，依然徘徊在人文與市場的緊張關係之間。戲劇作為藝術和思想的載體，其本性具有天然的形而上訴求，這種訴求愈強烈，則其人文情懷愈純粹，市場利害愈不在其自然的考慮之內；然而作為一種文化產品，戲劇又必然被要求得到文化市場的接受，以實現投資人和創作者的「利益最大化」。此二者是一對永遠的矛盾，本年度的戲劇舞臺就在這種矛盾中掙扎和徘徊著，其平衡與失衡的狀況，將在下文中得到簡單的梳理。

引進劇：重要的是大開眼界

得向所有引進了優秀的國外戲劇演出的團體致敬，是他們使北京的愛劇人在今年得以大飽眼福：在「國際戲劇演出季」裡，我們看到了愛爾蘭原汁原味的荒誕派戲劇代表作《等待果陀》，挪威易卜生劇院恢宏華美的《培爾・金特》，德國黑森州劇院扣人心弦的《生日宴會》；在「永遠的契訶夫」戲劇季裡，我們還看到了以色列卡美爾劇院悲憫詩意的《安魂曲》，國立莫斯科青年劇院「斯坦尼」體系的《櫻桃園》，加拿大幽默新奇、富有創意的《契訶夫短篇》；在「英國戲劇舞蹈節」裡，英國蘭登舞蹈團的《美麗迷惘》、《極地無限》，F/Z劇團的《喉嚨》，站臺之家劇團的《天花與熱狗》和芭比・貝克的《盒中故事》，則讓我們領略了成本低廉而深具探索精神的英國小劇場的風采。這些嚴肅戲劇有經典也有原創，除了《培爾・金特》和《櫻桃園》有點排場之外，都造價不高，舞臺簡樸，然而多是寄意遙深、演技精湛之作，令人看罷久久不能平靜。此外，一些商業演出如美國音樂劇《貓》、西班牙舞劇《莎樂美》等也自有令人欲罷不能的魅力：音樂、表演和製作的精良，想像力的豐富和精神內涵的健美，無不給人以感官的愉悅和心靈的撫慰，而這些是商業戲劇走向市場化道路的前提。

毫無疑問，對一些人來說，《等待果陀》和《安魂曲》這兩部不朽之作的上演，使首都劇場成了他們的精神生活中最值得紀念的地方。《安魂曲》的劇中人以希伯來語的如詩唱訴，向上帝蒼天呼喊出生存的悲愁、命運的捉弄、絕望的詛咒與靈魂的和解，其巨大的力量洞穿了所有觀者的情感堤壩；而舞臺的簡約、童真與詩意，音樂和歌唱的優美、蒼涼與純淨，也無不令人心醉。惜乎該劇編劇、導演哈諾奇・列文已乘鶴西去，如此悲天憫人匠心獨具的大師，不知世間可會再有？貝克特的《等待果陀》由他的故鄉人在北京上演，也同樣是今年最值得記憶的文化事件之一。演員們在這部戲裡的演出，就好像是直接從貝克特的劇本中走出一樣。一切都如此渾然天成。戈戈和迪迪永無窮期的廢話與等待，波卓和幸運兒沒完沒了的奴役與服從，牧童對於果陀即將到來的永不兌現的預言與承諾，勾勒出現代人在背棄上帝之後，靈魂最深處的孤獨、脆弱與絕望，以及欲哭無淚的哭泣，欲愛不能的愛。五個演員，一棵樹，一個月亮，就是《等待果陀》全部的舞臺。什麼都不需要，只需要豐富的情感和深刻的理解力——無論演員，還是觀眾。這是今年上演的兩部偉大作品所要告訴我們的真理。

聯想起國內動輒耗資百萬、精神貧弱的話劇大製作，我不知道該說些什麼。

《廁所》：人文與市場的雙贏

以「閒人三部曲」享譽文壇的劇作家過士行在沉默六年之後，與林兆華導演合作，再次以話劇《廁所》征服了觀眾——這是中國當代原創話劇的罕見勝利，也是2004年北京話劇舞臺上值得大書特書的一筆。兩輪共計24場演出，場場爆滿，票房一路飈紅，一部集冷峻的批判精神和睿智的幽默氣質於一身的上乘之作得以持續上演，並取得了如此圓滿的觀賞效果，至少說明三件事：1、我們的社會正日益走向開放、寬容與多元；2、觀眾的眼睛是雪亮的，他們有能力認出並欣賞與他們的真實處境有關的藝術傑作；3、在話劇舞臺上實現人文與市場的雙贏是可能的，但它要求劇作家、導演和演員具有高度的藝術才能和張弛有度的幽默感。

圍繞《廁所》而來的爭論也是今年饒有趣味的文化事件。爭論的焦點，在於該劇的「髒話過多」、草根風格以及「仿《茶館》的結構」。否定的一方認為劇中髒話粗鄙，少兒不宜，過於黑暗，雖然照搬《茶館》結構然而比《茶館》差得遠；肯定的一方則認為髒話乃是劇中人身份和個性的要求使然，是民間狂歡精神的產物，不如此不足以傳神，劇中人的真實困境顯現出劇作家強烈的社會責任感，其藝術和思想的高度堪與《茶館》比肩。和任何爭論一樣，這場爭論也無果而終，然而它為我們思考藝術與現實、戲劇的人文訴求與市場的大眾心理基礎、黑色幽默的笑與沉思之後的淚之間的複雜關係，提供了一場有益的思維訓練。

改編劇：「名著」的雙刃劍

今年有四部大戲改編於「名著」——國家話劇院的改編自雨果同名小說的《九三年》，廣州話劇團的改編自劉斯奮的茅盾文學獎同名獲獎作品的《白門柳》，上海話劇藝術中心的改編自王安憶的茅盾文學獎同名獲獎作品的《長恨歌》，和李龍雲的改編自老舍同名作品的《正紅旗下》。名著效應對於贏得話劇市場是有利的，會有不少觀眾因為喜愛小說原著，而前來觀看改編的話劇——這是改編劇的重大賣點，甚至是該劇誕生的起因。話劇《長恨歌》和《正紅旗下》尤其為此受益，而《九三年》幾乎沒有因此占到便宜，因為知道這部小說的人畢竟不多，好在國話改編它也不是因為雨果的並不成立的賣點，而是由於認識到這部巨著偉大的精神價值。從藝術品質和精神高度來說，《九三年》遠遠勝過其他三部改編劇，然而悖謬的是，它的市場認可度也遠遠不敵後三部。什麼原因造成了這種反差？大概一是「革命與人道」的主題離中國普通觀眾的精神感受力距離較遠，他們很難為不直接與自身處境有關的東西產生共鳴——雖然目下一些弱勢群體的人道處境的確堪憂，而關於「革命」，只要稍有歷史常識和預見力的人都應進行思考，但是認為自己就是相關者的人恰恰為數極少；二是《九三年》本身的舞臺缺陷、導表演缺陷削弱了它的觀賞親和力。

與《長恨歌》和《正紅旗下》相比，《白門柳》可說是一部顯示出思考意願和創造意願的話劇，它體現出來的歷史觀與文化情懷，它的本土、空靈而貼切的音樂，華美的舞臺效果，都有可圈可點之處。而《長恨歌》對原作的亦步亦趨，《正紅旗下》下半場與上半場的判若兩「劇」，都暴露出「名著」對於改編劇的「雙刃劍」效應：它既為改編者提供了現成的精神起點，又是改編者的精神枷鎖。如果劇作家本身無力超越和俯瞰原著，並找到自身的創造生長點，這把劍必會將他刺傷而陷入藝術的失敗。那麼，即便贏得了市場的成功，那成功也是殘缺和虛幻的。

搬演國外劇：精神的提升與表演的操練

對國外劇作的直接搬演仍然層出不窮。其中林兆華戲劇工作室演出契訶夫的《櫻桃園》，國家話劇院演出《普拉東諾夫》，北京人藝演出法國劇作家勒內·福舒瓦的《油漆未乾》，上海話劇藝術中心演出美國劇作家雷伯德·傑希原作的《蝴蝶是自由的》和法國雅絲米娜·雷札的《藝術》，林兆華戲劇工作室演出赫爾穆特·克勞瑟爾的《皮臉》，是眾多搬演劇中較為成功的。在優秀原創劇本匱乏的情況下，搬演外國戲是較為穩妥的生存之道——既在觀眾中信譽良好從而保證了票房，又為演出團體提供了很好的精神提升和訓練表演技巧的機會。然而能夠在導表演上到位很難，創新就更不易。

林兆華導演的《櫻桃園》屬於創新之作。從對劇本的刪節和強化，到劇場和舞臺出人意料的構建方式，直到演員的表演方式，都是富有衝擊力的。劇場的簡約、廢棄與襤褸之感，演員「敘述」和「體驗」之間的跳進跳出、以現代舞為手段的氣氛營造，將契訶夫劇作的隱含之義放大給了觀眾。這是對契訶夫「欲彰彌蓋」的含蓄手法的反動，現實主義的外殼被撕碎，集束的意義之流直接轟擊觀眾的靈魂。這種做法恰當與否乃是見仁見智的事，至少林兆華導演天馬行空的藝術想像力，由此可見一斑。

即便是搬演，京派和海派也能看出風格的不同。任鳴導演的《油漆未乾》穩重淳厚，上海話劇藝術中心的《蝴蝶是自由的》和《藝術》則精緻輕靈。《蝴》劇的火爆暗示出：富於懸念的故事＋輕盈快捷的節奏＋純真美好的情感＋若隱若現的情色＝走紅市場的戲劇。

商業劇：投市場所好與戲劇的小品化

一個發育正常的戲劇文化市場，一定是嚴肅戲劇和商業戲劇各有空間的市場，而不應是由一種品類取代另一品類的市場。因此，商業戲劇應當有其理直氣壯的存在空間，以滿足那些有錢有閒到劇場尋找快樂和輕鬆的觀眾群。當然，也不能據此僭越，認為唯有自己的生存模式才是戲劇發展的唯一出路。應當說，嚴肅戲劇和商業戲劇的評價標準是不同的，二者不能混為一談。今年初的賀歲喜劇

《想吃麻花現給你擰》和年末的賀歲「M劇」《翠花快樂六人行》被媒體稱作「叫座不叫好」，大概就是把兩種標準混為一談的思維在作祟。「叫座」是市場好，意味著能滿足大眾慾望，帶給大眾快感；「叫好」是指得到嚴肅戲劇領域的價值認同，即被認為在藝術創新和思想深度方面達到了較高水準。試想，如不是非常的例外，商業劇能如此「腳踏兩隻船」嗎？

除了聲稱「與話劇決裂」的「三花」——「翠花」、「麻花」、「韭菜花」——之外，大型相聲喜劇《飽暖生閒事》、根據法國劇作改編的《波音、波音》、兒童魔幻劇《迷宮》，改編自池莉同名小說的《生活秀》，改編自石康小說《支離破碎》、《晃晃悠悠》和棉棉小說《糖》的「小說戲劇」《門背後》，也是今年較有知名度的商業劇。這些商業劇的引人之處除了明星和品牌效應之外，其與現實生活相對話的直接性與表面性也是受到歡迎的重要原因。調侃明星、廣告、臭大街的影視作品及其導演，揶揄娛樂生活裡的偽精英與偽權威，為沉默的大眾出一口小氣，既是其敘事策略也是其道德合法性的根基所在。這種資訊轟炸般的現實反應模式類似小品雜文，大家不屑為，而年輕的主創者雖然功力尚嫩，也仍被饑不擇食的觀眾生吞活剝了，可見快樂是多麼可貴，又多麼稀少啊。

《迷宮》的市場成功則源於大製作的兒童劇的罕見、觀眾群的廣大、孟京輝三寶等人的媒體效應與強力宣傳攻勢的結合。其成功模式不可複製，其現代主義的審醜方式是否適於幼小的孩童，尚需斟酌。

昆劇熱：知名作家的點金術

在白先勇的青春版《牡丹亭》登陸之前，人們也知道《牡丹亭》和《長生殿》是昆劇名作，北京的戲院裡也上演北昆的《牡丹亭》，但是反應平淡，未成潮流。而白氏青春版《牡丹亭》一成媒體的寵兒，則它也立刻成為了大眾的寵兒，昆劇因此在今年受到前所未有的關注與鍾愛，一時成為時尚之選。對許多因慕白先勇和葉錦添之名而第一次觀看《牡丹亭》或者《長生殿》的人來說，這第一次的魅惑或許種下了終生的熱愛。這是文化的種子，精緻之美的種子，借助媒體和市場，白先勇將其播下。

其他：波濤洶湧的戲劇暗流

2004年值得盤點的戲劇現象還有很多：一些經典劇目和具有市場號召力的作品的重排，如《雷雨》、《青春禁忌遊戲》、《天下第一樓》、《生死場》、《戀愛的犀牛》、《天上人間》等；實驗話劇與戲曲的聯姻，如《花木蘭》、《弘一法師》、《他和她》和《秋天裡的二人轉》等。話劇和戲曲的互滲顯示出戲劇人良好的繼承與創新慾望，但少有成熟的作品。劇作才情匱乏，傳統－現代嫁接牽強，古典韻味欠缺，現代意識又不夠，暴露出兩難的窘境。

五月份由全國十幾家院團參演的「小劇場演出季」和七八月間的「大學生戲劇節」都在北兵馬司劇場舉行。雖然沒有什麼留得下的劇目，但是地方院團和大學生們強烈的戲劇衝動還是給人留下了深刻的印象。除了北京和上海，話劇在內地的其他地方恐怕幾乎是沒有市場的，一個院團能上演一部話劇已屬不易。話劇的市場空間為何如此萎縮？如此萎縮的空間裡創造性何從產生？這是些無奈的問題。

校園戲劇與市場無緣，卻應因此而更純粹，在精神的探索中應走得更遠。然而事實有些令人失望。對社會的想像性焦慮佔據了青年學子們的心。許多作品展現出了精神向度更加單一的亞社會。也許是因為年輕，因為無力，也因為生存的嚴酷已提前進入大學生們的視野，總之，做戲的踴躍激情和作品內涵的單一乏力呈現出極大的反差。但願隨著莘莘學子的精神成熟，一種生機盎然的戲劇格局會隨之產生。

2004年12月

《色・戒》：人性戰勝國家

上個月在香港看了全版《色・戒》，走出影院，大腦塞得滿滿，茫然失措失語。近日內地放映刪節本，看到海內外五花八門的評論都匯攏來：有人罵它是民族虛無主義的「漢奸電影」；有人卻說它是表現男女因性生情的心理電影；有人看出它表達了一個男人的「中年危機」；有人覺得它的主角不是人，而是舊上海；有人認為電影「背叛」了張愛玲，背叛的效果很好；有的則相反，認為背叛的效果差極，尤其是女主角的選擇完全背離了張愛玲的設計；有人認為床戲無助於敘事的深入；有人則說床戲是影片意義得以展開的核心……儘管艾科有言：「藝術品是一種根本上含混的信息，即多種所指共處於一種能指之中」，但是一個外表中規中矩的電影卻被看出如此風馬牛不相及的「所指」，還是令人吃驚。忍受不了判斷懸空之感，我只好再度鑽進影院。這一遍，倒使我得出個斬釘截鐵的結論：《色・戒》是一部秉心純正、微言大義的傑作。

「大義」者何？恐怕和中國傳統的「大義」指向截然相反。這是一個只有冷靜超越本土語境的宏大陰影、又無時不對這陰影的殺傷力深懷關切的導演，才能領悟和呈現的「大義」。它表面上似乎是以男女情色消解國族大義，其內裡，則是既質疑將國族大義無條件置於個體生命之上的道德邏輯（所謂「為達道德之目的可用不道德之手段」），又剖析了任何一種作為最高律令的龐然大物（影片中，「龐然大物」既現身為易先生所寄身的血腥殘酷的汪偽特務機關，又體現為王佳芝所投身的以正義為目標卻冷酷無情的間諜組織）對「人」的戕害。影片周密從容的敘事、心態迷離的人物、意味深長的細節和幽暗蒼涼的色調，都是在此思想底色之下徐徐展開的。它在發出「每個人都是歷史之人質」的喟歎同時，也塗抹出「人性救贖」的亮色。如果我們無視影片張揚人性、反整體主義的潛主題，很可能無法完整領會李安的這部電影。

和李安電影裡家國政治與男女之情的雙向互動不同，張愛玲的小說《色．戒》，家國政治著著實實只是一個隱約的襯景，王佳芝和易先生在此種襯景下本能的「性心理」與「情心理」，才是小說真正的核心。張愛玲天性孤絕，家國變故、意識形態只能從外部影響她，卻是一點也進入不了她的內心；她筆下的人性，也是有利害無善惡、不具道德情感維度的灰色地帶，《色．戒》就是張愛玲在這灰色地帶中，對家國與人性雙重的絕望與絕情。電影故事未改，但主題卻一變而為「人性的救贖」，卻是李安對張愛玲原作的根本背叛。

在影片最後，王佳芝為了那點飄忽不定的「愛」，不惜背叛大義和組織；易先生卻是為漢奸政權和自己的生存，不惜背叛自己那點飄忽不定的「愛」。如此殘酷結局，何談「人性救贖」？

恐怕需要影片的點滴細節來證明。在這部有著福樓拜式嚴謹的電影中，王佳芝一開始就和信念明確的熱血青年鄺裕民、賴秀金們不同，她被設計成一個敏感真純（張愛玲的王佳芝卻幾乎是不帶感情的）、身世飄零、被動承受大時代的女子，她因為對鄺裕民的愛慕之情，參與了熱血青年們的間諜暗殺計畫。她對易先生的感覺，從開始的接觸就埋下了「動搖」的因子——第一次見面，王佳芝回到公寓，和鄺裕民他們淡淡地說：「他和我想像的不太一樣。」（和想像的惡人形象不太一樣。）在香港和上海的寂靜無人的餐館，雖然王佳芝只是做戲地說些寂寞女人的家常，易先生只是將信將疑地半吐心曲，但是從二人對視的眼波裡，已埋下「大義除奸」的使命和「異性相吸」的天性之間微妙的交戰。之後，就是內地觀眾無緣得見的激情戲。其實，三場激情戲雖足夠「勁爆」，卻並不令人沉迷，它們是表現人物內心之扭曲痛苦的核心段落：窗外是警犬、侍衛與槍林，殺機四伏的寒秋；室內，是兩個囚禁在對立使命中的孤獨男女，以接近身體極限的交歡，來忘卻孤獨和恐懼，發洩寒冷和絕望，體會存在的真實。害怕國人看完「學壞」的大人先生們可以放心了：此處的「性」毫無色情撩撥之用，相反，我倒是覺得它太苦痛駭人，如在第三場裡稍加暖色，也許能更好完成二人因「性」生「情」的遞進。

在「男特務頭子」和「女間諜刺客」的人性觸角漸漸舒張之際，各自投身的組織卻日見其冷酷非人的氣息：街頭喋血，刑訊槍殺，是易先生操控的特務組織的「傑作」；將犧牲個體的一切（包括王佳芝的貞操和青春，以及鄺裕民他們的生命與自由）視作必要的代價，卻不必對個體負責，是王佳芝投身的間諜組織的「原則」。深愛王佳芝的鄺裕民對她保證道：「我不會讓妳受到傷害的！」但是他的保證，在上級吳先生面前立刻化作虛妄——組織是不會考慮王佳芝的安危的。組織不是王佳芝身心的歸宿。

由如此內外因素的交相鋪墊，才會有王佳芝在接過易先生溫柔贈予的那一枚華麗鑽戒時，在看到他溫柔的目光、聽到他溫情的話語時，陡然升起的足以背叛自身使命的「愛」。值得注意的是放走易先生之後的細節：王佳芝跑到街上，坐上三輪車。車夫問她去哪，她說「福開森路」——那是易先生給她置辦的公寓。車夫問：「回家？」她輕輕地點頭：「誒。」——她已把易先生當作自己的家了。她從領口取下一枚藥片——那是上級吳先生給她的，以備敗事自裁之用——但是她沒有吃。她心頭還存著「回家」的癡想和好好活下去的希望。至此，人性私情對組織律令的淩越，在王佳芝這裡得以完成。

但結局是：王佳芝的情夢，被由她所救的易先生破碎了。她被他判了槍決。她後悔了對組織的背叛嗎？答案是：沒有。在她臨刑之前，在與她一同赴刑的鄺裕民身邊，她腦海裡回想的是她大學時代初演愛國劇之前的一個瞬間：她不知所措地走在臺上，聽到身後上方的呼喚——是鄺裕民、賴秀金他們在遠遠的二樓召喚她。這一空間間隔，是她和他們從始至終的距離，她終於知道，她從未屬於過這個只有信念、沒有自由的群體——其實她在香港目睹鄺裕民們把想要告密的同鄉，一刀刀刺成血葫蘆時，就應該知道的。內地版刪去了這一段血腥鏡頭，其實它對揭示缺少自省的「堅定信念」所必然包含的暴力性質，對理解王佳芝最後的背叛，十分重要。

易先生呢，他的萬劫不復的身份和求取生存的本能，讓他以行動背叛了王佳芝最後的愛；但是他的意識卻背叛了他的身份和行動：影片結尾，易先生回到家中，坐在王佳芝睡過的床上，聽晚十點的行刑鐘聲敲響，無盡悵恨，不禁潸然。這絕非給一個漢奸戴上人性的面具，而是以意識對行動的背叛，呈現柔軟人性對暴力律令的悄然瓦解。至此，可以說：《色・戒》是一部表現「人」被「絕對國家」所挾持的悲劇。在此悲劇的終局，則又以罪惡者的悔恨暗示最後的救贖。在人們的想像中，老道的張愛玲一定會嫌李安的結尾過於天真，幾近媚俗——似乎絕望永遠比救贖深刻，無情永遠比有情成熟。但是我們應當知道，無論世故還是天真，無論幻滅還是拯救，也無論無情還是有情，都無高下之分，它們僅僅取決於創作者自身在信疑之間的選擇。而在最高的意義上，「信」比「疑」往往更難。

可以說，從張愛玲到李安，是文化精神的本質變異。張愛玲還是一個異類但地道的中國人，她走到了中國虛無文化的盡頭，那裡既無家國祖先的慰藉，又無上帝與人性的拯救，她是因文化性格和身世際遇而喪失天真、無處安放的孤獨遊魂。李安則是中西合璧的文化產物，西方文化血統使他清醒秉持個人主義，中國血脈則令他離上帝的光輝較遠，而離「人性」的暖意更近。

2007年11月

易先生這個人

《色・戒》之所以被罵為漢奸電影，很重要原因在「易先生」這個形象的塑造被認為有「美化漢奸」之嫌。這位漢奸真的被美化了嗎？

國際政治學者劉建平先生是我的朋友，但是他的《色・戒》評論觀點我不能同意。他的文章說：「影片基本隱去了他（易先生）出賣民族利益、屠殺抗日志士的兇殘與血污，只讓他穿梭於官邸、公寓、汽車、奢侈品商店等象徵權貴和現代化文明的空間，突出他對美女肉體的渴望或對所謂愛情的追求。」

影片真的隱去了易先生的「兇殘與血污」嗎？如果看得仔細，你不會看不到片中多次出現上海街頭屍體橫陳、警笛呼嘯、特務和日軍猖獗的鏡頭。一個恐怖政權下的恐怖城市，是誰的「傑作」呢？影片也多次提到易先生的機要地位，那麼不是他的「傑作」又是誰的？是否一定要易先生出現在喋血現場，才能證明他的「兇殘與血污」呢？

片中還有一個鏡頭足以表明敘事者對易先生的暗諷：夜裡，王佳芝來到易先生的密室門口，看到他正在焚燒文件。密室牆上，一幅是孫中山的頭像，並列稍下方的，是他自己的頭像。此鏡頭暗示了易先生變態的權力慾和妄想狂。這是影片作者對易先生內心刻劃最毒辣的一筆，但是它不會高聲嚷出這一筆。無言的暗示，是嚴肅藝術家尊重觀眾的方式。

影片中的易先生是個人格分裂的人。他陰鷙、狡猾、殘忍、嗜血、酷愛權力，這從片中呈現的特務機關的陰森環境，他陰沉的眼神、詭秘而不見天光的出場方式可以見出；同時，在他的黑暗生涯中，他本能地懷有對青春、純情和安寧的渴望，他也自知自己不過是「日本人的娼妓」（日式酒館裡與王佳芝對語），他並非完全不對此感到不安。正是此種雙重人格才使故事進展獲得張力。

藝術家在創作作品時，必須一視同仁地同情、理解和愛他筆下的人物，他的作品人物才會有呼吸，有生命。如同上帝愛他所創造的每一個善人與惡人。他不可以把自己在現實生活中的立場強加給他們，那樣的話，他的人物就是紙片和標語，不是藝術形象。如果這樣地進行創作，才是真正不道德的。

藝術自有其嚴苛的道德，但這種道德和社會道德完全不是一碼事。如果後者硬要對前者發言，並不妨事。但如果後者有朝一日變成藝術的強制律令，那將是藝術和社會的雙重災難。人們將重回到精神的幼稚和單一狀態，而無窮無盡的精神幼童將會做出些什麼事，真是讓人十足捏把汗。扯遠了。

簡言之，無論易先生還是王佳芝，他們都是歸屬不同而本質趨同的龐然大物的祭品。目睹這祭品的毀滅，觀者當產生對此種「龐然大物」的警惕和反思。我以為這是影片要說的主旨之一。

有論者認為西方大片《辛德勒名單》、《拯救雷恩大兵》等都以勝利者姿態正面弘揚了高尚人性和人文精神，中國電影《色·戒》卻如此陰毒淒慘，還有何「人性」、「人文」可言？

需知一切作品的生命力皆產生於真實的體驗。西方國家根深柢固設有保護公民自由和權益的法律制度，個人擁有全面尊嚴和權利，產生於此種現實基礎上的電影業，自然會拍《拯救雷恩大兵》之類。中國有史以來，可曾有軟體硬體真正全面有力地保護公民個人尊嚴和權利？但願我們正走在這途中。國家的絕對權力（古代是皇權）的陰影，是中國人數千年的噩夢。此種現實歷史經驗，產生電影《色·戒》豈非自然？如果一律是《英雄》那種諂媚型電影，中國才是真的沒救。因為沒人敢從精神上批判地正視自己的恐懼經驗，我們也就永遠無法走出這種恐懼。

魯迅先生警告國人，說過大意如此的話：「你不要以為作本國的奴隸會比作異族的奴隸好。」這難道可理解為他鼓勵國人甘當亡國奴？不，相反，他是提醒人們在任何人的統治下，都不要忘記追求個人自由和獨立——無論日本人，還是國民黨。

我想李安是理解這句話的。但我沒有把握，那些沉浸在民族義憤中的同胞們是否能夠理解。

2007年11月

《梅蘭芳》的精神分裂

陳凱歌的《梅蘭芳》講述了一個天生膽小的男孩如何通過不斷喝湯來克服恐懼、長大成人的故事。這個「人」雖然是舉國皆知的京劇大師，但看起來藝術世界並不是他的重心——成年以後，他的心思全被弘揚國粹、保持國格、提高戲子地位等事關大義的事情佔據了。電影在表現一個鶴立雞群的愛國者、道德家的路子上漸行漸遠，以至於我不禁感到，梅蘭芳周圍的那些人實在多餘，而他本人也不該唱京劇——他最該從事的職業是聖徒或者政治家，雖然此二者的距離如南北極之遠，但南北二極也有最大的相似之處：冷。

電影《梅蘭芳》的冷感是創作者精神層面的幽閉與刻奇（「kitsch」，米蘭・昆德拉曾對此一再嘲諷）的產物。「幽閉」既體現在主人公與他人乃至整個外部世界的精神關係上，也體現在這部作品的精神氣質上，典型意象就是那個「紙枷鎖」；而「刻奇」，在影片中則表現為一種自我崇高、自我感動、自我憐惜、自我膨脹的精神形態，它看起來像是梅蘭芳人格的自我完善，實際上卻是創作者通過技巧性的粉飾煽情，來助長潛伏於觀眾無意識深處的英雄崇拜欲與群體自大狂。它的精神後果是觀影之後的廉價激情與狂歡效應，而這或許正是主創者所期待的——因為設若如此的話，影片精神之核的蒼白貧乏就可以瞞天過海了。

顯然，這部受到梅家人干預的傳記片，其核心動機即是把這位京劇大師送上道德的寶座。雖然一個攜帶了真實的時代氣息、富有人格雜質和精神矛盾的藝術家形象更具魅力，但在利害攸關方和主創者看來，道德的保險係數無疑更有誘惑力——這種回避真實的「聖賢主義」價值觀的直接後果，就是影片《梅蘭芳》「精神」與「肉體」的分裂。具體地說，就是該片的「三突出」、「高大全」的精神主旨，與其作為電影藝術的活色生香的「肉體要求」之間的分裂。

為了在表面上彌合這一分裂，就需要一些製造波瀾的花哨手段。大體說來，手段如下：一是給偉大的主人公尋個無傷大雅的小毛病——軟弱膽小、想當「凡人」，但這毛病最終還是通過喝湯、靜坐、回憶孟小冬母親般的叮嚀等功課，給克服了，主人公是「想作凡人而不得」；二是敷衍出一些炫人眼目的「傳奇」，以增添影片的「中華文化神秘性」，並突出主人公「神乎其技」的超人才能——比如已被戲曲專家證偽過的「梅蘭芳PK十三燕」一幕；三是以不露聲色的「反襯法」墊高主人公的道德基座，這方面的技巧就多了——比如讓主人公的困境更艱難（赴美演出居然需要他抵押十萬家產）、敵人更兇狠（想想日軍的殺人不眨眼）、朋友更背信（好友邱如白勸他置民族大義於不顧，為完成「藝術」而為日寇演出）來提高主人公的道德難度；以渲染主人公的文化重要性（他是否為日軍演出已成為中華民族是否降伏的象徵）來佐證日軍對他的極度重視和威嚇的必要性，並以此種雷霆萬鈞的威嚇之舉，來突出主人公「大無畏」的民族氣節……總之，無論外部世界如何地動山搖，主人公總是適度被動、以靜制動，這樣，他高尚的道德形象雖然看起來過於封閉、靜止和缺少發展，但由於總是以低調出之，尚能顯得既優雅又「自然」，從而表面上避免了以往「高大全」敘事中，因主人公過於高亢直露的道德表現反使其顯得更加虛偽的毛病。因此，說電影《梅蘭芳》為完善「三突出」、「高大全」的宣傳藝術做出了巨大貢獻，當不為過；但它是否能算一部成熟精到的藝術作品，則另當別論。因為成熟的藝術使人直面真實，而《梅蘭芳》卻走向個人與民族的自我神化。

如果一部影片號稱傳記故事片，那麼不管它的虛構空間多麼大，總得「是」這個人，「是」他的時代，在這個基本前提下，編劇、導演才好去提煉主題，塑造人物，不能因為用了一些屬於主人公的似是而非的佚事，就說這就是主人公了。翻齊如山（影片邱如白的大大走樣的原型）《梅蘭芳遊美記》，才知梅氏訪美乃銀行家馮耿光、學者齊如山等「梅黨」士紳、司徒雷登等美國友人以及許多中外文化人義務襄助、捐資促成，張羅耗時七八年，其目的除了讓美國人認識中國劇，更是真正去學習考察西洋藝術，此事確能體現民國人物開放的文化襟懷和時代風氣。一代名伶在中西文化藝術的碰撞中，會遭遇何種精神地震，會如何審視自我與他者，一定會上演十分有趣的劇情。

但影片顯然無力呈現如此複雜的精神主題，相反，它的價值取向不是開放而是封閉的：梅蘭芳被塑造為一個孤膽英雄，他去美國演出是為了向美國人揚我國粹，從而提高梨園藝人的道德地位。為了這個「崇高的目的」，他一拍腦門，痛下決心，抵押家產，背水一戰。一代民國文化人主體性豐盈的精神尋路之旅，在影片中被廉價降格為梅蘭芳一人的道德功勞簿。這種安排，是由影片的「三突出」創作原則所決定的：一個英雄不可以有高於他的其他主體，他不可以開放和學習，他只需要放射光芒、拯救人世就夠。所有其他人物，都為了陪襯他的道德、技藝和魅力而存在。但這一創作原則的結果，只能使主人公在精神上處於幽閉的「原子」狀態，人物關係也只能在一種誇張低級的戲劇性中展開，它最終所收穫的，也只能是一些莫名所以的觀眾的莫名所以的群體性自大而已。

九十年前，魯迅先生曾經說過：「中國人向來有點自大。——只可惜沒有『個人的自大』，都是『合群的愛國的自大』。這便是文化競爭失敗之後，不能再見振拔改進的原因。」不幸的是，魯夫子在九十年前痛加撻伐的毛病，至今依然發作在不少中國藝術家的靈魂裡。

2008年11月

《千里走單騎》：兵法導演的平庸之作

乘著星期二的東風，雖然看了半價《千里走單騎》，也沒覺得賺。不過也許應該放低對老謀子的期待：他不犯反動錯誤，就該先受到表揚。真要是碰上一軸人，拍一輩子「忠君」電影，你有啥脾氣？當然那又要另當別論：一輩子隻摳一個主題的人，那真是性情中人了——不管玩什麼，只要他玩出了性情，就會玩出好東西。就好比毒蘑菇，他肯定也是最漂亮的毒蘑菇。好比三島由紀夫，熱愛天皇制，愛得死在這上頭，人家就寫出了獨樹一幟的作品。雖然我本人既不愛他的小說，更憎惡他的那套意識形態，但是對他以命相許的瘋勁兒還是甚為敬畏。沒出息的就是那種機會主義者，你不知道他的信仰在哪裡，信念有沒有，他的智慧永遠受利益的支配——做什麼事，完全視利益的給予者而定。如果給予者是西方，那我就玩批判；如果給予者是政府，那我就玩忠君；如果給予者是市場，那我就玩情感。這樣的人最好去當政客，搞藝術太虧了。藝術是癡人和孩童的領地，用玩兵法的手段玩藝術，最後准不落好，只能自己玩自己。

其實對《千里走單騎》用不著說太多狠話，對只求消遣一下的觀眾來說，它還沒有太讓人受不了的毛病。故事很流暢。父子之情表達得還算含蓄。「關公不算國家機密」那段有形有神。高倉健充分把握了他的角色。群眾演員用得不錯。

但仍有不少令人不舒服的地方：

1、對奇觀的不良嗜好：儺戲，望不到頭的長長宴席，奇異的地貌，特色山村……這些東西放在一個平實的親情故事裡，像一些不該搶戲的配角。

2、影片中《千里走單騎》這出被反覆強調的儺戲，並不能給主體故事提供一個足堪互文的文本，並不能延伸故事的意味，它很醒目地被反覆提及，卻游離於主題之外，而只作為一個笨重巨大的裝飾存在，未免太過用力不當了。影片最後，這齣名叫《千里走單騎》的儺戲終於上演了，但是唱腔乏善可陳，唱詞是什麼根本沒有交代，一對勞改人員客串的角色晃來晃去，頗具反諷效果地暗示了它的毫無意義。難道這齣儺戲真像兒子所說的：它並不重要，只是一個客氣話？如果編劇和導演就這樣落實兒子的這句話，他們未免太過老實了，老實到了貧乏的程度。

3、肉麻的煽情：這問題沒出在日本人身上，出在了導演的老鄉中國人身上。李加民看到了私生子楊楊的照片，百感交集，於是流淚，哽咽，最後長時間「嗚嗚」大哭，讓人看了感覺中國人的哭泣之廉價令人髮指。相比之下，高倉健的隱忍克制，卻讓人感到高貴的克制之美。我不是狹隘民族主義者，但是看到這種情感質地的等級對比仍感到很不舒服。包括那場望不到頭、莫名其妙的流水宴，它完全是故事的贅物，它所散發的「熱情好客」資訊也不值三毛錢。

4、不該有的音樂：至少有兩個段落，其實只要高倉健自己表演就夠了，可是為了「感人」，偏要加進音樂以示抒情。實為惡趣。

最讓人不滿足的是，影片雖以情感為旨歸，但是主人公實現其情感釋放的過程，並不是一個在情感和精神層面層層推進的過程，而是一個堆積表面的困難和意外、堆積民俗風尚和人情奇觀的過程，堆積的結果，並未達成對情感世界更為深邃強烈的揭示，而是仍浮於情感和視覺的表層。到了歸齊，它仍是一部平面的電影。

為什麼會這樣？這只能表明：張藝謀導演一如既往——在設計自己電影的主要元素時，他一如既往地從「評判者」的角度去選擇「觀眾需要」（這只能靠張導自己辛苦地揣測了）的東西，而非從作品的精神內核出發，尋找它所呼喚的事物。這就是為何那些儺戲看起來雖如此生硬、多餘和無意義卻仍然出現的原因——它們是中國的特異文化，外國人看著新鮮啊；這也是為何有些音樂即使不該出現也偏要出現的原因——普通觀眾需要提醒啊；這也是為什麼一個中國電影非要講述日本人的情感故事的原因——中國人日本人都想看高倉健啊。因此，歸根到底，《千里走單騎》只是一部平庸的商業電影。商業電影必須平庸嗎？這是我所不能瞭解的事。

2005年12月27日

《滿城盡帶黃金甲》：昂貴的歇斯底里

今天本有個宏偉計畫：和老公把《黃金甲》和《三峽好人》都看掉。給三家影院打電話，都告訴我：沒有《好人》，只有《黃金甲》。那就《黃金甲》吧，黃金乙、黃金丙、黃金丁也成。

看得汗毛倒豎，脊背發麻。

又是權勢、情色、陰謀、殺戮。又是萬人齊一的集團軍。又是一望無際的宮殿、甬道、大色塊。又是擺闊——這回以黃金和琉璃為主。

拜曹禺之賜，故事總算講順了，主題也沒太過離譜——讓你隱隱約約覺得它還批判極權呢，可每一細部都與主題貌合神離，細節的歇斯底里和法西斯式的美學暴力出賣了這個電影。

誰來詳細分析一下張藝謀大片的美學暴力？以及這種美學暴力背後的政治潛意識？他非人的「人」觀念？好像崔衛平、郝建做過第五代早期影片的分析，真想看到更迅捷深刻的大片研究。

雖說國產大片只是為了娛樂百姓，不可對其奢望別的，但我起碼可以指望一點健康的愉快吧。至今仍在懷念《功夫》帶來的幸福。3.5億人民幣熬來熬去，要只是為了給買票的觀眾端上一碗幫他／她發瘋的藥湯——就像鞏俐飾演的那個可憐的王后一樣——就未免太過份了。更過分的是，藥碗是由精美昂貴的琉璃製成。

中國的大片導演大概都相信這個假設：所有到影院的都是些停止思維、唯剩感官的四蹄動物，只要給他們一些絢爛的顏色、宏大的聲音、赤裸的性慾、觸目的鮮血，把他們的感官饑渴一一滿足，就功德圓滿，這些畜生就可以高高興興回家睡覺去了。

如果國產大濫片揮霍重金就是為了幫助觀眾退回到四蹄時代，他們實在是大大地成功了。

2007年12月

《投名狀》：一部政治寓言片

清末，草莽三兄弟結義、分歧、因一人的野心而同歸毀滅的故事。大哥李連杰是打著正義旗號的野心家，二哥劉德華是魯莽癡心的大仁者，三弟金城武是個搖擺不定的糊塗蟲。一如這類故事必有的套路：在對待利益攸關的問題上，野心家和大仁者發生了致命的分歧——前者主張草芥待人，為己鋪路；後者主張仁慈待人，以求心安。自然是野心家的意志得以貫徹，因為他不但心硬，而且雄辯，令糊塗蟲三弟心悅誠服。同時，也必然地，大仁者雖敗猶勝，勝在攖人心的摯誠人格，這讓野心家大哥很不爽。好在野心家實現了自己人生的第一步——太后封他為江蘇巡撫。當此和平上升時期，大仁者不但於他無用，而且填堵，於是設計殺他。李連杰一定對傳統文化裡的「兵法人格」特別心領神會，他演大哥的「含淚的偽善」，真是令人叫絕——蒙太奇鏡頭裡，一邊是他佈置的隨從對劉德華暗下殺手，血灑於地，一邊是他安坐於密室自斟自飲，灑淚獨白，真真假假，入情入理，頑石聽了都得點頭。劉德華對癡心魯漢的演繹已臻化境，毛頭金城武的角色也正合適他。劇本好，角色的內心層次豐富，內涵張力彎弓如滿月，演員演不好都難。

最後自然是悲劇結局：金城武得知大哥背叛手足情，終於在他就職慶典那日出手殺他，一番搏鬥，命懸一線，與此同時，太后派來的刺客埋伏暗處，開火槍把大哥打成了篩子，金城武也自盡身亡。三兄弟果然「不能同生，但求同死」了。

演員造型原生態風格，連徐靜蕾也不施脂粉。「大場面」裡有小人物真實的掙扎，樸拙自然，絕無第五代的「團體操」嗜好。

反諷地穿插京劇：兄弟三人裂痕愈深之後，反倒有一出歌頌他們兄弟義氣的京戲演給借酒澆愁的劉德華看。那是彼時的「宣傳文藝」吧。

李連杰的角色頗多讓人會心之處，集中了草莽間殺出血路的政治野心家典型的人格、心理和行為方式。這是一個心照不宣的鏡像，映出我們的集體記憶和切膚經驗。別看它「僅僅」是一部大片。

在中國，歷史題材總比當代題材表達更自由，若有清晰有力的歷史意識和現實意識，我們關於自身深處的一切言語，就都可借助歷史故事說個透。

2007年12月

垃圾是怎樣誕生的（外一則）

張戰慶紀錄片：《活著一分鐘，快樂六十秒》。

拍了一位把尼采哲學轉化為精神勝利法的徐州下崗工人。此片對制度和社會的殘酷不公，以及主人公自己「活身是圖」的垃圾狀態都有冷靜揭示。環境的惡劣和個人的無明，雙雙決定了一具垃圾的誕生。此人集可憫、無賴、清醒、麻木於一身，其辭彙量之豐富、思維之清晰是驚人的。

人們驚訝：何以如此惡劣的條件，大批中國人還能生存？

我的答案：由被迫進而主動地，個人不斷降低「精神尊嚴」的欲求，消滅恥感，生命自會得以延續。

如此，「人」的社會便趨向於「獸」的社會。

這是國家、社會、個人共同的罪。個人當然更無辜，但並非完全無辜。

對弱者說：「你無辜，全是社會的錯！」於他是不負責任、居高臨下的。他必得認清自己的責任、喚醒自己的意志，方能自由。

譴責社會的聲音，應說給這社會的強勢者聽：「看看，這是你的罪孽！」他的責任，在劫難逃。

這是神學視角，絕非唯物論者所能承認。

改善社會與改善個人的精神世界，必得並舉。甚至，在前者不可期的時候，後者更具決定性。

導演有一雙善於發現的眼睛。

流氓一學好，上帝就發笑

長假消遣，斷斷續續看完52集《與青春有關的日子》。上半部分，小痞子純情而生猛的青澀時代格外迷人；中段，青年痞子只想著賺錢投機撈一把，就差強人意了，但尚真實；到了尾聲，痞子們過完動物兇猛的癮，作大徹大悟、立地成佛狀，戲便朝著虛偽煽情的路子一落千丈。

這是一部新中國特有的「精英前史」。底兒一翻，便是流氓。這夥人的終極價值是「一小撮的利益最大化」，愛恨出於身體本能，頹唐因為優越不再，與西方「垮掉的一代」信仰崩解的頹廢完全是兩碼事。

編劇導演葉京是個才子，臺詞精彩，詩意彌漫，是塑造人物、呈現狀態的高手。可惜「價值觀」的致命臺階上不去，一部極有可能成為傑作的長卷就此腰斬。

2007年3月7日

「後羅大佑時代」的斷裂

無論如何，招呼我們「圍爐」而坐的羅大佑沒有讓我們失望。鬼使神差地，一萬八千人陪著他高歌了一晚。羅大佑曲終謝幕，全體起立向他致敬；羅大佑已退至臺後，擁躉仍鼓掌歡呼不息，「不信大佑喚不回」。但世間最酷者莫過於羅大佑──他就是不回頭，於是興奮過度的同類只好共勉：「算啦，下次演唱會再見吧。」

能讓心智成熟的人經久不變地熱愛，這裡面一定有個值得索解的緣故。前年「5·27」之際，我曾經寫過一則短文探討羅大佑的這個緣故。現在關於他，我心中卻盤桓著這樣的疑問：在這個年代，在我們這些三十歲以上、自詡「成熟」的文化消費者眼裡，為什麼只有羅大佑一枝獨秀？為什麼那些整天聒噪不休的「二十歲音樂」被我們視作垃圾？反過來也是如此：二十歲們視羅大佑和一切熱愛羅大佑的「老梆子」為老土，在他們的眼中，世界的樂土由網路、電玩、韓流、F4以及輾轉流傳的地下搖滾構成。代際不同的人們，生活和創造在彼此斷裂和隔絕的世界裡，互不買帳，互不影響，自我循環，自得其樂。放眼望去，在文學、戲劇、電影諸領域，這種代際的斷裂和隔絕莫不如此。創作者似乎可以「四十歲以上」和「四十歲以下」來劃分，或者以「生於五〇年代」、「生於六〇年代」、「生七〇年代」來劃分，現在，連「生於七〇年代」的都快成了「老人家」，正等著「生於八〇年代」的孩子們粉墨登場，把自己踢下歷史舞臺。這是一個如此令人傷感的事實：那些積澱在歷史深處的久遠芳醇、值得傳承的東西，正離我們日漸遠去；而主宰當下文化消費的歷史舞臺的，要麼是貨真價實的二十歲，要麼是假冒偽劣的二十歲，我們的文化空氣裡，到處飄浮著二十歲的人造荷爾蒙那蠟一般的氣息。

老實說，我不願意冒犯二十歲。因為第一，誰都有過或會有二十歲，那的確是一段好年華；第二，二十歲當然比三十歲能看見這個世界更遠的未來。但會是一個怎樣的未來呢？大約十六、七年前，羅大佑在他的歌裡替「未來的主人翁」抗議道：「我們不要一個被科學遊戲污染的天空，我們不要一個被現實生活超越的時空」。現在，主人翁們長大了，他們卻這樣告訴大佑叔叔：你猜錯了，其實我們很喜歡被科學遊戲主宰的天空，其實我們特喜歡這個被現實生活超越的時空。如果說羅大佑們從二十歲直至今天一直懷抱著超越現實的豪情，那麼現在的二十歲們卻已不再做這種玫瑰色的夢，而單是專注於現實生活帶給他們的肉身的快感；如果說羅大佑們一直追索著創造無盡的新藝術空間的可能性，那麼現在的二十歲們則已不知除了眼前這個被給出的空間之外，還會有別的空間；如果說羅大佑們一直虔誠地保持著向古／今、中／外、傳統／現代、歷史／現實、人類／自我等一切文明領域的傳承、汲取與創新，那麼現在的二十歲們則已不再相信這種龐大文明的存在價值與真實意義，而只相信和沉醉於目下的瞬息感受與資訊碎片。

也許這樣的概括有失偏頗，但從二十歲們紅透或沒紅透半邊天的音樂、小說、影視和戲劇作品來看，說這是一種主要的傾向也許未為不可。有這樣的傾向也沒關係，問題是把這種傾向當作「年輕」、「個性」與「前途」的必然標誌就讓人存疑了。正如法國作家紀德所說：「在任何偉大的時代，人們滿足於有個性而不去追求個性，因此偉大時代的藝術家們似乎被奇妙的共同資源聚集起來，通過他們無意中千差萬別的面貌創立了一種集體，它幾乎與每個孤立的現象一樣令人讚歎。」現在我們的問題是：「老中青」藝術家們再也不聚集在任何「共同資源」的周圍了，同時，雖然青年人與中年人是各自為戰、相互斷裂的，但不幸的是，青年們的創造卻並沒能顯現出「千差萬別的面貌」，而是相反，呈現在我們眼前的，僅僅是千篇一律的面孔和聲音而已。不知道四十八歲的羅大佑在面對二十歲們不屑的冷眼和他們的作品時，是會慶倖自己的卓異呢，還是悲哀於下一代的無能？

在那個圍爐的夜晚，羅大佑唱起了一首青年時代影響過他的優美歌曲，他告訴大家：如果沒有這些美妙的音樂，就不會有他羅大佑。王小波在《我的師承》裡也畢恭畢敬地說：如果沒有查良錚、王道乾這樣的翻譯家，就沒有我的寫作。這就是人文主義者的英雄本色：敞開胸襟汲取一切先賢的滋養，坦言他的師承，不懼怕影響，以全力以赴的創造去接續而非斷裂人類的文明之鏈。這樣，即便他終將衰老，卻也仍是那在不屈的創造中轟然倒地的浮士德。這就是一個已過而立的「老梆子」說給斷裂一代的看法。無論二十歲的電子聲音多麼殘酷地淹沒羅大佑，我也會堅持這個老朽的看法。

2003年1月

我的「排行榜」

話劇

《哈姆雷特1990》

劇作：〔英〕威廉・莎士比亞

導演：林兆華

演員：濮存昕等

此劇的劇本、舞臺、表演方法幾乎全部沿用1990年的演出版本，但今天依然是中國最具先鋒性的作品。風格極簡，無音樂，「角色置換」的表演方法令人錯愕。濮存昕的表演爐火純青。無論《哈姆雷特1990》對莎翁原作作多大程度的偏離，其精神主線的把握卻是精准的，那就是哈姆雷特高度豐盈的精神內在性，與劇終「一切皆徒然」的死亡結局所暗示的宇宙虛空之間，所保持的強大張力。

《備忘錄》

劇作：讓・克勞德・卡里埃爾

導演：過士行

演員：趙立新、鄭箏

玄妙精緻的「洋二人轉」。劇本的高明在其全盤的不確定性——人物本質、人物關係、全劇主旨皆不確定。看起來是一個男人和他的第136個女人之間的故事，實是表達現代人生命的虛無與主體的瓦解。導演手法敏感質樸。演員趙立新的表演充分抵達了劇作的精神層面。

《德齡與慈禧》（香港）
劇作：何冀平
導演：楊世彭
演員：盧燕、黃惠慈等

主流戲劇的光輝榜樣。故事、臺詞、表演、舞美俱佳。雅俗共賞，歷史觀自由舒展。內地歷史劇時興歌頌皇帝，香港歷史劇主張「馴化君主」。在德齡公主和慈禧太后、光緒皇帝之間發生的，不僅是女人和女人、女人與男人的故事，更是西方觀念與中國規矩之間的衝突與交流。結尾慈禧於若有所悟中死去，暗寓著一個民族的自由與新生。

書

《巴瓏》
作　　者：木心
出 版 社：廣西師範大學出版社
出版年月：2008年10月

在喧囂紛亂的當代語境中，木心的詩不避美，不避正，不避純，不避高蹈，不避表達對疇昔文明的傾心和當代文明的評判，以明晰意象涵容哲學視界，以輕逸旋律演奏文字音樂。高貴精神如何與粗礪時代對話而不致破碎？木心的詩歌路徑暗含無盡啟示。

《聆聽父親》

作　　者：張大春

出 版 社：上海人民出版社

出版年月：2008年1月

一位敘事魔法師以長篇小說筆法寫就的家族史散文。作者的敘述同時飽含感懷與謔意，如同黛玉眼淚與猴子搗亂的奇妙混合。在敏捷的日常觀察和歷史想像中，語言和思維的智慧左右逢源，隨掃隨生。臺灣張大春的書內地為何不能全盤引進？害我自寶島歸來時，行李超重。

《我知道光在哪裡》

作　　者：濮存昕

出 版 社：北京十月文藝出版社

出版年月：2008年11月

「光」在濮存昕的心中。這是一個有著「知識份子」（可惜這個詞今天已因無良知識者而蒙羞）自覺的演員誠摯獨特的自我剖白。我們可以從中看到一個真實率性的人，他的成長，他的表演生涯，他對表演藝術的癡迷與深思，他對歷史、社會和自我角色的清醒看法。「演員要有精神生活」，是他給予同行們的一個最意味深長的提醒。

電影

《長江七號》

導演：周星馳

童真之作。電影賦予小人物以寧靜的尊嚴，給社會強勢階層的自大狂以有力的揶揄。堅韌羞澀的責任意識，源源不絕的快樂風趣，誇張狂放的想像力，是周星星創作的內驅力。那些拿他當玩鬧、當垃圾、當純娛樂片製造者的精英們搞錯了，你們看到的，是一個巨人在屈身扮小丑呢。

《一半海水，一半火焰》

編劇、導演：劉奮鬥

這個盡人皆知的「好女孩愛上惡棍」的故事，在王朔原作那裡還只是個水汪汪的感傷主義標本，到劉奮鬥這裡，它被提純為一部「惡」的讚美詩和懺悔錄，具有相當的哲學色彩。主人公王耀作為迷狂人性的化身，乃是中國藝術中第一個「自覺作惡者」形象。影片有概念化瑕疵和學步痕跡，但其探索人性「背面」的勇氣與才華十分炫目。

2008年12月

輯五　書評

浩瀚的靈魂
——讀《米沃什詞典》

不言而喻，中國詩人對波蘭同行切斯瓦夫・米沃什的關注和熱愛裡暗含著某種境遇的自況——同樣擁有生活於後極權國家的複雜而痛苦的經驗，同樣寫詩，這位詩人在詩歌中處理自身經驗時所運用的技巧與方法，所呈現的道德勇氣、藝術智慧與難以捉摸的不確定性，為他們提供了可堪追索的範本。因此，在米沃什於波蘭時間2004年8月14日中午逝世於克拉科夫的家中之後，中國媒體對他的緬懷與致敬聲浪甚高，米沃什自撰的回憶錄《米沃什詞典》（西川、北塔譯，三聯書店，2004年6月出版）一時之間也備受矚目，並在年底成為新銳媒體《新京報》「華語圖書傳媒大獎」的初選圖書之一。這一切都是值得和恰如其分的，閱讀這本譯筆莊雅的《米沃什詞典》，使我們更直接地理解和走近了這位卓越的詩人。

此書英文書名為Milosz's ABC（米沃什ABC），「某某ABC」是入門書的叫法，譯者北塔認為米沃什對該書如此自稱是謙遜的表現，我卻暗自覺得這是他驕傲的標誌——一本如此濃縮、龐雜和深邃的書卻僅僅是他米沃什的「ABC」而已，意味著還有更茫無際涯妙不可言的世界未曾展現，你說這是他的驕傲還是謙虛？但無論如何，這本詞典還是洩漏了米沃什足夠多的生命密碼，既網狀地勾勒了他漫長浩瀚的生命歷程，又對他曾經歷和沉思過的人與事、時與地、文明與歷史進行了獨有的命名。

整合一下該書與他身世有關的詞條，我們知道：米沃什1911年生於立陶宛首府維爾諾郊區的塞特依涅（Szetejnie）地區，是個莊園少爺，少兒時代生活優裕，這是他一生心智健康自由的基礎。青年時代他留學過巴黎，後畢業於波蘭維爾諾大學。1940年開始，他在華沙參與反對納粹的地下活動。由於懂俄語，曾差點被納粹當作間諜槍斃。「二戰」期間米沃什寫了大量痛苦的詩歌，後來結集為《拯救》。自1946年起，他從事了幾年外交工作（他從未曾入黨）。1951年，他在波蘭駐巴黎文化外交官任上突然出走，從此生活困窘。期間他寫出了主要的散文體作品：《被禁錮的頭腦》、《故國》、《伊薩谷》。《被禁錮的頭腦》使他在西方世界聲名卓著，卻惹惱了他的祖國人民，他被剝奪了國籍，無法回國。經過對美國簽證的漫長等待，1960年，他得以去美國加州大學伯克利分校教書，並且一直在那擔任教職。在美國的波蘭同胞中間他一直是個備受爭議的人，在詞典中看得出他對此十分介懷。

在美國，米沃什堅持用波蘭語寫詩，但他的詩歌既無法在祖國出版，也無法引起西方世界的注意，椎心的孤寂幾乎令他絕望自盡。直到1973年，他與美國的詩人和翻譯家合作，把自己的部分詩作譯成英語，其詩才為人所知。1978年，他榮獲諾斯達特國際文學獎（該獎有小諾貝爾獎之稱），1980年，米沃什「由於他以不妥協的、敏銳的洞察力，淋漓盡致地描述了人類在激烈衝突的世界中所暴露的種種現象，以及他的著作的豐富多樣、引人入勝和富有戲劇性」（獲獎評語）直取諾貝爾獎。1989年冷戰結束，米沃什也才結束了他在法國和美國接近30年的流亡生活，回到波蘭，定居在古都克拉科夫，直到他去世。

在中國，米沃什常被讀解為一位反抗專制的異端詩人。是的，這一點有其詩為證：「在畏懼和顫慄中，我想我會完成我的生命，／只當我促使自己提出公開的自白書，／揭露我自己和我這時代的羞恥：／我們被允許以侏儒和惡魔的口舌尖叫，／而真純和寬宏的話卻被禁止；／在如此嚴峻的懲罰下，誰敢說出一個字，／誰就自認為是一個失蹤的人。」（詩：《使命》）但是人們往往忽略，這一身份只是他生命的一部分，一個他寧願其暗自存在而並非如標籤般時刻示人的部分。我猜想真相也許是這樣：米沃什的生命是用來追尋一種包羅萬象的自由、多致、智慧與美，以及在此之上的神性之光——一種終極存在。當其中的一項美好之物遭遇剝奪和損害時，他都會出於人的本然尊嚴前去反抗。這時的他，從順民的角度看是一個堅硬、黑色、狹隘、虛無的否定性的道德家，從統治者的角度看是一個不守秩序的搗蛋分子，從同志的角度看則是一個政治正確富於良知的反抗者，他應當永遠如此就像一面旗幟，他應當永遠發出批判和鬥爭的聲音就像一部反覆播放同一支進行曲的留聲機。但他自己不這樣看，他知道這只是他一絲不苟的一個階段：「我用幾本書履行了我的義務，但隨後我告誡自己：『夠了』，便再繼續往前走。……如果我變成了一個政治作家，我就會使自己的可能性變窄，變枯竭。」（本書：《基謝爾日記，1968-1980》，第148頁）他知道將人類的醜行釘在歷史的恥辱柱上不是人類的最終目的，人類的最終目的是靈魂的無限豐富、自由與生長，以及與最高之美的匯合。這是他一生的使命，也是他心中的正義。

因此，你就不難理解為何這部「詞典」的詞條是如此發散，其視角又如此多變：六歲的初戀對象，某個貴族的毫無自我保護能力最後悲慘死去的女兒，某個預言了蘇聯解體、生活潦倒芨芨無名的歷史學家，卡繆，弗羅斯特，庫斯勒，波伏娃，天使性態，美國，教堂，生物學，好奇心，紅杉林，不確定性……各種事物、各種不同詞性派生的名詞，漫無邊際地都成了這本詞典的詞條。由此，米沃什表達了他對這個世界既變動不拘又始終如一的態度——否定那使世界趨向於否定和死亡的意志，對人類的美德懷抱感恩之情。因此，他在「生物學」詞條中稱此學問為「科學之中最邪惡的一門。它削弱了我們對於人類的信念，妨礙人類去追尋那更高的召喚。……正是他（達爾文）拆毀了人與獸之間的柵欄。……從這時開始，相信一個不朽的靈魂，好像就變成了一種僭越之舉。」

在「好奇」一條中，米沃什對人類的這一趨向永恆探索的偉大天性奉獻了全部的讚美，我寧可把它認作是全書的主題：「我們獨自上路，但同時也是參與了全人類共同的事業，參與了各種神話、宗教、哲學、藝術的發展，以及科學的完整。驅策我們的好奇心不會滿足。既然它不會隨著時間的流逝而稍減，它便是對於死亡趨向的有力抗拒。不過，說實話，我們中的許多人在步入死亡大門時同樣是懷著巨大的好奇期待，急切地想去瞭解生命的另一面究竟是怎樣一個世界。」在此條的末尾，他說：「70歲的威廉・布萊克去世時唱著讚美詩，他堅信——不只是相信，而且還知道——他將被載向永恆的智力獵區，再不會浪費能量或想像力。」而我則堅信，93歲的米沃什在離開人世之時，也將奔赴布萊克的靈魂前往之地，那個「永恆的智力獵區」。想到這一點，豔羨之情不禁油然而生。

《情人》：不朽的荒蠻

杜拉斯，這個不可一世又自嘲自諷的女王，如你所知，她的《情人》性感至極。這種銷魂的性感，是以冷酷而灼人的態度完成的。然而高妙的是，一切遠不止此。

小說並非如電影所展現的，單單是二十世紀三〇年代，一個貧窮的白種少女和一個有錢的中國男人之間慾望的故事。它極其廣大，敞開了重重難以言喻的空間，羅織如許曖昧糾纏的關係：有關自由放任而無師自通地獲得了個性意識的人，與個性意識被囚禁於秩序規定性的不自由的人之間的關係；有關一個已被貧窮、厭倦、仇恨與絕望浸透的殘酷靈魂，與她所經歷和打量的人世情感之間的關係；有關主宰與被主宰、統治與被統治的關係；有關愛與慾望、愛與不愛、愛與恨的關係；有關兄妹之間隱約可見的不倫之戀及其與自由、死亡和永恆的關係……兩個天懸地隔的文明世界作用於幾個絞纏不清的個體身上，其間誕生的痛入骨髓的人間悲劇，《情人》悉數寫出。

杜拉斯因自由而黑暗，因傷痛而殘酷，她恥笑「溫情是最平庸的東西」。「愛」在她那裡，絕非溫情的撫慰，而是強烈的暴力。這個遠離上帝的女人，她超越了人間的道德律，以她獨特的文學，抵達了不朽的荒蠻。

讀紀德《偽幣製造者》

每讀安德列・紀德的《偽幣製造者》（盛澄華譯），都驚歎不已。技術上的匠心是好領會到的——眾多的人物由預設的各種關係所連接，一個作家往還穿梭於其間，觀察他們，參與他們的生活，並感受他們各自的疼痛、沒落或邪惡。拉貝魯斯老人是這裡面最痛苦的角色。小說透露著這個時代及其文化的變遷的氣息，這是一個破壞者（巴薩房伯爵，斯托洛維魯，日里大尼索，喬治・莫里尼哀……拉貝魯斯稱之為「魔鬼」）逐漸滲透和主宰世界的時代，往日的優雅和諧的文明、人心中優美肯定、虔信上帝的氣質遭到破壞者的圍剿和戕賊，已無立錐之地，拉貝魯斯和他死於非命的孫子小波利就是這往日文明的承載者，是這強大的破壞者的犧牲品。

當這虔信者按著他所領會的上帝的旨意生活和教導他人時，他所得到的只是嘲笑，落寞，隔絕與欺蒙。他已無法再進入和跟上這個時代，他覺得這個時代粗陋、野蠻、骯髒、不可理喻，他已徹底地落魄和失敗。

紀德借拉貝魯斯老人談論音樂來揭示一種新的時代精神和舊的時代精神之間的差異，並在他感覺著舊的事物的柔弱和易毀的同時，也暗示著這新時代精神之令人可怕和可厭之處，它極有可能像打開的潘朵拉之匣，魔鬼和精靈一同放出，在給人類帶來新鮮的認識和智力的空間的同時，也會摧毀已有的美麗、柔弱、高貴和極有價值的文明與人性。紀德在感慨那舊事物的無力的同時，也憐惜和歎賞她的不可取代的價值。在所謂的強大的新事物－破壞者面前，他竟然是更寄同情和愛於前者。而在後者面前，他也有力量和自信不敗給他們。他覺得破壞者的滾滾向前只會給這世界帶來無盡的垃圾，如同那種描寫夜壺的詩篇。他鄙棄這些貌似強大的「前衛」群體。他甚至覺得如果世界是由他們來主宰，只能是一幅更令人絕望的前景。因此拉貝魯斯老人的悲哀被他描寫出來時，就如同他的感同身受。

拉貝魯斯老人與愛德華談音樂：

> 「您可注意到近代音樂最大的努力，即在使往日我們認為不調和的諧音聽來可以忍受，或者竟使人感到某種愉快？」
>
> 「對呀！」我說，「最終一切都應轉入和諧。」
>
> 「和諧！」他聳聳肩重複我的話。「在我看，這只是使人習慣作惡。以後感覺也遲鈍了，純潔也不要了，反應也差了，一切都容忍，接受……」
>
> ……
>
> 「我想至少您並不主張把音樂減作唯一表現沉靜的工具？如果這樣的話，一個諧音就成，一個連續的純諧音。」
>
> 他握住我的雙手，出神地，目光消失在禮贊中，幾次重複地說：「一個連續的純諧音，是的，正對，一個連續的純諧音……」可是又黯然加上說：「但我們整個宇宙卻在不諧和的淫威之下。」

當拉貝魯斯的孫子被日裡大尼索捉弄，開槍打死了自己以後，他絕望地對作家愛德華說：

> 「您有否注意到，在這世間，上帝總是默然無言？說話的惟有魔鬼。或者至少，或者至少……」他又說，「……不拘我們如何專心，我們所能聽到的永遠只是魔鬼的聲音，我們的耳朵不配聽到上帝的語聲。上帝之道，您曾否問過自己這究竟能是什麼？……啊！自然我不是指常人言語中的『道』……您記得《福音書》上那第一句：『太初有道』。我常想『上帝之道』，即是指整個創造。但魔鬼霸佔了去。如今他的喧囂淹沒了上帝的語聲。啊！告訴我：您不相信最後一個字仍須歸於上帝？……而如果人死後『時間』已不存在，如果從此我們立刻踏進『永恆』，您以為到那時我們能聽到上帝嗎……直接地？」
>
> ……
>
> 「不！不！」他慌亂地叫喊說，「魔鬼與上帝原是一樣東西；他們狼狽為奸。我們竭力想把世間一切的醜惡信為是由於魔鬼，因為不然我們如何能再有力量去原諒上帝。上帝捉弄我們，正像一頭貓捉弄著老鼠一樣。……而這以後他還希望我們感謝他。試問可感謝的是什麼？是什麼？……」
>
> 然後又靠近我說：「而您知道他做得最狠的是什麼？那就是犧牲了他自己的兒子來拯救我們。他自己的兒子！他自己的兒子！……殘忍！這是上帝的第一種面目。」

紀德語錄：「影響通過相同點而發生作用。影響可比作鏡子，它照出的並非是我們的真模樣，而是我們潛在的形象。」（《感想集》：《論文學中的影響》）

張若名在《紀德的態度》裡論紀德，說得極清晰深入（她是周恩來留法時期的女友，二、三〇年代經歷入黨、脫黨，五〇年代周為免其挨整，設法助她恢復黨籍，但反「右」期間她終難忍受巨大的精神折磨，投水自盡），摘引如下：

> 紀德不甘忍受非常確定的存在，他的生命消沉在瞭解他人的生活之中。但瞭解也是一種佔有形式，在佔有中消沉意味著重獲新生，耶穌教義的一條箴言這麼解釋：凡要保存性命的反要失掉它，要失掉性命的反要得著它。從他對陀斯妥耶夫斯基的研究中，也可看出紀德像陀斯妥耶夫斯基一樣，深受耶穌教義的影響：基督教的謙遜以及放棄自我深入他的靈魂，打下了不可磨滅的烙印。他遠非把基督教的這種態度視為弱點，而是從中發現了戰勝個人主義的秘訣。在他看來放棄個性，自我才完善。真正的個人主義包括生命的個體性和宇宙性，一方面，表現出某種人格的個人的存在構成了個人的價值，另一方面，這種存在是按邏輯序列組合起來的，因而也具有宇宙價值。包含個體性和宇宙性之個人主義人格的形成與小我（moi）和大我（je）的分離相一致，因為小我與大我在行動中一開始就交織在一起。大我表現為行動的小我的一種內在的思想。但隨著大我變為一種沉思，小我與大

我之間也就產生了矛盾：然後這樣的沉思不斷變化，變得公正起來，它抨擊小我，最後發現了支配小我以及小我的同類的規則；而後這種主宰了自私之我的沉思把小我作為人類的一面鏡子，使小我變得高大起來。它逐步以犧牲小我取勝；與拒不接受它的懲戒的那個人性反抗的小我鬥爭。當這種公正的沉思權力至高無上時，服從它的小我遠非失去自身，反而充實強大起來。紀德解釋道：「個人主義的勝利在於個性的放棄之中。」這也是基督教的態度：「要失掉性命的反要得著它。」他把這種深入他靈魂的態度推向極端，創作了《偽幣製造者》。在這部作品中，他消沉在對社會生活的瞭解中。並且消散在被他創造的人物裡。他既是一也是多，作為思維主體他是一，作為那些行動的人物他又是多，因此他的人格高大無比，絢麗多姿。

2002年3月

精神的自由與地上的麵包
——讀別爾嘉耶夫《陀思妥耶夫斯基的世界觀》

別爾嘉耶夫以陀思妥耶夫斯基為中介，探討了精神自由的問題。

他認為，基督教思想是關於精神自由的思想。也就是說，人的精神自由包括選擇善的自由，也包括選擇惡的自由。有理性的自由，也有非理性的自由。要理解這世界既然是上帝創造的，為何還存在罪惡，只能從「非理性自由」這一點來理解。上帝需要人自由地選擇。（也許上帝本身也被非理性自由所支配？）人不能被強制從善。人只有經過自己的自由選擇，才能走向真實的善。陀思妥耶夫斯基反對剝奪人選擇罪惡的自由，而獲得世界整體的和諧。但自由因此有一個悖論：自由地選擇惡，必然會導致取消自由本身；只有自由地選擇了善，自由才可能真正存在。因此自由可能因為自身的特性而吞嗜自己。

但即便如此，人類也唯有通過這種極其危險的方式獲得自由。而自由地選擇了善、愛，就意味著承擔一切自由的責任與苦難，這責任與苦難以被釘在十字架上的耶穌形象獲得隱喻。黑暗中找到的光明，才是真正的天堂。因此自由之路是苦難之路。因此，基督的本質是愛與自由的思想。他拒絕任何強制性的塵世權力——這種權力能帶來威壓和誘惑，以迫使人們跟從他的善。但是這種可能性受到他最徹底的拒絕。人類憑藉耶穌基督被釘在十字架上的形象，而確認精神自由以及自由的責任。「信仰精神自由的人，看到的是為了聖名的蒙難者的復活；不信的人——因看得見的世界而驚訝或沮喪的人，只能看到木匠耶穌可恥的死刑，只能看到自以為代表上帝真理者的失敗和死亡。基督教全部的秘密就隱藏於此。」（123頁）

但是別爾嘉耶夫完全否定了那種把「惡」看作豐富個性、獲取智慧的必要手段的想法。他認為這是一種淺薄的奴隸才具有的樂觀主義。惡就是惡。它是一種精神的貧乏，它只能毀滅人的存在根基。選擇它的人需要經歷地獄之火的淬煉，經歷人的內在良心的懲罰，才能擺脫惡，而走向善的自由。那種一邊作惡一邊沾沾自喜地認為自己在體驗成長和求知的人，不會得到救贖，也不懂得自由。惡與痛苦和良心的掙扎聯繫在一起。人需要為自己的這一選擇付出代價。這是自由的代價。

人類的劣根性在於：人會為了地上的麵包而捨棄精神自由。包括以所謂精神事業為職志的「知識份子」，包括作家們。我這樣說絕無將自己排除在外之意，而是自由表達我的一種讀後感。可以說當下中國作家的書寫普遍沒有到達精神層面。國人對當代作家普遍持譴責態度，不是因為他們技藝不好，而是因為他們不能散發精神的影響。他們自安於工匠的身份，喪失精神生活的渴望和精神自由的意識。有自由意識的作家是決不會滿足於當一個工匠的。工匠的技藝只是作家素質之一——作家需要將內在精神塑形而成為作品，當然需要工匠的形式能力，但一個全然的工匠絕不可能成為閃耀精神之光的作家。從這一角度上看，中國作家總是自稱工匠絕非謙稱，而是對自身的恰切認識。但自滿於成為工匠，則無疑是作家精神的真正喪失。

因此可以得出一個結論：精神先於藝術。藝術不應成為最高的宗教。藝術只有用於探索精神自由時，才有意義。而人的這一行為，只有和上帝之愛結合在一起時，才是真正的自由。否則「自由」就會走向奴役和貧乏，頂好的結果，就是走向一個和諧的、只為地上麵包而奔忙的螞蟻窩。

現下的藝術主流，就是關於地上的麵包和螞蟻窩的藝術。

2008年7月

沒有閒暇，就沒有文化

前兩年媒體一直在炒作「波波」的時尚理念——所謂布爾喬亞和波希米亞之結合。今天翻一本好書《閒暇，文化的基礎》，德國哲學家約瑟夫・皮珀著，發現他在討論「閒暇」和「驚奇」概念的同時，在反對著這個「波波」。他指出，「驚奇是哲學的開始。」在論述這個觀點時，他談及了「波波」：

「成為『布爾喬亞』是什麼意思呢？指的是一個人以既堅固又緊密的姿態附著於他所生存的『環境』（由當下生活目標所決定的世界），他把這樣一個行為當作一種終極價值看待，因而一切與經驗有關的事物不再顯得透明，同樣，一個更寬廣且更真實的本質世界似乎不再存在。總之，再也沒有『驚奇』，再也無法感受『驚奇』，他的心靈變得平凡庸俗，甚至麻木不仁，他把一切事物看成『不言自明』……他無法擺脫日常生活的迫切需求。另一方面，能夠經驗驚奇的人，他則是感受到了這個世界更為深層的一面，對日常生活的急切需要反而充耳不聞——在這樣一個短暫時刻裡，他凝視著這個世界令人驚奇的意象。」

「啟發哲學驚奇的，並不是從未出現之物，反常的和聳人聽聞的現象——若然，『目瞪口呆』將取代真正的驚奇。一個人如果需要『不尋常』的刺激才能感受到驚奇，那麼，他就是喪失對存在事物之『奇奧』加以正確反應的能力了。任何對聳人聽聞現象的渴求，好比披上『波希米亞裝扮』，都無可置疑地已然完全喪失體悟驚奇的能力，而這正好就是『布爾喬亞』的人性寫照。」

「在平凡和尋常的世界中去尋找不平凡和不尋常，亦即尋找驚奇，此即哲學之開端。」

「驚奇不會讓一個人變得更精明，因為驚奇令人警醒，而警醒的結果必然帶來騷動。」

「在善的領域，最偉大的美德無視任何困難，在認知上，認知的最偉大形式往往是那種靈光乍現般的真知灼見，真正的默觀，是一種饋贈，不必經過努力，亦無任何困難。」

這些句子的好處是，它似乎表達了我感到過但從未訴諸文字的感受。哲學對於普通人來說，其「功用」大概就是提醒我們從根本上、從「存在」的意義上反省自己的生活。

T．S．艾略特稱賞此書，艾倫．泰特則概括得更好：「皮珀向我們提供的訊息證明了……如果我們繼續膜拜機器，繼續膜拜實用的知識，繼續膜拜年輕和常識性的心靈，那我們的社會將會淪為一個奴隸社會……皮珀深邃的洞察讓人動容，甚至使人震驚。」

事實證明，我們現在這個社會，所膜拜的東西以上所列一樣不少。人們尤其崇拜「年輕和常識性的心靈」。我自問二十年間何以發生如此巨大的變化，結論瞬間即來：因為年輕人是消費時代的生力軍——既是生產主力，也是消費主力，買主賣主都是他們，自然怎麼說都有理。如此看來，「年輕」也只是這個實用主義時代的一個最為實用的貨色而已。這就是不容喘息的現代奴隸社會的可悲之處。人類精神生活的品質就是這樣在買空賣空中一路下滑。每個人都在趕著創造勞動價值。閒暇是一種罪孽，時間必須填滿。這種狀況其實可以在每個人的精神內部立即中止。

關於皮珀說的「驚奇」，又令我驟然明白當下文學令我不忍卒讀的原因，以及王小波的小說和雜文之所以令我百讀不厭的原因。前者喪失了「驚奇」，而後者則始終點燃著不息的驚奇之火。

2006年1月8日

李健吾的福樓拜，郭宏安的蒙田

細嚼慢嚥李健吾的《福樓拜評傳》，一頁一頁，怕把精緻美味很快吃完。寫作此書時他只有二十八、九歲，真天才，學問淵深，更要命的是心眼通澈。此書已經啟悟、也將啟悟所有藝術的靈魂。木心先生是其中的一個。未來不知還有幾個，然而這一個，還不夠滿足欣喜的嗎？

在此書裡，他闡明了關於「性情」或曰「天性」的學說。他認為一個作家一生的藝術，本質上都是他的性情所構建的大廈。作家的知識、技巧、藝術的風格和面貌，隨著他智慧的成熟而生成，而決定這種生成樣式的，是他的天性。

因此，作家的藝術，是對他的智慧和天性的雙重琢磨。他愈不倦地擴展他認知和感受的經驗，他對自身性情的發覺和呈現愈見廣闊、鮮明和有力，這也愈加會造就他藝術的完美和獨特性。完美主義者福樓拜與自己和世俗世界為敵的創造生涯，正是這一學說的極端範本。

但絕不存在這樣的便宜事：一個藝術家，孤陋寡聞，只關在自己個性和癖好的籠子裡，只以他自己的特殊尺度裁決這世界萬物的價值，就能成就他「天才」的作品。這是對「天性說」最白癡的誤解。

多麼巧，同時接到健吾先生弟子郭宏安老師的新書《從蒙田到卡繆》。看到他談蒙田。和現代藝術家務必追求極端相反，蒙田「主張順從自然的安排，穩定、適中而有秩序，反對極端、狂熱和動亂。他雖然思想自由不羈，常作『脫韁之馬』狀，卻仍然覺得有加以條分縷析、實行控制的必要。他雖然讚美懷疑論者，卻說『唯理論和懷疑論都是極端』，而『一切躍出常軌的東西都使我不快』。他認為，『靈魂的價值不在於升得高，而在於升得有秩序。其偉大不表現於偉大本身，而表現於節制。』……『不足和過多殊途同歸』」。他反對宗教狂熱，但是他也認為「人類的理性是一把雙刃的、危險的利劍」。

這就是所說的「中庸之道」吧？但它不是中國傳統裡「什麼都別過頭」的粗淺處世經，而是在面對宇宙的無限性時，既謙卑地意識到人類理性之有限，又深懷信心地擴展理性認知的邊界，追求靈魂的幸福。

《傾城之戀》到底寫了什麼？

港人真是單純，張愛玲的《傾城之戀》何其灰澀，愣是被他們改成一部深情款款的愛情劇搬上舞臺。可內地人也太厚黑，非要把小說讀作一個精刮世故的遲暮美人賣得一筆好價錢的故事才算完。其實這並不奇怪。這部小說恰如廬山面目，從哪邊看都會得出各自不同的結論。博雅如傅雷先生，在他1944年寫的那篇著名的《論張愛玲的小說》裡，對《傾城之戀》的評價也難說到位——「儘管那麼機巧，文雅，風趣，終究是精煉到近乎病態的社會的產物。好似六朝的駢體，雖然珠光寶氣，內裡卻空空洞洞，既沒有真正的歡暢，也沒有刻骨的悲哀……彷彿是一座雕刻精工的翡翠寶塔，而非莪特式大寺的一角。」傅先生是熱烈而沉重的人，能理解壯麗宏深的悲劇，而對「幾乎無事的悲劇」，說到底缺乏感應。他只把范柳原看成「飽經世故，狡猾精刮的老留學生」，把小說本身當作「籠統的感慨，不徹底的反省」，在他期待張愛玲深入和用力的地方，張偏偏蜻蜓點水般掠過，他為此而不滿足。

這只能怪傅先生和張小姐的思維本在兩股道上。前者對待事物的態度是單向、端嚴、不食人間煙火的，後者則複合、游離、胃口大開。張愛玲乃凡俗中人，因此對塵世中的白流蘇和范柳原持有一份同情與愛憐，並不單把他們當作批判和解剖的對象；同時她又是跳出三界、俯瞰人間的「非人」，因此能無情裸裎他們源自人性局限本身的詩意和劣根，對其不抱脫胎換骨、進為天使的希望（她對誰都不）。正是這「人」與「非人」的雙重目光，造就了《傾城之戀》的雙聲部世界。所以照我看，其實張愛玲是站在高處寫的這個故事，我非常贊成止庵先生的觀點——張愛玲寫出了魯迅用曲筆沒有寫的東西。是的，她用繁複的工筆鋪排塵網中的人事，這是魯迅所不做的；但他們最後的指向卻同一——即真實深切的文明反省與人性質疑。

這是「過度闡釋」張愛玲嗎？我不以為。她的這些命意，都已絲絲入扣地藏在白流蘇和范柳原這兩個形象裡。對白流蘇，作者用從外到內的心理透視法，對范柳原則一直從外部和側面描寫他。

白流蘇在黯淡破落、七嘴八舌的白公館出場，暗示著她即是這種窒息人之真性與創造力的老大文明的被動產物——她有夢一般美麗詩意的外形，以及在內外交煎的環境中磨練出來的、對世界的理解止於利害算計的乾燥靈魂，孤苦，無辜，人情練達，技巧性地風情。她的全部世界，她的價值觀，都是不自覺地實用和形而下的，她的終極目標，即是要找到一個可以棲身的丈夫。她的表象和內裡的歧義，才造就了范柳原對她美麗的誤解，以及日後越來越有趣的劇情。在英國長大的范柳原是西方文明的乳兒，這個看上去玩世不恭的花花公子本質上是個「詩人」、「赤子」，對於人世，他採取雙重的態度——既諳熟功利和形而下的生存之道，又持著審美而形上的觀照：「你是什麼樣的人，我就拿你當什麼樣的人看待，準沒錯。」這話，我相信他不僅用於白流蘇。他魂牽夢縈於想像的故國之美，他的目標，就是要尋找一個「真正的中國女人」。兩個靈魂不同、目標不同的人相遇，猛然發現對方即可能是己之所求，於是開始追逐，開始交流，開始錯位。《傾城之戀》最精彩處，即是對這種「錯位交流」形神畢肖的呈現。

怎樣的錯位呢？一個是詩人在隨時發作他的胸臆——談著關於「愛」，關於「中國之美」，關於孤獨渺小的個體面對終極命運時蒼茫的不能自主……說這些的這時候，他是在籲求著另一個詩人從終極之端伸來一雙溫暖而慰藉的手，然而她沒能；一個是急於棲身的女人煞費苦心地算計著——如何既提防自己的肉體被占了便宜，又要刻刻施展魅力維持他對自己的興趣，在這有苦難言的焦灼時刻，她是在渴望一個安頓肉體的生活歸宿，然而他不給。由白流蘇這一形象，張愛玲含蓄地揭開了我們的文明那種綽約其表、無趣其裡的實質：只知道生存，只盤算利害，只執迷物質，自然奔放的真情，被死氣沉沉的宗法秩序異化打磨成了為人處世的技巧。面對「西化詩人范柳原」的精神放電，「中華文明者白流蘇」時時「短路」，因為她的詞典裡雖有范柳原的那些辭彙，卻沒有他的那些義項。於是，二人之間經常發生同一詞語在詞意上的針鋒相對、南轅北轍，這種參差，猶如沒有音階交叉的雙聲部合唱，散發出了不動聲色的喜劇效果。

他倆只有那麼一瞬間的交融——那是在劫後的香港，夜晚的屋中，白流蘇聽著窗外的悲風，想起了「地老天荒」的那面牆，她突然悟到，「在這動盪的世界裡，錢財，地產，天長地久的一切，全不可靠了。靠得住的只有她腔子裡的這口氣，還有睡在她身邊的這個人。她突然爬到柳原身邊，隔著他的棉被，擁抱著他。」只有這一刻，白流蘇被生存煩惱所占滿的心，才迸發出了一絲「交出自己」的樸素真情。這一刻被范柳原等到了，抓住了，珍惜了，於是，他們結婚了。

范柳原的形象顯然是超現實的，卻有股勃勃生氣，承擔著兩種對立的功能：他既是一種超人間的純精神視角，審視著白流蘇式的生存邏輯；又是一個秉承了人性弱點的凡俗中人，懷疑著那個「超人間的純精神」。「柳原現在從來不跟她鬧著玩了。他把他的俏皮話省下來說給旁的女人聽」。一句話，解構了那個曾經如此神秘高貴的情聖——雖然他有一腔的愛，滿心的詩，雖然他是赤子、詩人，什麼都能看透，然而詩意的花朵總會此開彼謝，一如愛的熱度不能永恆。人性本來如此。

這就是張愛玲式的審視與懷疑：她能看透人類一時一地的錯謬，她也站在絕對的高度批評那錯謬；但她也調轉頭來，用人間的目光打量那絕對，於是「絕對」也露出僵硬不實的慘像。但她不是相對主義者，不會混淆「人間」和「絕對」各自的好處與糟處，她也知道，它們的確是各有各的好處與糟處的——整個世界就是這樣一個缺陷的存在，既奧妙無窮，又如此而已。這一切，她全部知曉，全然領受，孤獨無援，徒呼奈何！

2006年5月8日

美使他得救

讀完高爾泰的《尋找家園》，我就像卡爾維諾筆下的強盜賈恩·德依·布魯基一樣，被吊死前仍惦記菲爾丁小說結局，可憐巴巴地給徐曉寫信道：「你還有高爾泰沒發表的文章嗎？我還想看，如果沒有電子本，借我紙文本也行，我可以順便給你錄入，省得出書時你還得專門請人去錄。如果沒有，我就快死了。」她真好，可憐我的將死，很快發來《畫事瑣記》救我。於是我又活了，忍不住對人把高爾泰講來講去。

其實，關於高爾泰，我又瞭解多少呢？無非是這本並不太厚的自傳體散文《尋找家園》（花城出版社，2004年5月第一版）罷了。大學時從美學課上得知他是個備受爭議的美學家，然而並未按圖索驥拜讀其著，想來真是懶惰無知得可以。現在，對這位旅美畫家、作家、前美學家，我知道他的人生履痕大體如下：1935年出生於江蘇高淳；1955年江蘇師院美術系畢業後分配到蘭州；1957年因《論美》一文被打成「右派」，到甘肅酒泉夾邊溝農場勞改；1962年結束勞教向常書鴻先生投書自薦，到了莫高窟敦煌文物研究所，「文革」開始又成「右派」被關進牛棚，其間妻子病死三天後他才趕到她的身邊；1978年「右派」摘帽到八〇年代末，他在蘭州、北京、天津、南京、成都……輾轉來去，其間女兒悲慘地死去。九〇年代初他去國赴美，客居彼岸直到今天。

看起來這是一部標準的中國知識份子個人受難史。此類作品浩如煙海，虛構和非虛構的，因歷史與個人經歷的苦難深重，多展現為聳人聽聞的殘酷奇觀和血淚交迸的政治控訴。這些奇觀是令人心痛的，這些控訴也是本乎道義的，然而千人一面的哭訴模式和意識形態化的精神慣性一旦形成，奇觀就變得廉價，控訴也只是一個單調的姿勢了。於是這些石頭般封閉滯重的文本，再也無法化為後來者的間接經驗。

成功地將「文革」經驗轉換成文學經驗的大作家，我以為有三個：王小波，章詒和，高爾泰——王以黑色幽默小說開啟新世代的智慧，章以見證「最後的貴族」震撼國人的心靈，而高爾泰則以勾畫自己的人生羈旅，使我們看到其在孤絕之境仍頑強持守的柔軟人性和對美與自由的恒久體驗。恰是這種柔軟，這種美和自由，使一個經歷了傳奇般苦難的人既直面又超越了政治與仇恨——而政治與仇恨，往往是飽受極權之苦的人們可能會認定的最終真理和最後的棲息地，它們摧殘不幸者，同時誕生駭人的貧乏與荒寒。

但《尋找家園》卻寫得豐富，絢麗，瘦硬，坦率，美而敏感，但並不顧影自憐，風格上大體介於莫高窟的魏晉與隋唐之間。高爾泰並不很多地寫自己，而是多寫他所曆所思的人、事、物。雖然他成人後有許多「重大事件」值得追憶，他也的確追憶了一些，然而他寫得最澄澈動人的還是他的童年與少年，那時的山水故國，父母姊妹，心中偶像，阿來阿獅（他養過的羊和狗）……正是這些給他埋下了對美與溫柔人性的體悟和敏感。及至成年時期，他涉及重要人物時寫得好，比如《常書鴻先生》；但是他寫那些無名者更傳神——比如深愛著他、集濃烈的情感與「正確得可怕」的思想於一身的唐素芹；比如在白骨累累的夾邊溝農場，那個任何時候都整潔端肅、至死都保持文明人的高貴與尊嚴的安兆俊；那個跟他在淡淡月色下邂逅，與他講說藏語之美的語言學家，以及跟他探討「我們的大腦活動，我們的思想感情，不過是許多微生物協同行動所產生的合力」之猜想的鄢姓醫生……在地獄之邊，居然仍有人思考這樣的事情，這是人性的驕傲與奇跡。而他寫被屠戮的溫良動物時，則好得令人心碎——因為饑餓和同伴的催逼，他追趕一隻已被夾傷仍拼死逃命但終於跌倒快要斃命的黃羊，他看見「它昂著稚氣的頭，雪白的大耳朵一動不動，瞪著驚奇、明亮而天真的大眼睛望著我，如同一個健康的嬰兒。」他感到了自己是一個多麼兇殘可怕的血腥動物（《荒山夕照》）……

劫後餘生，回首往事前塵，高爾泰似乎沒有多少歷史風雲、恩怨得失從心頭掠過，他似乎天生與這個傳統價值的中心地帶無緣，而只願拾揀那些遺落在歷史邊緣的瞬間，倏忽即逝的面孔，碾成碎屑的聲音……他似乎本能地懂得，中心之處是巨大的殘暴與空虛，惟有在世界的邊角，才存在著自由、柔弱與美的精神。是美，使他得救，使他即便像野人一樣被世人驅趕時，仍能想到敦煌飛天的衣袂，和詩詞韻律的流淌。

然而，又怎樣呢？他直至暮年仍是飄泊浪子，其蒼然的形象，和他早年離家的背影漸相重疊：「平時到過的最遠的地方都過去了。風物依舊，新世界不新，好像舊世界的延伸，只是沒有了家……彼此飄泊天涯，欲歸無計，萬里西風瀚海沙。」（《跨越地平線》）

2004年5月

舒蕪：紅樓解夢人

舒蕪先生的《紅樓說夢》屬於那些以平常心和赤子心喜愛《紅樓夢》的人。這本2004年得以再版的書初版於1982年，之所以今日讀來仍讓人興味盎然，大概正因此點。這與舒蕪先生的「讀者觀」有關。他認為無論寫小說還是研究小說，都必須訴諸「普通讀者」的自然體驗：「試想，當日曹雪芹於悼紅軒中，披閱十載，增刪五次，嘔心瀝血寫出這部《紅樓夢》，是為誰寫？寫給誰看的呢？難道他預知或者期望將來有一門『紅學』，特地寫出來以供專家鑽研的麼？」「最廣大的普通讀者對作品的正常理解和健康感受，永遠應該是任何專門的小說研究的出發點，又是歸宿點。……一切專門的小說研究，凡是或多或少能夠昭闡文心、裨益讀者的，必然都是沒有離開這個出發點和歸宿點的；反之，凡是歪曲原意、貽誤讀者的，究其原因，不是沒有從普通讀者的正常理解和健康感受出發，就是沒有歸宿到那裡去。……對一切小說研究來說是這樣，對『紅學』來說也是這樣，不管它多複雜多深奧也沒有什麼特殊的地方。」所以他說這本書「只想記錄一點《紅樓夢》普通讀者的談論，又怕記不好」。

與他息息相通，英國女作家佛吉尼亞·伍爾芙有一本書就叫《普通讀者》，說的是她自己對一些文學作品的批評與感受。我們總把這個標題理解為作家的自謙，現在想來，其實它未嘗不在表明作家的一種「讀者觀」與「寫作觀」。寫作者究竟應把「普通讀者」視作與自己在心智和經驗上平等交流的對象，還是把他們看作根本不可能理解和感應自己的庸眾與「芻狗」？隨著現代主義的濫觴，許多嚴肅作家選擇後種立場。究其因，蓋與精英文化傳統的單向發展直至自我封閉有關，於是「精英文學」日益成為「獨白式的」，文學的對話精神隨著對「庸眾」的唾棄而日漸喪失。好在曹雪芹寫《紅樓夢》的時候，「小說」還未變味成一個炫耀智力優越感的場所——他既不必擔心自己的高致才情被愚蠢的大眾所誤解和玷污，而把自己的作品弄得只有他一人能懂，也不想迎合所謂村野百姓的「低級趣味」或擔心書不好賣，而把小說寫得濫俗弱智。在這一點上，舒蕪先生和曹雪芹的立場接近——歸根到底，他們都是把讀者（不論多寡）和自己同等看待，與自己同情共契，趣味相投，既不過高，也不過低，為某種共通的體驗而喜怒歌哭。相反，那種關閉溝通之門的「獨白體」寫作，在本質上與「迎合讀者低級趣味」的弱智濫俗寫作有一點是相同的，那就是對「普通讀者」的經驗、智力和感受力的蔑視與懷疑，就是「不愛」。一個心中無愛的寫作者的作品恐怕是可疑的。

因了這個「普通讀者」的出發點，作為普通讀者的你對《紅樓夢》的諸多疑問，就可以期待從這本《紅樓說夢》裡找到他特有的答案。比如，《紅樓夢》裡的主要人物都是怎樣出場的？為什麼他們中有的人剛剛出場，我們就好像已經很熟悉了，這種感覺是怎麼來的？賈寶玉到底是個怎樣的人？他的「玉」到底有何玄機？為什麼黛玉和寶玉老是吵架，吵了多少次架？黛玉什麼時候開始不和寶玉吵架了？為什麼和寶玉「同領警幻仙姑所訓之事」的女子是「可卿」和襲人，而不是他所愛的黛玉和所敬的晴雯？為什麼寶玉不愛讀書？他真的什麼書都不讀嗎？在禮教森嚴的封建社會，男孩子賈寶玉和眾女孩居然能在一個大觀園裡無拘無束地生活了一兩個年頭，如此超現實的事情，怎麼會發生？而且讓人感覺發生得如此自然？《紅樓夢》後四十回的藝術成就到底怎麼樣？難道真是完全由高鶚續作嗎？怎麼看最終的寶玉出家、蘭桂齊芳的所謂「大團圓」結局？它真的那麼違背曹雪芹的原意嗎？……

這都是些有趣味的問題，《紅樓說夢》裡的回答都十分精妙。它說，林黛玉的出場最早，不是一下子站到舞臺的中心，而是從遠遠一個角落，一步一步移近，最後亮相在賈寶玉癡迷的打量中，她的出場，「由於『木石前盟』的神話，由於冷子興和賈雨村的談論，先已形成了一種詩意、哲理和神話式的氣氛」；寶玉是在一片驚奇、誤解、嫌憎、議論所造成的「懸念」中出場的；薛寶釵是在沒有任何「懸念」的情況下，極平凡極現實地出場的，作為花花太歲薛蟠的妹妹、溺愛不明的薛姨媽的女兒、皇商家庭的小姐，她的出場「沒有美，沒有詩，只有封建主義的最粗惡最鄙陋的一面」；鳳姐的出場則是「先聲奪人」式的；湘雲的出場太遲，為了彌補這一缺陷，小說在後來的回目中「經常用追憶補敘的方法，來豐富她的形象」；赦、政、珍、璉出場皆遲，但讀者之所以似早已熟知其人，是因為他們此前「都曾在抽象籠統的敘述中，在陪襯的地位上，在別人的對話裡出現過，少的兩次以上，多的十多次……作者於此，是苦心經營過的」，並且精確列舉了他們分別是在哪一回因何事被人提起，或他讓下人帶了句什麼話，等等，破了解弢的「文章化工，不易效法者也」的神秘化解釋……這些拆解的段落，真真是絕對的庖丁解牛，若不把《紅樓夢》倒背如流，從整體到局部到毫髮完全了然於胸，斷不能剖析得如此細緻入微，出神入化。讀者看了這些，不但加深對《紅樓夢》的瞭解，對於小說本身如何寫，也會有不少領悟。

給我印象特深的還有幾處。在《晴雯為什麼「枉擔了虛名」？》一節，作者問：賈寶玉有著與封建道德截然不同的戀愛觀婚姻觀女性觀，他尊敬女性，為什麼卻會在第五回和第六回裡先同「可卿」後同襲人「同領警幻仙姑所訓之事」？而且此事「不能理解為一般的男女之間的性的關係，它是有著明顯的社會意義，專指那種相互玩弄（主要是玩弄女性）的淫亂關係。」他的分析是：寶玉是個封建末世的「新人」，同時也是個貴族公子，男女關係上也有庸俗的一面，他「雖是籠統地認為『女兒是水做的骨肉』，但實際上女兒當然決不是一律的，其中也盡有『泥做的骨肉』的。當他遇著『泥做的骨肉』的女性時，『肉』的誘惑也就在他身上起作用。」作者分析道：秦可卿和花襲人都是「泥做的骨肉」者——襲人直接勸寶玉讀書上進，秦可卿則通過一系列的細節暗示她也是講究「世事人情」的「學問文章」的人，和襲人是同調，她的臥房裡的對聯「嫩寒鎖夢因春冷，芳氣襲人是酒香」，已暗暗將此二人連接起來。她們是封建基業和封建道德的維護者，而「封建道德的理想，當然是禁慾主義……在禁慾之先、之後或者更多的是同時，總要有縱欲來隨伴……轉移的關鍵，在於情欲極端放縱之後的必然衰退，又在於極端玩弄女性之後必然歸於徹底憎惡女性。這就是所謂『由色悟空』，所謂『紅粉骷髏』。封建貴族子弟年輕時沉湎酒色，成年後收拾心神，立德立功，齊家治國，這就叫做『浪子回頭金不換』。寧榮二公委託警幻仙姑對寶玉進行的教育，就是『由色悟空』的教育，先做徹底的浪子然後徹底回頭的教育。」由「可卿」和襲人對寶玉進行這樣的教育，當然最恰當不過。「而對於真正是『水做的骨肉』的女兒，他始終是愛惜尊重，所以才能夠同晴雯『親昵狎褻』而又終於保持了『各不相擾』的關係。」然而正是這種魂夢繫之的真情和個性覺醒的意志——而非物質結合的肉慾滿足——才是對「封建主義秩序」的真正背叛與瓦解，才為賈母王夫人所不容，這就是寶黛愛情之所以成為悲劇的原因。這樣的剖析，需要發現者的火眼金睛與學問家的合理聯想。

此書對於《紅樓夢》後四十回的評價，與胡適以來的紅學觀點大相徑庭。作者「甚至相信程偉元、高鶚確實是得到八十回以後的曹雪芹原作的殘稿，他們又作了不少連綴補充，由於他們的思想和才力與曹雪芹的差殊，所以今本後四十回才會這麼不統一，好的地方太好，壞的地方又太壞，不可能是出自同一人之手筆。」在《衝破瞞和騙的羅網》裡，作者又以種種例子，申說他的這個觀點。因了這個緣故，我耐下心來把後四十回讀完，愈往後愈覺得「雪芹殘稿」論大為有理。我沒有作者的功力去逐一考證，只憑閱讀直覺，深感從第一〇五回「錦衣軍查抄寧國府，驄馬使彈劾平安州」開始，已接上前八十回氣脈。有幾處只有曹雪芹才會有此奇筆：比如

第一一五回「惑偏私惜春矢素志，證同類寶玉失相知」裡，賈寶玉和甄寶玉各以己心為對方之心，相互揣摩、試探、錯位直至鄙棄而散一節，寫得真令人忍俊不禁，奇趣橫生；第一一九回「中鄉魁寶玉卻塵緣，沐皇恩賈家延世澤」裡寶玉告別一節，肅殺悲涼，百感交集；第一二〇回「甄士隱詳說太虛情，賈雨村歸結紅樓夢」寶玉身披大紅猩猩氈斗篷在茫茫雪地裡向父親遙拜告別一節，襲人出嫁一節，以及最後餘下人等的去處各做交待，以雪芹和空空道人對白收場，以「說到辛酸處，荒唐愈可悲。由來同一夢，休笑世人癡！」作結，若非雪芹之筆，斷不能寫得如此從容不迫，力透紙背。歷來學者以結局的大團圓「殊不類茫茫白地，真成乾淨者矣」，作為後四十回不是曹雪芹所寫的依據，但若以了卻塵緣的賈寶玉眼光來看，「蘭桂齊芳」於他有什麼價值和意義呢？他既已蓬頭赤腳跟了一僧一道走向茫茫雪地，回歸大荒，賈家的「天恩祖德」就和他沒有關係了，那個世界，也是一個毫無價值和意義的死去的世界了。因此舒蕪先生說「他在『家業複振』之時毅然出家，這樣的安排，真正寫出了他的最大的決絕。」這是深有體會的說法。

然而，世界死去又能怎樣呢？人解脫於愛恨情愁，因無情而自由，又能怎樣呢？可見《紅樓夢》的最後，終於導向了一個沒有意義和價值的世界，導向了寂滅與空無，這是曹雪芹最大的徹底，最大的殘酷。而這些，是舒蕪先生最後也沒有忍心道破的，空餘我們這些塵網中人，遍嚐愛與痛、甘與苦，在悟與執迷不悟之間，輾轉掙扎，妄揣想。

2004年8月

在地鐵裡讀北島

在地鐵書攤見到《北島詩歌集》時，我驚訝已極。想不到多年的銷聲匿跡之後，竟會與這位詩人在此相逢——詩集周圍層層疊疊著小資中產白領讀本，詩集的裝幀本身也在盡可能的素樸之中透著纖柔的樣貌。它待在那兒，似乎寵辱不驚，似乎等著一位記憶復甦的知音，似乎暗示著平靜的能力和勇氣，就這樣北島重又走進了我們的生活。

就這樣，我在地鐵的轟鳴聲裡斷續讀完了這本詩集——據說它是九〇年代以來北島在內地印行的第一部詩集。在地鐵裡我讀過幾本詩，這個地方幾乎幫我建立了判斷詩好詩壞的標準：那好的詩總能把我帶進暗流洶湧的寂靜中，而忘掉身邊嘈雜的人群；不好的則相反——覺得地鐵吵，詩更吵，情緒會因此變糟。在地鐵裡讀北島的時候，心情不糟，但是複雜，蜿蜒的鐵軌無端地沉重，似是一條時光隧道，帶我跨越三十年的時空。

是三十年的時空。不明白詩集為何抹去了每首詩的寫作時間，這是個不可原諒的錯誤。好在我能夠大體知道，它收入了北島從1972年到1998年間的重要詩作。現在讀這本詩集，使我突然清晰地意識到，北島那些在七〇年代末八〇年代初震撼了他的同代人的詩，經由他們的傳遞，也早已在我這個「七〇後」心裡烙下了印痕，儘管我對它們的初次閱讀，要等到好幾年之後的八〇年代末。那時狂飆突進的啟蒙時代行將結束，人們的心頭吹拂著惘然的悲風，歷史的層層疊疊的血痕，淤積在年長者的眼中，而我們這些一無所曆的「七〇後」，只在緘默無語的空氣中抽象地猜測著來路。在沉默的抽象生涯裡，我們感到了《回答》、《太陽城札記》、《一切》、《宣告》、《結局或開始》的能指與所指。我們聽到了其間血液的呼嘯。我們體會到它們所言說的熱和冷，繩索與自由，愛情與正義，死亡與真理。是的，我們也能讀懂北島，欣賞北島——以審美與傳說的方式。這是「七〇後」一代的宿命：我們依稀的童年和青春記憶與北島一代接壤，但是這種蒙童般的旁觀經驗卻很難形成清晰的意識和有形的言語；它們湧動在我們的生命內部，雖無法發聲，難以命名，卻成全了一種跨時代的理解力。因此，北島從經驗中誕生的早期詩歌，到我們這裡則需靠對記憶的參與性想像來達成對它們的理解（並不費力地）。我們自認為能夠理解，因這些詩本身清楚易懂，刀鋒向外。我們曾癡迷和感喟，為這些詩的血性的質地和鏗鏘的韻律。但同時，我也知道北島的語言不屬於我們——歷史的親歷者和旁觀者、先到者與遲來者永遠不可能使用同樣的語言。「遲來者」與「旁觀者」，這就是我所認為的可悲的「七〇後」。或許只是我這個「七〇後」。我這個「七〇後」，對早期的北島抱有無限的懷念和無盡的詰問，而懷念和詰問的理由卻無不墮入經驗的虛無中。我不知道，晚生於我的「八〇後」、「九〇後」們，乃至之後的無窮世代，對北島的早期詩歌會有何種認知。

也許北島對此早有意識，因此他對自己的早期作品批判得比所有人都嚴厲。在一篇訪談裡，他說：「現在如果有人向我提起《回答》，我會覺得慚愧，我對那類的詩基本持否定態度。在某種意義上，它是官方話語的一種回聲。那時候我們的寫作和革命詩歌關係密切，多是高音調的，用很大的詞，帶有語言的暴力傾向。……這些年來，我一直在寫作中反省，設法擺脫那種話語的影響。對於我們這代人來說，這是一輩子的事。」

北島九〇年代以後的詩，的確與早期有極大的不同。技藝更圓熟。聲音更內斂。是他獨自的低語。有時似自己對鏡交談。寂靜與孤獨時而對他構成威脅和敵意，時而引起他對往昔自我的反諷與自省。這些詩有著佯裝的平靜和易碎的緊張，隨時準備像火山爆發。時有妄念。幻覺焦躁。前生的光榮一直如影隨形，干擾著詩人蟬蛻和新生的自我。竭力諦聽此岸自我的真實的聲響，竭力與昔日的榮耀和慣性的渴求作鬥爭，竭力沉入現在之中，是這些詩傳遞給我的朦朧而晦澀的信息。九〇年代以後的北島不再易懂，在多年的海外漂泊中，在對母語環境的疏離與反觀中，北島變成了一個更為內在的詩人。他不再是傷痕累累的雕像般的「我們」，他只成為了他自己。

但是，如果沒有《回答》，沒有《一切》，沒有《宣告》，沒有《結局或開始》，北島還是北島嗎？即使他現在寫了無數更嫻熟更完美的《第五街》？無論如何，在諳啞的年代裡，那根最深沉的喉管裡爆發出的最疼痛的聲音，是永遠最值得人們追憶和感念的。我們這些後來者，需對此致敬。

2003年4月

「在路上」的北島
——《青燈》讀後

北島的《青燈》寫了他記憶裡的人和事。十萬字的薄薄小書，一張攤開的精神地圖，我們能從中看到這位詩人眷戀的故鄉，行旅的路線，經停的驛站，途中的侶伴——有的交厚情長，有的擦肩而過，有的在繼續書寫人生，有的已踏入另一世界……此書多少能滿足讀者對北島其人的好奇心，因為這裡的他除了嚴肅、崇高、拘謹，還有幽默、毒辣、家常的一面，這在他的詩歌裡是很少流露的。但作者本人恐怕意不在此。這位十九年前去國難回的「國際流浪漢」，此番很想作一次耐心的導遊，讓讀者跟他一起，用「腳」認識這「小小寰球」上的諸多角落，各色人等——無數「他者」的碎片，乃是我們自身的鏡子；遊動不安的視野，終要指向隱秘的根系。

可以說，北島的目的達到了。這很得益於他的寫法。無論多麼事關「私我」的敘述，總有他的「超我」把視點升高再升高，直到視線裡同時出現了眾多的他人，無邊的遠景，縱深的歷史，駁雜的當下——才算了事。這一戒不掉的習慣，是時代美德的饋贈。也許它與時下自我中心、眩人眼目的「青春主旋律」代溝深深，但總有一日，青年長成，滄桑閱盡，會念及父兄一輩溫暖的遺產：除了自我，還有他人；除了門前雪，還有全世界。這種極難極深的愛，絕非自我迷失的廉價情感所能相比。

書中的五篇悼亡之作，是我最喜讀的部分。五位逝者，有的名滿天下，但其人其心甚難了了；有的藉藉無名，然其個性命運令人唏噓。早聽說詩人蔡其矯是個放浪不羈的性情中人，但從北島的《遠行》裡才「親眼目睹」他有多性情：華僑富商之子，為實現公正投身革命，開蒙於惠特曼，一生愛詩，愛美，愛自由。1962年，當人們放棄自我謳歌時代時，他以《波浪》一詩背對陽光：「我英勇的、自由的心啊／誰敢在你上面建立他的統治？……／波浪啊！對水藻是細語／對巨風是抗爭……」禁慾主義的革命，卻禁不住他對美麗「水藻」的輕柔「細語」——1964年，他因「破壞軍婚罪」被開除黨籍，坐牢兩年。後來艾青問他：你為女人坐牢，後不後悔？他曰：無悔，這裡有代價，但也得教益——當面對一個愛你的女人時，你要勇敢……1970年代中期，北島把他引入北京離經叛道的地下沙龍——除了交流寫作，那更是聚會郊遊酗酒吟唱談情說愛的所在，漂亮女孩不時出沒，蔡老的相機鏡頭如影隨形。「大家當面恭敬，一口一個『蔡老』，背後叫他『蔡求蜜』……」如此細節，不勝枚舉，不但主人公形象呼之欲出，更順帶呈現了那個貧瘠壓抑的年代裡，豐饒而冒險的另類生活。這些地下烏托邦的參與者，實是中國前衛藝術家最早的先驅，他們站在路邊，揮舞著掛滿毛主席相章的手絹，以圖賄賂司機，搭車遠行；為了捍衛自己三十三轉密紋的德國身歷聲唱片，他們不惜雞飛狗跳，大打出手，直至被關進局子，痛寫檢查；癡情詩藝的他們雖乳臭未乾，卻常和潦倒落難的馮亦代、艾青們平等過從，悄悄啜飲西方文學的甘醴……講述這些往事的北島是得趣和生動的，宜於站在「文學正史」的「留白處」，為他和同代人的時段復活體溫與呼吸。

除了寫人，那些記錄見聞遊歷的文章也很有意思。我懷疑它們是北島根據日記整理而成，初看像流水帳，像記者本份如實的報導，可讀進去才發現，它們偷偷借用了資訊時代「網路點擊」的呈現方式行文——每篇文章以時空推移為線索，每經一地、遇一人、聽一事，只要有精神濃度，作者即駐足，將那名字「點擊」進入，深探其裡，端出其今生前世，應和其長歌浩音。文章的信息量是充盈飽漲的，顯現出遊歷四方的詩人在全球化時代的全球性視野。但與時下流行的知識炫賣文風迥然不同的是，北島的資訊給予方式暗含著他對中國與世界歷史現實的觀照意圖，因此選擇性強，節制而冷峻。

也因此，《智利筆記》不止讓我們知道他去了哪兒見了誰，更讓我們瞭解到帕拉的詩，聶魯達的人，皮諾切特的軍事政變，殉難總統阿連德的高貴從容，以及美國的利益與智利的政治、智利的國運與詩人的命運之間，斬不斷理還亂的關係；《革命與雛菊》也不單寫尼加拉瓜的詩歌節，它更願意告訴我們有關桑地諾的反抗，索摩查的獨裁，左派組織「桑解」成員的詩歌與革命，革命與腐敗；至於《憶柏林》，亦非想要復述他與漢學家顧彬的交談，而是給我們講述這座德國都市的滄桑變遷，它與中國命運千絲萬縷的隱喻關聯，德國「集體戶」奇妙的生存方式，以及安放德國人良知與歉疚的柏林大屠殺紀念碑……

《青燈》裡的北島，就這樣攜一卷漢語的行李，穿越遺忘的藩籬，平靜地追憶那些「一年裡睡過一百多張床」的往事，如一位永在路上的旅人。

2008年4月

龍應台：
大眾傳媒中的公共知識份子

對我來說，相對於龍應台在她的那些集子裡說了些什麼，我更關心她是怎麼說的，她為什麼這樣說？在言論不自由的社會中，一個知識份子進行社會關懷時，可能有兩種言論方式會妨礙其實現目的：一是言論的烈度越出了出版檢查所允許的範圍；一是該知識份子的言說方式太過艱澀，難以為廣大的受眾所理解。前者的結果是某種聲音難以出籠，後者的結果是某些好話說了也沒人聽。無論是哪種情形，他的批判性話語都未能有效地進入公共領域，這是極其令人遺憾的事。

龍應台恐怕對這些偏差早已明瞭，因此在八○年代給臺灣報紙寫那些火氣甚大的專欄（後收入《野火集》）時，這位美國堪薩斯州立大學英美文學博士「心底有一個最重要的目標：如何能推到言論鉗制最危險的邊緣，卻又留在影響最大的主流媒體中？多少前輩都是從最大的《中國時報》寫到較小的《自立晚報》再到黨外刊物，然後就徹底消失。我清楚我要留在主流中做最大的『顛覆』，做最紅的蘋果核心裡的一條蛀蟲。」（《我的不安——八十年代這樣走過》）為了達到這一目標，龍應台在完成關於艾略特的詩學博士論文後就在臺灣的大眾傳媒上發表儘量淺近明晰（這使她擁有從17歲到70歲的高中以上文化水準的廣泛讀者）、儘量切中時弊且又能為當局的最後底線所容忍（這使她得以在讀者面前「帶著鐐銬跳舞」）的文字，依靠大眾傳媒無孔不入的特性，龍應台最大限度地實現了自由人文主義理念的社會化和普及化。

在這種堅持不懈的寫作中，龍應台確立了她獨特的文化身份——大眾傳媒中的公共知識份子，自由主義政治哲學的隨筆實踐家，以本土現實為座標的異域文化觀察者，堅持並傳播精英文化觀念的大眾文本作家。可以說，她從八〇年代的《野火集》到新近出版的兩本書《百年思索》和《我的不安》（南海出版公司，2001年6月第一版）都貫穿著一條主線——即內容上的迫切的社會改造和政治改良意識，形式上的易接受性。她在報刊專欄文章中迂曲地爭取政治權利，開拓言路空間，激發民眾的自由信念，傳播理性而獨立的思維方式……和純文學的藝術性與自足性相對，龍應台的這種寫作是開放的，籲請閱讀者在社會生活中付諸行動的，與社會現實之間有著直接對話的，因此可以說她的寫作一直是一種廣義的「政治寫作」——如果「政治」即是指那種意在或多或少構建或改變一種公共空間結構的行為的話。但是她的這種一貫性內部也由於時代的變遷而有分別，正如龍應台在一次專訪中所概括的，她的寫作大致分為三個段落：「第一個段落是寫《龍應台評小說》、《野火集》的時代，那個時候是憤怒少年的心情，……第二階段應是1986年，到了瑞士，開始寫《人在歐洲》，……幾乎把對臺灣的注意力轉移到歐洲的現象，……但也是以臺灣作一個參考座標去看那種現象。第三個階段應該從40歲開始，從1992年，《看世紀末向你走來》那幾本書到現在，大概對我最有影響的是，進入歷史的世界。……40歲之後的寫作，我看到的同樣是一個現象，但憤怒不再了，取而代之的是強烈的求知欲，看到一個現象，我會留意現象之所以產生的來龍去脈到底是什麼。」我想這種改變大概和臺灣的政治環境改變有直接的關係。

《百年思索》和《我的不安》看來主要是龍應台第三寫作階段的產物（裡面的文章都沒注明寫作日期，我以為這是一個很大的缺憾）。在這裡憤怒是不大出現了，但是仍充滿了憂患、關懷和探究的緊張感。《百年思索》觀察和思索的對象是歐洲、中東、古巴等異域的土地，但它們都被作者置於歷史的長河和中國現實的視境之內。或者說，那些異域的現實之所以被描述，乃因為它們的確能夠給思考中國現實問題提供另一個參照的維度，在這種維度的展示中，讀者會自然地將其與中國現實相對照，進一步思考和探尋解決問題的合乎理性的路徑。比如在《尊重誰的文化差異》一文中，針對西方自詡進步的「文化相對論者」所信奉的「尊重不同的文化差異，因此不能將現代西方的人權標準求諸中國」這一觀點，龍應台一針見血地指出：「對於統治者而言，它（指文化差異——引者注）是一個可以鞏固政權的便利工具。步驟一，他按照自己統治所需來定義什麼是『民族傳統』、『固有文化』。步驟二，將敵對的文化定義為相反的另一極。步驟三，將他所定義的『民族傳統』、『固有文化』與『愛國』畫上等號。這麼一來，任何對他的統治有所質疑的人都成了『叛國者』，他可以輕易地鎮壓消滅，往往還得到人民的支持，以『愛國』之名。」因此「問題的癥結不在『尊重』文化差異，而在『認識』真實的文化差異。」此文顯示出龍應台的政治文化立場和許多一到西方就立刻成為「文化相對論者」的中國知識份子完全不同——後者大概是在與西方對話的過程中痛感到「自我認同」與「民族認同」的危機，而「文化相對主義」則會使身為弱勢群體之一員的他獲得「自我認同」的原動力，他可以作為「相對」的那一極的文化承載者來現身說法，來捍衛被「西方強權壓迫著」的「東方民族傳統和民族文化」，來批判「野蠻的西方殖民文化」。但是當東方的極權話語借「文化傳統」之名行侵害自由、泯滅創造之實時，這種沒有時空差別的捍衛便往往會變味為對極權意識形態的辯護。而這種歧途是身在歐洲的龍應台所一直竭力避免的。但在呼籲人們關注國內的邊緣弱勢群體的時候，她也會採取文化相對主義立場：「中國有80%的農民，我們是否努力過以農民的視角為視角而不把偶爾下鄉的知識份子的解釋接受為唯一的解釋？……如果知識貴族當道，我們就不見庶民，而當痞子作霸王時，知識價值就被踐踏，所謂文化正統只是版本不同的愚民手冊——這樣的文化傳統我們要它幹什麼？」（《百年思索・活的文化，死的理解》）——看來把文化相對主義用在對本土強勢集團的批判和知識份子話語權力的自我反思上時，還真的很管用。以一個「當下本土中國知識份子」的身份思考和寫作，不作「旅居型華裔知識精英回國觀光」式的言說，是龍應台的一個十分重要的特點。

在《百年思索》和《我的不安》這兩本書裡，看得出龍應台主要關注點有三：一是民主社會中的民粹精神和文化平庸主義所帶來的問題，其中滲透著她對所謂「多數的暴政」的審慎的批判；二是如何給歷史罪人定罪和歷史罪人如何承擔歷史罪責的兩難困境問題；三是對不同地域的精神氣質文化所做的評說和爭論。無論涉及何種問題，她的所有文本都貫穿著對理性不健全的懷疑和焦慮，以及對自由的文化創造精神的刻意呵護。無論談論何種問題，龍應台都從自己的親身見聞起筆，在行文中漸深漸遠，以鮮活的經驗而非純粹的理論來論證她要講的道理。因此無論是對學者還是對高中生，她的文字都有足夠的思辨趣味和思考空間可供進入。另外，我們可以看到，當龍應台說可否「以農民的視角為視角」的時候，她是一個政治上的民主主義者；當她悵望德國魏瑪小城由歌德和席勒的舞臺變為反對現代藝術、支持納粹主義的庸眾的天下時，她又是一個文化上的精英主義者。政治的民主主義和文化的精英主義構成了現代自由主義的內在緊張，當天平向一端絕對傾斜時，另一端就有被傾覆和毀滅的危險，這時候脆弱的世界便會籲求完美的平衡，而這，恐怕就是政治家的事情了。當龍應台決定投筆從政的時候，心中是否就湧動著「去建立一個完美平衡」的近乎烏托邦式的幻想？

　　龍應台是一位以豐富的履歷和廣博的見聞來作自己文本資源的作家，我們可以說她是專家眼裡的「半瓶子醋」，也可以說她是一位擅長利用大眾傳媒張揚自身的知識份子明星，但還可以說她是巧妙地處理了大眾傳媒與知識份子話語關係的智者——她出色地使文明觀念的精華被大眾廣泛地接受，而這是許多「技術知識份子」所不屑為的。無論如何，龍應台以播散力最強的明澈有力的聲音，毫不含糊地和臺灣民眾一起分擔過專制的痛苦，也與他們相伴著探求過通往自由與文明的道路。知識份子實現自身價值的方式有許多種，而龍應台曾經走過的歷程，在我看來就是其中令人尊敬的方式之一。

2002年6月

往事的鋒刃已刺穿其心
——讀徐曉《半生為人》

《半生為人》是徐曉的第一本書，一本她寫了十年的自敘傳性質的書，不，如果從裡面寫作時間最早的《我的朋友史鐵生》（1987年）算起，這本書寫了十八年。喜歡徐曉文章的人——其中包括我——望眼欲穿，總算等到她的文章結了集，從中我們也終於能看到，圍繞著1970年代末中國最重要的民間刊物《今天》（它是「朦朧詩」真正的發祥地），出現的那一批理想主義者的真實肖像——既有周郿英、趙一凡、李南、劉羽這些不寫作只做事的「沉默的極少數」，也有北島、芒克、史鐵生這些日後聲名赫赫的寫作者，更有徐曉自己悲欣交集的斷片人生，可說是一部個人化的「《今天》傳」。此書出來時，徐曉當真半生已過，多少滄桑埋在這個看似平淡家常的書名裡。

當然，她不是「十年磨一劍」地寫作此書，而是「兩月打魚，三年曬網」地寫。對此，徐曉本人有一番言之鑿鑿的「終生業餘寫作觀」給自己撐腰，大意是說：寫作者只有立志於「終生業餘」，才能保證她（他）寫作的精神純粹性，才能排除因作者的名利訴求帶來的「注水」可能，才能確保寫出來的東西真正是「不能已於言」的產物。在這樣的寫作觀驅使下，徐曉寫得是如此之少，又如此苛刻和謙遜，以至於我在她面前都算得上大言不慚的「高產作家」了。

然而誰又敢把自己文章的血液濃度和徐曉的相比？我是不敢。恐怕百分之九十九的寫作者都不敢。椎心刺骨的痛楚、永難消退的熾愛、無法彌散的芬芳匯聚於此，令人讀罷唯有靜默。疼痛的真實如同刀劍的叢林，作者縱身其上，微笑、寧靜地婆娑起舞，舞姿優雅輕盈，如風行水面，而我們知道，往事的鋒刃已刺穿其心，天空中內心之血凝成的花朵盛開得驚魂動魄。

這花朵令我唏噓，然更多歆羨。羨慕徐曉和她的愛人與友人曾經如此酣暢地生活過，叛逆過，自由過，痛苦過。羨慕他們擁有如此之深的記憶。羨慕他們能如此之真地體驗到自己的存在本身。如同一條塑膠管羨慕會受傷、能流血的真血管。如同拒絕長大的孩童奧斯卡忽然羨慕起能成長也會衰老的家人。這是一個生於1970年代的人對生於1950年代的理想主義者的羨慕和愛敬。這是一種真實的審美情感。其中夾有若許矯情和虛偽的成分——雖然羨慕和愛敬，但並不敢親嚐徐曉式的酣暢沉重的人生。

徐曉似乎本能地深諳「沉重」與「輕逸」、「濃烈」與「清淡」、「崇高」與「低調」、「殘酷」與「溫柔」、「奇特」與「平常」之間的辯證關係，並在這些兩極對立關係中穿梭轉換自如。或者毋寧說，在這些語義對立的詞組裡，徐曉的秉賦氣質天生地屬於後面一組，然而她的際遇、她的命運、她的生活給予她的，卻偏偏是前一組。她以自己的天然迎接這一切，不躲閃，亦不逞強；不誇飾，亦不淡忘。她只將自己所歷所感娓娓道來，絕不做「驚天地、泣鬼神」之狀。回憶青春時代的牢獄之災，她偏談其中的「日常生活」——在殘酷黑暗的背景裡，她喜歡讓我們記住的是善良的女獄警「墨綠」溫暖動人的微笑，獄友們克服千辛萬苦給她做的棉背心，一位童話般美麗的女囚一閃而過的身影，一位始終謹記「上帝愛世人」的堅忍安詳的天主教徒……回憶《今天》雜誌同人，她極少直接表現北島、芒克這些盡人皆知的人物，卻將刻劃的筆觸伸向那些沉默付出、不事寫作的幕後英雄——比如兼具聖徒意志和史家意識的資料搜集者趙一凡，隱忍寬厚、意志驚人的周郿英，一生助愛他人、淡定超脫的李南，一直在早期的受害陰影中掙扎、手術昏迷中仍大叫「員警來了，不要抓我！」的悒鬱而終的劉羽……徐曉的視角是獨特的，目光也是毒辣的。她的心魂、她的同情、她的立場總在邊緣，然而她又無時不與時代的核心保持著自然而密切的感應；她並不回避承擔厄運，然而她從未因此自賦一點兒對他人的道德優越感和優先審判權——就像有些道德激進主義者無意中所做的那樣。

正是這樣的人，當她陷入對逝去的愛人周郿英的痛悼與詰問，陷入幾近自虐自戕的自我拷問和自我質疑，陷入逝者和上帝均不接收的孤獨、思念、遺憾與懺悔中時，那種撕裂的疼痛是連鬼神都要落淚、是我們凡人無法分擔亦無法承受的。她至今無法釋懷在重病纏身的丈夫離世時，從來恪盡守護之責的她居然不在場，她如同一個上窮碧落下黃泉的癡人，死死追究著這樣一個問題：

> 他是否呼喚著我的名字死去？在他彌留之際，是否想親口對我說出他一生都沒來得及說的話……我相信，或者說我寧願

相信，如果我在場，哪怕他已奄奄一息，但只要一息尚存，我一定能如願以償。或許他的聲音微弱得讓別人聽不清，但我能聽清。

……

幾年來，我常把自己幻想成一個沙漠中的旅人，用近乎自我欣賞的目光，自作多情地看著一個落寞、孤獨而又自信的女人，在最美好的季節裡凋敝。她無時無刻不在破碎，不在七零八落，不在死亡。她以全部身心期待著，相信總有一天能在共同的自我毀滅中達到完美，在創造自身中得到昇華。事實上，這是我僅有的心事，這是我唯一的隱私。

……

沒有人比他更加深諳無言之美好之深刻之高妙，對一個視沉默如金的人來說，什麼都不說比說什麼都更好。

……

但那不是沉默。他死了！

……

每當我讀到《永遠的五月》中這樣的句子，都禁不住潸然淚下。

陀斯妥耶夫斯基說：「我不能成為沒有別人的自我。我應在他人身上找到自我，在我身上發現別人。」毫無疑問，也可以這樣描述徐曉，以及與她同時代的生死與共的友人。正因如此，徐曉所敘述的人和事，便不只是與她一人有關的人和事。那是整整一代的人和事——一代並未因功成名就、俗世浮囂而退隱其精神光芒的人和事。惟因其閃耀著精神之光芒，那逝去的一切才有理由傳遞至我輩的手中，成為在這個任何事物都可能瞬間化為烏有的「日新月異」的中國裡，彌足珍貴的生命記憶。我為分享了這樣的記憶而深懷感激。

2005年5月7日

秘語者董啟章

董啟章的樣子像個理科生，眼鏡片後的目光是單純、中立而思維不停的。但腦後紮起的短辮則暗示，他的職業大概並非在實驗室裡處理資料。他處理什麼呢？那是些無法計算的東西：百感交集的幻想，稍縱即逝的經驗，意識的迷宮，可能性的世界……儘管如此，他還是煞有介事地把這些飄忽之物貼上科學史和博物學的標籤，以諸如「一個不存在的物種的進化史」、「地圖集」、「衣魚簡史」、「自然史三部曲」之類的冰冷名目，讓抒情主義者望而卻步，讓科學愛好者一見如故。而你若看在他是香港小說家的份上，買了他的書坐上飛機以圖消遣，那麼可以想見，你捧起書不到一分鐘就會惱羞成怒。

但「香港小說家」的頭銜確會讓人和商戰、科幻、言情聯繫在一起，少數嚴肅作家，則讓人聯想到精緻小巧的盆景。可見香港「國際商業都會」的地域身份，對文學家是很不利的。因此，當我被董啟章的小說所驚後，就忍不住問他：香港環境於你，到底意味著什麼？心裡納罕的是：香港這個忙忙碌碌的大賣場，怎麼會產生如此「卡爾維諾」的小說家哪？在一封信裡，他好脾氣地回答我：「香港的確是個功利的社會，並不重視文化培養，但香港也是一個開放的社會……在香港這樣的社會『三語並用』（廣東話、漢語書面語、英語），我們較少固執於一種語言一種文化的習性。對於西方文化傳統，雖未至於嫻熟，但也沒有隔膜，能較為自如地視為人類共同文化來領受。另外，香港從來不乏另類的傳統。香港文學本身就是一種非商業非主流價值的邊緣活動。雖然人數肯定很少，卻從來沒有斷絕過……當然香港並不算一個真正的多元城市，主流價值是十分單一的，占去了大部分的條件資源。可是，人生存不單靠物質，也不單為了物質。擁有精神自由和自主的人總是存在的。也許是由於長期生活在商業社會裡，我們反而對金錢產生了免疫力。我有時候想，香港文學作家比大陸作家更不顧慮市場，所以在這前提下，創作也更自由，更獨立自主。這樣做是不是很艱苦呢？我已經不覺得了。能這樣下去，是幸福。」

若不瞭解董啟章「職業作家的無業生活」曾經陷入何等困頓，你是不會懂得信中最末那句話的蒼涼味道的。而如果你沒看過他的小說，也不會知曉他的寫作「不顧慮市場」到何種地步。現在，他雖是坊間所稱「著名作家」，仍需每年上學期在三所大學教香港文學和寫作課（「我從不教自己的作品。」他告訴我）——那點長篇小說版稅是不夠自己糊口的。

其實董啟章出道甚早。1994年他27歲，以中篇小說《安卓珍妮：一個不存在的物種的進化史》獲臺灣「聯合文學小說新人獎」，從此步入文壇。這篇作品的複雜樣貌是今日內地拒絕長大的「八〇後」作家想像不到的。小說是雙聲部結構：一個絕望於家庭生活的女人在香港深山裡的行動與獨白為一聲部，該女子寫作的關於「斑尾毛蜥」的隱喻性學術片斷為另一聲部。它感同身受、技巧純屬地探討了女性的絕望，評委在揭榜之前還以為作者是個女生。董啟章超越自我的「複調」才能由此初顯。

不過這種罕見的能力在他近年的鴻篇巨製「自然史三部曲」中（第三部《物種源始》尚未完成），方得以酣暢施展。第一部《天工開物・栩栩如真》（臺灣：麥田出版，2005年）也是雙聲部小說，第一聲部為敘述者虛構的女孩「栩栩」的「人物世界」，這是「當下香港」一個偏僻的精神橫切面；第二聲部為敘述者不斷寫給「栩栩」的信，此信以收音機、電報／電話、車床、電視機等日常生活中「物的更迭史」為線索，講述董姓家族從祖父至「我」輩的精神情感歷程，這是「歷史香港」的精神縱切面。此書絕非「再現性史詩」的寫法，作家的雄心也不在為「香港」立傳，而是以香港場景為觸媒，直接切入人物的內在生活，作「可能世界」、自由時空的無限探索。

第二部《時間繁史・啞瓷之光（上，下）》（臺灣：麥田出版，2007年）的此種探索更變本加厲，發展成「三聲部小說」，每聲部標題用不同語種文字標識——在中英文天文學術語作章節標題的「第一聲部」裡，筆名「獨裁者」的作家在採訪者維真尼亞、看護兼畫家卉茵的促發下，追認與妻子啞瓷的情感歷史和新生可能，這是一個當下的時空；在希臘字母作章節標題的第二聲部中，藥品店售貨員恩恩在作家「獨裁者」不斷的書信「騷擾」之下，漸漸步入了「嬰兒宇宙」，這是業已過去的時空；在表示時間的拉丁單詞作章節標題的第三聲部，永遠十七歲的少女維真尼亞獨守荒涼的圖書館，每天清晨為胸口裡的機械心臟上彈簧，等待名字叫「花」的少年穿越五十年的時空來訪——她是第一聲部的「維真尼亞」死去的同名姐姐，「花」是「獨裁者」和啞瓷死去的兒子，這是發生在未來的亡靈的時空。三個聲部、三種時空平行而又交叉，人物用廣東話袒露自己的精神世界，雖有點語言障礙，卻別有一番滋味……

董啟章的小說，旨在編織「無限可能性的世界」。在這世界的中央，站著一個滔滔不絕的人，他的自我被無限「分身」，去扮演無數「他者」的心靈，即便如此，他仍幻想通過自我的崩解，而走向無我的「大情感」。恐怕很少有人能明白他為何如此。於是，他成了他所命名的「嬰兒宇宙」的秘語者——那是一個任何事物都成「初識之物」的所在，那是詩與驚奇的誕生地。若要聽清這秘語者的聲音，我們需得和他一樣，逃離自我中心的習慣，以及對現實唯一性的信仰。

2008年4月

「熱」的文學
——讀《2003：文學中國》

每至歲初，出版業必會烹出一道文學大餐等讀者來吃——即選家不同、品類不同、出版者也不同的各式「文學年選」。一位朋友說，文學選本也是文學批評的一種方式，編選者以所選作品表達其文學價值觀。此言甚妙。現在更妙的是：選本一出，各自的文學價值觀就都要經受市場的檢驗了，而市場的銷售數字，用句老話——又直接地反映著「人心向背」，這對於書齋裡的選家們來說，著實是一場有趣的遊戲。對此遊戲，心明眼亮者不可完全當真，也不可完全不當真。如果完全當真，其前提必須是所有受眾都具有高超的文化水準和健全的文化心智，他們每個人的判斷力都完全值得信賴；如果完全不當真，其前提則必須是所有受眾都只有極低的文化水準和殘缺的文化心智，他們每個人的判斷力都完全不可信賴。由於這兩個前提都無法成立，那麼這兩個假設便也無法成立，那麼明智的做法可能就是：「權當市場是一個參照吧。」由於每個選家都是一個批評家，他們都有著自己完整穩定的價值體系，因此市場的反饋對他們來說，多半也只是一種印證而已，其影響力決不會大到改變他們下一個選本的面貌——尤其對那些價值立場堅定的選家而言。

看起來花城出版社的《2003：文學中國》的選家就是如此。若是翻開此書，你會吃驚不小，反正我是如此——既吃驚它體例的特別，又吃驚它的作者陣容的偏僻。此書是個綜合選本，涵括中篇小說、短篇小說、散文、詩歌、隨筆各種體裁。每篇作品之首，都有個「入選理由」，作品的道德立場和詩性靈光是選家分外強調的部分；書的最後，則是有關中國文學期刊概觀、國內小說的出版狀況、2003年中國作家的日常生活與寫作行為、國外文化大事記諸種附錄，閱讀此書者可憑此對2003年的中國文學界有個大致的概念。主編者說：「不薄名人愛無名」，此言非虛。「名人」的比例很小，邵燕祥、高爾泰、王得后、劉慶邦、尤鳳偉、筱敏、王小妮、格非諸家，若非其作品彰顯了某種沉默而有力的維度，恐怕也斷然不能入選；而那些在大眾傳媒上經常出現卻不屬於「純文學界」的學者、專欄作家如秦暉、張鳴、王怡、連岳諸人，則因理性的清明和視角的獨到，進入了這個「文學選本」；但更給我們獨異之感的則是這樣一些陌生的名字：夏榆、王寅、周倫佑、李鐵、朝陽、楊永康、江飛、佩爾、孫世祥、雨田、王夫剛……他們或小說或散文或詩歌，無不是來自大地深處的歌唱，雖然烙著生活的鞭痕和刀鋒上的疼痛，卻飽含著灼人的熱與愛。若要評價這一選本的價值，則其對「文學新人」不遺餘力地評論和引介，以期引起讀者、文壇和出版家的關注，是它最令人起敬的一大貢獻。因為畢竟，現在出版業的跟風癖與名人癖是如此勢不可擋，以致它竟快要取消了文化的尊嚴。

一般來說，讀者對文學選本會有不同的期待：有的人希望一個選本如同一個人，且是個與自己脾性相投的人；有的人希望一個選本是一群人，且是一群個性不同、但都很有趣的人……我有過編文學選本的經驗，知道這兩個期望都很難達到，但一本書究竟是「一個人」還是「一群人」，幾乎完全取決於編選者的審美取向和文化目標——如果他（她）是一個超然的鑑賞家，可能會編出「一群人」；如果他是一個積極的行動家，則可能會編出「一個人」，因為他要通過這個「人」，說他自己要說的話。

《2003：文學中國》是一本如同「一個人」的書，此人言語冰冷，內心灼熱，胸懷大愛，憂憤深廣。顯然編選者的審美傾向於「大靈魂」——那種以強大的勇氣和非凡的敏感質疑不公秩序的品性；其文化目標則是喚起人們對不幸現實和人性之光的自覺意識，標舉文學的道義力量。這樣一本書不會令純然的文學愛好者滿意，因為文學的妙處在於參差多態，而此書則只有「一態」——那是一副在深沉的夜色中瞪著一雙不肯入睡的眼睛凝視沼澤和深淵的神態，一邊凝視，還一邊嚷嚷「小心！」，沒完沒了的。可我不能不說，它是一種「熱」的文學，雖然裡面似有冷嘲；它也是一種「愛」的文學，雖然那重擊的姿勢似乎頗含恨意。如果你懂得熱與冷、愛與恨、善與惡之類的辯證法，那麼你恐怕不會對我的所說存有異議。

2004年1月

琴師李宗陶

《思慮中國》只是李宗陶的一部分作品。我喜歡稱她的文字為「作品」而非「訪談」和「報導」，是因為它們顯示出她對語言和性靈近乎嚴厲的愛惜。此特質讓她在親臨、記述這個時代最核心、最動盪的現場時，更像個酷忍、敏感而鎮定的土地測量員；而當她與形形色色的智力精英問答往還時，則又似一位深諳琴性、從容不迫的琴師。

誠然，精英是「琴」。但麻煩在於他們有的是鋼琴，有的是提琴，有的是胡琴，有的是電貝司……你怎麼可能每樣琴都玩得呢？李宗陶的神秘在於，她就是每樣琴都「玩」得，她就是能讓每部琴都奏出酣暢的樂音。《思慮中國》即是她「琴師」生涯的演出現場。因為是「音樂」，所以讀來並不似書名那麼累人。她不願你看到思維的辛苦相。她對思想文學藝術的胃口奇好。她對不同的智識領域均以「明心見性」的方法待之。她寧願把讀者想像成語言的享樂主義者，純正文化趣味的持有人，刁鑽挑剔的美學夥伴，如此她才能欣慰於自己苛刻的打磨——所謂「為人性僻耽佳句，語不驚人死不休」者，說的就是李宗陶之流。此種人古今皆有，在古代也許能熬成個李清照，到而今，她就只能當記者了。

我們知道，國內幾家野心遠大的媒體雜誌或多或少都以《紐約客》為範本，注重新聞的文學化和個性化，這就頗給了文字癖深重的李宗陶們過癮的機會。於是我們得以看到文體獨特的「宗陶式」訪談錄——上半部敘事，下半部對話；敘事部分極盡揮灑她的才情和觀察力，將受訪者的人生心路與神采個性和盤托出；對話部分則全憑她的案頭功夫和頭腦識見，以精警的提問手指，撥弄受訪者的心弦。

我時常驚訝於她的涉獵之廣，思考之透，提問之切中要害、舉重若輕。比如，她問學者余英時：您著作中頻繁出現的「同情的瞭解」一詞究竟何意？史學家治史應持何種態度？真是問到了穴位上，余先生的回答亦能澄清不少字面的誤解。有時，她也在問題裡坦率地眨著批評的眼睛——她問加拿大漢學家卜正民：「我讀了《縱樂的困惑》，它最後落在批駁『西方中心論』，而沒有分析這個國家內部經濟巨大發展和生活失去平衡之間的矛盾成因，您對此有感覺嗎？」她謔問姜文：「您說您的片子是純Vodka，不摻別的。您確信沒從您喜歡的馬丁・斯科塞斯、庫布里克、費里尼那兒拿東西，全是您自己的主意？」可以想見，受訪者聽到此問，在心裡「咯噔」一下的同時，又會感到多麼提神。

宗陶是個敏於行動的奇女子，閱歷之複雜令人咋舌。在成為書齋型記者之前，她一直深入觸探當代社會的極端之地——報導伊拉克戰爭，採訪中國的愛滋病感染者群體，記錄汶川大地震……這些我所望塵莫及的歷險，在她都已風輕雲淡。惟有沉澱下來的現實關切與懷疑精神流淌於血液裡，變形為她對知識精英們召喚性的提問。關於李思怡之死，關於學術腐敗，關於抵制遺忘與道德重建，關於當代藝術與中國國情……這些沉甸甸的現實之問，出沒於風雅高蹈的文化輕音樂之間，形成了她所特有的靜氣與火氣、風情與風骨的平衡。人們常說媒體浮躁，好在還有《思慮中國》這樣的書，顯現出作家型媒體人精耕細作的另一面。

2009年6月

風流雲未散
——關於《美女作家》和「美女作家」

「美女作家」是去年備受爭議的文壇大事，《美女作家》是今年的——即便不是「文壇大事」吧，也算得上是文壇不大不小的事。原因固然很多，除了這「七〇年代出生」的「美女作家」題材扎眼，還因為它的作者程青是一位「六〇年代出生」的「實力派女作家」。女作家寫女作家，「實力派」寫「偶像派」，年長的寫年輕的，還捎帶著讓人浮想聯翩到編輯界和評論界，《美女作家》在人們心裡惹的事不會少。

是誰造就了衛慧、棉棉和「愛琳」？

現在人們好像最關心《美女作家》是在「影射」誰，或者換個文學的說法：最關心小說的「原型」是誰。人們心裡已經有了固定的人選。因為這種預期，讀這本小說顯得很刺激。但最終是失望，因為這個愛琳實在只是個小說人物，終屬子虛烏有。那作家為什麼還要寫它呢？要說是為了「立此存照」吧，又「照」得不那麼「像」。

據程青自己說，其初衷是「只想把自己耳聞目睹的自以為在我們這個時代中算得上鮮活有趣的文學景象以文字的方式錄下來，畢竟也是熱鬧一時、喧嚷一時的啊，而且不可重複，不想看到它那麼快就從公眾的視野裡煙消雲散。」小說看到最後，我算是明白了：《美女作家》要記錄的「文學景象」不是那些真實存在過的「美女作家」，而是何以產生「美女作家」——是九〇年代後期中國的社會氛圍、文壇風尚及時代慾望使「美女作家」應運而生（當然，它們必須和「美女作家」自身對文字的興趣、對世界的慾望相交感才行）。那造就了「美女作家」衛慧、棉棉、周潔茹的，也一樣的可以造就「美女作家」愛琳或別的什麼「琳」。也許這才是更本質的東西。把塑造「美女作家」的那只「看不見的手」寫出來，比把實有其人的「美女作家」臨摹出來，更像是文學該幹的事情。

但是我懷疑程青的本心在多大程度上有這個意思，即便是有，可能也不像我說的那麼「深沉」。也許因為深沉裡面多少總帶點乏味吧。這使該小說比我的說法好玩，但不如我的說法歹毒。

今日回首「美女作家」

> 我對自己充滿了厭煩，對那些形而上的幽靈敬畏有加。我一心想成為一個與眾不同的作家，雖然這個行當在當今並不吃香，像一個破音樂盒裡的舞娘犯了病，永遠跳著一種過了時的舞。這些，都是落了伍的東西。
>
> 如果說對物質享受的過分追求有時讓人倍覺彷徨，那麼生活

中簡簡單單的快樂卻又是無處不在的，這種輕鬆就是實在、自足、可取的。即使有一天它不幸膨脹成昆德拉式的不能承受之輕，那也比暮氣沉沉、教條的沉重的東西要棒。

以上兩段話摘自衛慧的《像衛慧那樣瘋狂》，它發表在1998年的《鍾山》雜誌上。今天看起來，這些句子仍散發著放浪不羈的力量，但是它們說起的有些事情卻發生了戲劇性的變化：衛慧的確已成為一個「與眾不同的作家」，她的知名度和作品的身價恐怕少有作家堪與比肩，她的「如絢爛的煙花劈哩啪啦升起在城市上空」的夢隨著《上海寶貝》風波飛快成真。她已經不必像她筆下的女主人公那樣去「追求」「物質享受」了，因為名滿天下和海外巨額版稅已使那些「物質享受」悉成她的囊中之物。可以這麼說：因為衛慧，以及衛慧之後的一批「美女作家」、時尚青年作家的參與，「寫作」這門行將沒落的行當才又成為時髦年輕人矚目的焦點、追逐的時尚和成功的捷徑。接納她們，是「純文學界」在物質時代尋求市場自救和「眼球自救」的權宜之計，於是，「美女」和「文學」各以自身的象徵資本入股對方的文化身份，「嚴肅文學」和「通俗文學」的界限自此更加混淆不清。和中國的鄉野大地向城市的鋼筋水泥呼喊著「快覆蓋我吧！」相應和，「美女作家」的呼叫也是中國大陸社會意識「城市化」的產物。衛慧高聲宣佈的對物質的迷戀和對教條的拋棄，其實正是這個時代之聲裡最真實的一種。她表達出來，以一個貪婪而焦慮的「生活中人」的身份，而不是以一個「人類生活觀照者」的身份。這是「美女作家」和嚴肅作家的不同之處。

正如《美女作家》所揭示的：「美女作家」的出籠，卻往往是一個以「後現代」行為方式命中前現代「男權中心」的艱苦過程，是欣快與酸楚相交織的過程。這是二十世紀九〇年代末中國文壇特有的風景。那時我們的市場經濟蓬蓬勃勃，而我們的文學市場卻萬木蕭疏，直到「美女作家」們曲曲折折、光豔照人地來臨。曾有一度「美女作家」鼎盛至極，她們的風格和題材竟成文壇通行的價值標準，越出了作為多元中之「一元」的正常處境，成為「話語霸權」的一種。但與其說這種「霸權」是她們自己建立的，不如說是為時尚趣味所左右的各種權力因素共同推波助瀾的結果。在這一現象突然風流雲散之際，《美女作家》記錄了這一切，你不能不驚訝於程青的敏感。

2001年11月

輯六　文學自由談

卑從的藝術與自由的藝術

我一直覺得佛吉尼亞・伍爾芙對閱讀的建議挺有道理：「當我們閱讀時，如果我們能摒棄所有預置的想法，那就算得上很好的開端了。不要對你的作者專橫跋扈，而應當嘗試著去適應他，成為他的創作夥伴和助手。如果你閱讀伊始就畏縮不前，持保留和批評態度，那你實質上就是在阻止你從閱讀中獲取最有價值的東西。但如果你能敞開心扉，那你一開始就會從跌宕起伏的語句中體味其幾乎難以察覺的精妙之處，並將你帶到一個卓爾不群的人的面前。」

我想像這位善良溫文的女作家以此態度走進了我們的當代文學。我看見她在大量的作品前停了下來，眉頭微蹙，羞紅了臉龐，喃喃自語：錯了，哪裡是卓爾不群……

儘管如此，對於我們的當下文學，我還是樂意忠實履行伍爾芙女士的遺囑。因它確能保障我不辜負真正的傑作，對失敗的作品，亦能大致明瞭其故障所在。而那些入場之前即已在理論上全副武裝嚴陣以待的人，恐怕福分不會有如此之多。

閱讀之後，「批評」方始。「文學批評」是什麼呢？我以為它不折不扣乃是藝術之一種。自由的而非卑從的藝術。自由的藝術何意？卑從的藝術又何意？凡是為知識之認知目的而提出的藝術，皆可稱為自由的藝術；如是經由行動為功利目的而提出的藝術，則稱為卑從的藝術。你知道我是在重複亞里斯多德的教誨。抱歉，我在如此短文內驚動了兩位偉人。可有什麼辦法呢？他們恰恰說出了我最想說的話。

由於自己那點燒灼難忍的癡心熱腸，我曾經賦予文學批評以一種「偉大的功利目的」，或者說，我確曾把它視作一種「卑從的藝術」——一件伸張正義、干預社會的言論武器，儘管它過於秀氣，不太趁手。好在我不是個勤奮的人，還沒來得及在這條路上扔下太多的土制炸彈，就被片面道德主義和政治功利主義的浮囂僵化倒掉了胃口。封閉獨語的文學在「現實關懷」的批評聲中走向了「現實關懷」，然而又怎樣呢？文學依舊無「文」。人心依舊如鐵。文學所能給予人類的情感教育，不可以政治和道德的功利主義置換分毫。在極端的失望中，我拾回早先對「自由的藝術」的尊敬。

文學批評作為一種「自由的藝術」，意味著它把文學以及與文學相關的世間萬物都當作認知的對象，並從中發現有關創造力或反創造力的精神結構。文學批評家面對的不只是那幾個作家，那幾位同行，那些前設與後設的知識規範，那些學院評估標準，那些市場買賣行情。不。他／她面對的應當是無邊的世界，漂泊的生命，沉思的靈魂，尋尋覓覓的心。他／她與批評對象之間，交流的是對「世界」的精神態度與智慧方式，他／她試圖激發對方尚未覺醒的意識，他／她也努力從對方那裡獲得更遼闊的感知。這樣，文學批評就成為了批評家和作家之間角逐與砥礪創造力的場所，由此結成的精神果實，消融於增進人類精神成熟的旅途中。

正是通過這種持續不斷的超功利認知，文學批評探索著藝術的諦旨，亦尋求著建基於「成熟個人」之上的溫暖、微妙而充滿智慧的價值觀。「置身於這大片成堆的毀滅和分崩離析中，我們必須為生活和成長說話。」（原諒我，D・H・勞倫斯先生，您是這篇短文所打擾的第三個偉大的人。）對我而言，這才是作為「自由之藝術」的文學批評，最根本和最恒久的道德。

2006年7月27日

長篇小說的關切與自由

如今，也許不該再指控「文學脫離現實」了。當下文學已將現實的石頭狠狠砸在了自己的胸口。翻閱近年國內的長篇小說，我能感到現實之砸痕深深淺淺，真真假假，時常令人窒息。一方面，某種現實自覺與道德焦慮開始回歸，「文學不應自我邊緣化」、「作家應表現出明確的價值立場」的呼聲鵲起；另一方面，也有人呼籲作家應停止對「現實」與「歷史」的矯枉過正的追逐，回歸個人獨語才是文學正道。是否文學只能搖擺於公共化的「現實」與個人化的「獨語」之間？文學的意義是否只在於給公共領域的認知結論提供一個個感性的注腳——比如「三農」問題、腐敗問題、司法問題、環保問題、全球化問題之類，並以此表明作家是正義的好人、社會的良心？或者文學的價值只在於給一個個孤獨的個體提供「個性秀」的舞臺？我以為這問題的提出，暗示了一種非此即彼的思維習慣。把文學看作改造社會現實、表達價值觀念的手段，是一種並無新意的「文學工具論」，帶有一廂情願的色彩。它有存在的權利，但是並無「統一作家思想」的權力。甚至，我以為它也不應成為一種主流的文學觀，正如「私人化寫作」同樣不能成為主流文學觀一樣。文學與政治相關，但絕不是政治。文學與道德相關，但也絕不是道德。政治的價值尺度是利益，道德的價值尺度是實踐，而文學的價值尺度，則是藝術的創造力如何。也許這種創造力來自作家對政治、道德或其他領域的獨特洞察，但它必定是一種將洞察力化為「有意味的形式」的藝術能力，而非某種簡陋的直抒胸臆。一部文學作品如果沒有創造力，則任何道德的高調或行為的標新立異都屬白廢。因此，我不認為把作家的道德姿態放在首位是文學的福音。同樣，我也不認為回歸「私人化寫作」有助於文學的繁榮。由於我們現在討論的是長篇小說，那麼下面我就把焦點集中在它的上面。

從我有限的閱讀來看，不少作家在他們的長篇小說中已體現出直面複雜悖謬之歷史現實的真誠與勇氣：莫言在《檀香刑》中以可怖的刑罰意象，透視了極權、恐懼、馴服與蒙昧的四邊關係，在《四十一炮》中，則以一個精神孩童荒誕不經的講述，勾勒了沒有靈魂、困於物欲的當代國人動物化與殘酷化的精神過程；賈平凹的《秦腔》工筆重彩，以他的故鄉為摹本，寫就了一部中國鄉村之傳統崩潰與精神離散的寓言；林白在《萬物花開》和《婦女閒聊錄》中，出人意料地將眼光放在她極少涉足的苦難鄉村和無助農人身上，那主人公渾然無覺的狂歌歡吟和悲慘破敗的真實生存之間令人心碎的張力，被她揮灑於無形；閻連科的《受活》以異想天開的地點、人群和故事，揭開了「新時期神話」下遼闊的鄉村被掠奪和被摧殘的不公本相，以及權力對人的誘惑、規馴與異化；格非的《人面桃花》以另類的視角，觀照了「暴力革命」及其思維邏輯對世道人心的割裂與損毀；李洱的《石榴樹上結櫻桃》，試圖於紙上建立一個在日常生活中學習民主的「新人」的國；艾偉的《愛人同志》以平淡而正統的敘事，揭示了無形的國家權力是如何入侵和佔有普通個體最隱秘的私人生活的……焦灼的現實關切彌散在這些長篇小說中，龐大的主題直接產生於作家與當下現實的正面遭逢。其中的一些作品，表現了權力者給卑微者帶來的不容喘息的羞辱。它已成為一些作家既形而下又形而上的存在難題，它是他們哽在咽喉的刺，是既無法下嚥又無法吐出的痛苦，是沉默者得以發聲後的復仇。復仇的方式，就是在虛構中不厭其煩地羞辱自己的替身——那些卑微的主人公。因此這復仇是自虐性的。我在莫言和閻連科的作品中無數次目睹這樣的復仇，從中我能感到這兩位鄉村之子如此兇猛的力量來源。可以說，「權力的羞辱」作為理解傳統中國的鑰匙，已經牢牢握在這些中生代作家的手中。

然而問題也隨之出現——當然，是就我膚淺的認知而言。對「極權」與「權力」——這種支配世界、人們及其生活與行為的異己力量，作家們傾注了極富道德價值的控訴與批判，然而令人遺憾的是，這種批判本質上總是帶著絕望的哭腔和宿命的失敗感。也許，這是難以避免的。這是一種微小個體必然被龐然大物化為齏粉的恐懼。權力在這裡是「恐怖巨獸」，而非「滑稽怪物」。「恐怖巨獸」意象流露出創作者揮之不去的內心陰影。這是作家們從生存的體驗中積累下來的潛意識。一種真切的「中國經驗」。它們得自作家的血肉皮膚。它們顯現出作為一種「集體無意識」的精神無力感。對文學來說，這是一種極富價值的觀照與呈現對象。但是，要達到有力而有趣地呈現，既需要與觀照對象休戚與共，又需要毫不動情地從那對象的絕望困局及其運轉邏輯中跳出，從那種困擾著我們整個民族的精神無力感中跳出，以超越「恐怖巨獸」及其運行邏輯的異質精神，作為起飛的地面，創造出別樣的世界，發出天外的聲音。正因如此，一部偉大的作品除了是真實困境的呈現，往往還會啟示某種嶄新的精神可能。這是我們的文學所亟需的新意。但遺憾的是，當下的作家們還未長出與這只「恐怖巨獸」完全異質的精神力量，而是相反，精神無力感與虛無感使他們的作品呈現出精神和語調的單極性，形成了某種「宿命之障」。作家們更多以「萬念俱灰的老人」心態完成自己的揭示，而不是以「天馬行空的頑童」精神實現對恐怖巨獸的顛覆；習慣於哭著控訴，而不是笑著反諷；沉浸於單聲道的思維，對複調的智慧缺少意識。而當下悖謬的現實又是多麼需要複調的智慧啊！不同的世界、不同的價值觀、不同的生命狀態與體驗同時並存、彼此頡頏，各說各的理——那個能呈現和探索如此種種混亂的作家在創作之時，必須是一個精神自由、解脫於世俗恐懼的創造者。這個創造者，應集嚴肅與遊戲、哀憫與幽默、聖徒與流氓、成人與頑童於一身，任何的單面性，都會導致其作品的乏味與乏力。

當然，文學不是一種直接探討意義的創造活動，相反，在作家明瞭意義之後、進行創作之時，最要緊的是讓意義的怪誕部分融進自己的血液之中，然後忘掉和逃離意義的因過於公共和端正而不能融化的部分；在將意義「去重力化」的過程中，讓生命呈現自身的沉痛與幽默，而非生造形象，使其成為意義的牽線木偶。然而精神的單面性會不自覺地鼓勵作家創造一個個意義裸露的形象世界，於是便會出現意象空疏、意思重複、意圖明顯的問題，不等看完全書，就能猜到作者要幹什麼。一個「必然」的世界是不夠撩人的。即便一些公認的佳作，也很遺憾地不能倖免於此。

因此可以說，長篇小說由於它的體積特徵，對作家所選擇的題材、作家觀照世界的眼光、想像力和敘事方法，以及作家自身的精神力量等等，都有獨特的要求。它是一種對枝蔓和駁雜歡欣鼓舞的文體，也是一種對失重和悖謬敞開懷抱的文體；是一種對遊戲的狡智和繁複的想像力貪得無厭的文體，也是一種對精神的層次和心靈的質地明辨秋毫的文體。一部長篇小說就是一場文學的馬拉松，它不僅考驗作家的耐力和體質，更考驗他／她創造一個人所未見的奇異世界的能力。這需要作家兼具頑童的遊戲智慧和成人的毒辣洞察力。一部作品如果只複製了一個我們耳熟能詳的意義世界，或者說一個按照日常邏輯運轉無二的現實世界，那麼它的藝術價值就大可存疑——無論它是「現實關懷」的，還是「個人獨語」的；一部作品如果創造了一個我們不曾見過、但其自身卻生機勃勃的世界，那麼它的創造性則大可期待——無論它是「現實關懷」的，還是「個人獨語」的。這裡所謂的「不曾見」，即是指擺脫了公共意義的重力和慣性、讓生命呈現自身時的那個自由和想像的世界。在作家的獨特眼光的魔力下，一切舊有的、習慣化的事物，都變成了陌生的東西，進入了別樣的軌道，他／她的文本因此變成了一種由心智所重構的現實。在此我要對林白的《萬物花開》表示特別的敬意。此書以詩人之筆，開啟了一個人所未見的鄉村世界。作品有大悲憫，然而作者好像羞於知道自己有此情懷，她的道德判斷始終延期，價值立場永遠缺席，敘述人退到了無善無惡但萬物有靈、無真無偽但皆大歡喜的混蒙狀態中，他對自己的苦難境遇渾然不察，他對萬物花開充滿歡欣，他的幸福感越充溢，笑容越燦爛，則其無可拯救的生命之痛對我們的撞擊越強烈。

當然，寫作也可能會出現這樣的情況：一部長篇小說，它呈現了一個意象奇異的世界，但是通觀全書，卻發現在精神內質上，它仍又回到了現成的人性積習或社會結論中去，一切的陌生化，都只是單純的手段而已，並無精神的新。這無疑是令人遺憾的。因為對這樣的作家來說，其天賦的才華極其豐贍，但是超越性的精神準備不足。純真無懼的精神頑童和滄桑多情的成年人尚未同時生長在他／她的體內，世俗虛無主義的態度和準則主宰著他／她思考和表達的無意識，這阻礙了他／她像一個真正的宇航員一樣衝向現實的外太空，實現自由的精神太空行走。為世俗虛無主義所主宰的作家，因為相信惡與無意義將最終勝利，而使自身對黑暗的揭示也同樣歸於黑暗。這真是十足可惜。

的確，文學產生於心靈與現實的無法和解，因此不滿的精神是文學的靈魂。但是我卻願意相信，在文學的不滿精神之上，居住著一個我們永遠無法對之完整認知的絕對存在。祂是一個永不熄滅的光源，祂是無拘無束的創造的孩童。當祂向人世播撒悲憫與愛意時，也播撒歡笑與自由；當祂啟示我們對現實世界的否定之心時，也是為了讓我們無限接近那最高之美。

2005年10月3日改定於北京稻香園

「文學與底層」？

先說三個和「底層」無關的花絮。

1813年，德國正在遭受戰爭，歌德寫道：「我在運思的過程中，必須把自己的心思集中在極特殊的一點之上……在全世界都受到威脅的時候，我把心思集中於與實際政局全不相干的一件事情……我全心全意地研究中國事物……我寫《Essex》、《結尾》的那一天正是萊比錫戰事發生的同時。」

1933年10月7日，林徽音在《大公報．文藝副刊》發表《閒談關於古代建築的一點消息》，寫道：「在這整個民族和他的文化，均在掙扎著他們重危的運命的時候，憑你有多少關於古代藝術的消息，你只感到說不出的難受！……不幸我們的國家多故，天天都是迫切的危難臨頭，驟聽到藝術方面的消息似乎有點不識時宜，但是，相信我……這也是我們當然會關心的一點事，如果我們這民族還沒有墮落到不認得祖傳寶貝的田地。這消息簡單的說來，就是新近有幾個死心眼的建築師，放棄了他們蓋洋房的好機會，捲了鋪蓋到各處測繪幾百年前他們同行中的先進，用他們當時的一切聰明技藝，所蓋驚人的偉大建築物，在我投稿時候正在山西應縣遼代的八角五層木塔前邊。」

2005年11月，我到香港浸會大學採訪伊斯蘭世界的作家，印尼詩人、作家西多克・司雷格奇給我印象深刻。他是該國著名的尤坦・卡宇社區中心的發起人，該中心最初致力於提升印尼人的政治意識，他曾因此多次被警方抓捕。但是這樣一位作家，卻這樣對我們談起他的文學觀：「我把作家身份和公民行動徹底分開。作為公民，我可以去街頭抗議，但是作為作家，我不會讓詩歌作為表達政治觀點的工具，我不想讓寫作成為寫作之外任何事物的工具。」當我問他，他認為什麼樣的詩歌是好的？「那些修辭手法富於創造性的、詩背後蘊藏著深邃哲學的、能觸及神秘存在的作品。」他說。

請原諒我說了半天看起來與「底層」主題毫不相干的話。這只是因為，「文學與底層」這個龐大的論題，讓我想起文學藝術與世間所有龐大事物之間複雜微妙的關係，以上三人在處理這種關係時，都選擇了在龐然大物面前保持精神的豐富性、獨立性與異質性，唯其如此，當那龐然之物成為歷史時，那些誕生於同一時空的文學藝術，才能依舊參與人類精神智慧的綿延建構。當我們探討「文學與底層」的關係時，這一異質性的視角不妨作為我們思考的參照。

中國當代文學總是以「風潮」的形式演進自己的歷史，作家們極少能置身局外。若真的選擇局外的獨立表達，則可能必須忍受寥落的命運，或戴上「文壇外高手」的冠冕。當「傷痕文學」、「反思文學」、「改革文學」一波波湧動時，幾乎所有作家都是現實關切者；當與社會「絕緣」的先鋒文學成為主潮時，置身現實之外又成為作家們的主流姿態；現在，我們的文學似乎醒悟到精神的封閉乃是窮途末路，於是又殺了個回馬槍，重返對現實的關切，「底層寫作」就是其中的一個潮流。這樣連續不停的一窩蜂，使我分外感到一個真正的文學人與文學主潮和社會主潮保持獨立與疏離的重要性。這樣，當我們把「文學」與「底層」聯繫起來時，就需要審慎思考：為什麼會出現「文學與底層」這樣的討論？這樣的聯合詞組？如果一定要討論，那麼該如何建立此二者之間的關係？讓文學返回到「新時期」初期的「社會屬性」？作家成為「底層代言人」？或「作為底層階級的一分子」說話？或無視底層苦難的真實存在，繼續「不及物純文學」的精神封閉之旅？

恐怕這些都不是理想的選項。「社會屬性」如果能取代文學的藝術屬性，那麼文學自身的存在理由又在哪裡呢？如果單單要描繪底層的苦難，那麼新聞報導就可以了；如果要為底層爭取公平與正義，那麼參與政治鬥爭就是了；如果要研究社會主義中國何以會有底層存在、他們如何存在、又將如何演化，那麼從事社會科學研究不就成了嗎？如果把以上的功用訴求完全加諸文學，那麼除了讓文學越來越遠離「文學性」，還能有什麼更好的結果嗎？

其實世界文學已積累了豐富的「底層敘事」傳統：狄更斯和馬克・吐溫的溫暖智性的幽默諷刺，契訶夫真摯狡黠的「含淚的微笑」，雨果悲憫博愛的良心審判，陀斯妥也夫斯基上帝與魔鬼糾纏搏鬥的「複調敘事」，卡繆冷硬熾熱的哲學追問，馬爾克斯混沌奇詭的「魔幻現實」，卡爾維諾不無刻毒的流浪漢體小說……無不是將自己的形上生活融入敘事對象，「真實」的精神思考與「遊戲」的敘事謊言雙管齊下。

而我們當下的「底層敘事」從整體上看，卻呈現出相反的藝術徵象：精神思考缺少真實性，而敘事方式則缺少遊戲與智慧。我們似乎越來越看重中國現代文學史上的左翼文學傳統。但據我的觀感，如果要追尋文學價值，它們並不是最優的範本。它們可以提供社會思想史的研究對象，但它們無法提供用之不竭的藝術源泉。

中國當下文學遠未深入開掘「文學」本身的精神潛能。對她的豐富與單純，真誠與玩笑，輕逸與沉重，束縛與自由，作家們遠未貢獻出自己獨特的理解與創造。真正的文學建立在對個體靈魂的微妙而浩大的探尋之上，而非建立在對某種外部群體、外部題材的不斷消耗中。如果我們在這一點上享有共識，那麼對於「底層寫作」與「底層敘述」，也應作如是觀。我們就應把「底層寫作」從「底層」這一巨大的社會階層概念中解放出來，從前設性的道德姿態和苦難嗜好中解放出來，從已有的現實主義左翼文學傳統的美學定勢與思想定勢中解放出來，而把它歸還給文學的自由、智慧與個人性。「底層」在文學寫作的領域，是一個題材，是眾多現實的一種，它既不應成為一個棄兒，也不應變成一種宗教——對於這個詞，我們的文學先前視而不見，現在又滿臉肅然，淚水盈眶，這都是令人匪夷所思的。「在當下文學的上空，徘徊著不會笑的新階級論的幽靈。」我曾在一篇文章裡這樣說，現在，還沒有足夠的文學事實改變我的這一看法。如果情況總是如此，借用作家李浩一句精闢的描述：「大家集體講述倒楣蛋的故事，一場聲勢浩大的『比慘』運動正在展開」，那麼如此的「底層寫作」還不如儘早結束。當我們的國家政策都在聲稱解決「三農問題」與「社會不公」的時候，那種訴苦和「比慘」式的「底層寫作」該到哪裡尋找自己的獨特價值呢？

因此，文學之於世界的價值，不是她能夠實現某種具體的社會目標，而是她能使人的靈魂更豐富、微妙和詩意，使人更能領會自由、智慧與愛的真諦。至於別的道德期許，我們只合在積極有力的行動中去加以實踐。

2006年4月

鄉土的苦難與笑的精神

「風水輪流轉」的俗話居然也能應驗在當下文學的題材領域。中國文學界在經歷了燈紅酒綠豔粉香塵的時尚追逐之後，在經歷了「新體驗」、「新狀態」、「新都市」、「身體寫作」之後，把工作的重心又放在了苦難深重的農村農業農民身上，頗和我們的政府與媒體同調。真有趣，總是一窩蜂——小平南巡、政府大力發展市場經濟時，文學界一窩蜂地在作品裡「比消費」、「比時尚」、「比沉淪」；自從吾國政府猛醒社會不公將危及穩定，遂把政策傾斜於「三農」時，文學界又一窩蜂地「比苦難」、「比崇高」、「比道德」起來。難道最個人化的文學，到了吾國也要變成政策晴雨錶、變成集團軍作戰之一種嗎？真是匪夷所思。

我這麼說，對那些一直專注於鄉土和底層題材的作家，以及真誠地「由內向外」關切他人的作家來說，有欠公平。但整體來看，一國文學潮流如果總是有意無意成為其國家行為的回聲，便實在有失體統，實在只能表明，這個國家的作家群體，尚普遍缺乏獨立思考和質疑的精神能力。現在一窩蜂的「鄉土文學」一窩蜂地雷同重複，便是一個我不願看到的明證。

有人認為當下的「新鄉土文學」——既然有了這個名詞，我就暫且用它，不在概念上作無益的糾纏——比如賈平凹的《秦腔》、莫言的《四十一炮》、林白的《萬物花開》、《婦女閒聊錄》、閻連科的《受活》、《丁莊夢》、畢飛宇的《玉米》、《平原》、王安憶的《上種紅菱下種藕》、劉慶邦的《平原上的歌謠》，李洱的《石榴樹上結櫻桃》……雖然各有其藝術追求，但是呈現的農村不夠「真實」，一味「苦難」，並且要問：究竟誰的農村更「真實」？除了苦難之外，作家們可否再寫點別的？

在我看來，如果你把一部作品當作「文學」來看的話，就不該要求它「真實」——那是對新聞報導的要求。如果「苦難」是當前鄉村最普遍的真相，你就不該期待作家把視線移開——那將導致真正的不「真實」。那麼，現在的「新鄉土文學」狀態就好嗎？

卻也不是。只是，在我看來，「新鄉土文學」的問題不在這裡。它的問題在於作家精神視野的狹窄與創造力的貧困，導致他們運用的「新手法」，無法抵達對「人」的「新認識」；作品裡堆積的「苦難」，也並不掀開「人心」的痛苦的汪洋；作品中顯示的「思想」，亦非源自對獨特個人和世界的「生命發現」，而是一些現成而俗套的社會意識。最重要的是，多數中國作家只擁有被世俗秩序徹底馴化的心靈，這樣的心靈，即便是意欲反抗這一秩序，也仍是運用著該秩序的邏輯——那種刻板而油滑、深沉而淺薄、不會笑和反對笑的東西。因此，我以為要想讓「新鄉土文學」出現新的面目，學會「笑」是第一要緊的。

這是一個用喜劇表達悲劇、用笑表達淚的時代。在哲學的意義上，「笑」是人類智慧對野蠻的勝利，是自由對枷鎖的勝利。有一種道德反對笑，認為只要世界上有一人受難，所有人都該戒掉笑聲，一同垂淚。此種道德走到最後，便是戕賊一切智慧與自由。「新鄉土文學」裡也潛藏著這樣的危險。何時我們的作家能夠以反諷的、怪誕的、酸澀的、不著邊際的笑容直面鄉土的苦難，並發現和承認苦難之外的詩意存在，那麼一種有創造力的「新鄉土文學」，才算真正地誕生。

2006年8月

人心的風球掛起來了

看王小妮的《很大風》，我的心理經過了如下歷程：1、懷疑作家的誠意——它寫得實在像一部電影腳本，一個場景一段，場景頻繁轉換。按照昆德拉的說法，小說應當寫得沒法改編成電影，那才是地道的小說；而它卻是怎麼像電影怎麼寫，完全不在意小說文體應有的獨立性。2、然而又被它的細部吸引住，敘事語言的質感所體現出來的精微的洞察力、它的詩思維的跳躍性，令人叫絕，是影像不能傳達的。3、從第三節兔子人開始，我被它攫住，因為一方面，小說的結構開始展開，秘密開始洩露；另一方面，人心的亂象開始逐步顯現它的整體，我遲鈍地意識到，這篇小說很大。4、讀到終了，我感到大歡喜和大悲慟——歡喜於看到了一篇直指人心的小說，悲慟於王小妮繪就的當今之世人心真相的荒涼破敗，真如一場巨大颱風，在短暫的平靜窒息之後，毀滅之神登陸，最終物毀人亡。小說裡說到「風球」——一種預告颱風的事物，我覺得，《很大風》就是一個關於世道人心的風球，它高高飄起，貌似平靜，而內心焦灼暗藏。

小說的人物關係是一個三角，三個角分別是：廣告設計師阿進；有閒階級、專職太太小蘭；在豪門酒店門口扮「兔子人」的農民工老劉和小張。阿進這個角因為空間的同一性，總是和一個從未露面、卻總被人想起和談論、已經「墮樓」而死的「黃先生」重疊在一起，小蘭、老劉和小張與阿進發生關聯，起初是因為這個「姓黃的人」。在這些人物關係之外，大家都受著一個巨大無常的力量的撥弄——一場颱風。這是個運動三角，第一推動力是：阿進想從一個東北大客戶那裡接到有生以來最大的一筆訂單，為了給自己的微型公司裝門面，租了一間大寫字間，只租兩天。由此展開阿進的世界，於是扯出兩條線：一條是他在和瘦子屋主去寫字間的路上，被老劉和小張攔住，一個問要不要雇工，另一個問他是不是姓黃，把阿進當成了那個墮樓者，這是老劉和小張第一次露面；一條是阿進來到寫字間後，接到小蘭電話，小蘭把他當作那個偶然結識的「黃先生」，問他要不要和她一起看颱風，小蘭從此也露面了。接著小說分別展開了小蘭和老劉小張的世界。三個世界齊頭並進，對於每兩方發生碰撞的時刻，都從每個當事人的視角重新敘述一遍，這是我們熟知的「羅生門」手法。文學不像音樂，可以在同一時間裡以不同旋律表現不同的主題，否則我們就會同時看見不同的空間裡阿進、小蘭、老劉小張的生活。現在，這段同一時間裡的不同生活，只能隨著文字的敘述次第展現。

三種生活可以說代表了三個社會層面：小蘭是中產太太，阿進是個一門心思要賺大錢的「個體工商業者」，老劉小張處在社會最底層。不夠有錢的阿進和極其沒錢的老劉小張都為同一件事緊張：錢，沒錢程度越高焦灼奔忙的程度越高——在大颱風天，小張還要穿上他的兔子袍，站在豪門酒店門口蹦蹦跳跳招攬生意，直至霓虹燈架被颱風吹倒砸死了他，那個從墮樓的黃先生身上揀來的手機還緊緊貼著他的身體，真真是「人為財死」。小蘭是中產階級專職太太，似已從沒錢的煩惱裡解脫出來，但是無所事事也心無所繫，所以她要做一件有情調的事：到海邊看颱風登陸。然而天氣路況使她有心無力，終是沒看成，還差點撞了小張，只好心驚肉跳地逃回了家。小蘭的形象很富有中國中產階級的特徵：具有有限的主體意識，只關心與自己有關的事，自命不凡但是脆弱無力。

小說用極簡風格敘述，全知視角，零度語氣，很殘酷——對誰也不愛，也不恨，也不同情，卻有點鄙夷：「老劉一點也不在意兔子人小張，罵他臭他也不在意。他把眼前的事情過濾得乾乾淨淨。世界上只有他和錢。老劉到這城市裡掙錢，錢寄回家鄉去。他關心那些懸賞佈告，尋人啟示，有時候還撿報紙看。眼前的所有人，全城上千萬的人，只要不是從口袋裡給老劉數錢，對於他就是沒有意義的。」鑒於這樣的句子很多，表明小說沒能「零度」到底，也表明鄙夷是失控的結果，源於一個抱有既定價值信念的旁觀者的情難自已。但它劃開小說的一個裂口，關懷和意義之流由此溢出，由此，作者洩露了她要勾勒怎樣的人心，怎樣的世界——一座即將因物慾橫流、金錢異化、道德淪喪、靈魂失所而走向毀滅的「所多瑪城」。她不用地動山搖的方式描繪她看到的世界，相反，她輕描淡寫地從微觀入手。於是悲涼之霧，遍被危城，然呼吸而領會之者，獨「黃先生」而已。

「黃先生」在小說裡沒有正面出現過，他只作為種種痕跡，出現在偶然相遇的人們的談論和回憶中，由此我們知道：他是個生意人，本想請小張做他的「活動廣告人」；他平常忙得看不見天空，但是喜歡看颱風登陸，他還約了偶然在音像店碰上的小蘭和他一起看颱風；然而小蘭約他時他已跳樓死了，誰也不知道為什麼；他凌空跳下時帶著一個頗為高級的手機，落地後被眼疾手快的小張揀走了；老劉踴躍地替員警把他的屍體背上車，以為能拿到點賞錢，卻分毫沒有；他曾租過的房子，現在又租給阿進裝門面了。小說寫黃先生墮樓一幕時，敘述語氣是平靜超然漫不經心的，然而其揭示靈魂的荒涼麻木，卻達到了殘酷冷峻、觸目驚心的效果：

「天很快熱了，那個人跳樓當時是下午，有人還在困倦中迷糊。一件看起來並不很大的東西直落下來，酒樓的師傅保安後來都回憶說，當時都聽見那人身上手機還唱歌，鈴聲帶和絃的。他們說，可惜了那手機，不知道唱歌聲是摔出來的，還是有人正好給這個跳樓的人打電話。他們都歎氣說：人落在地上，手機卻沒見到。小張撿手機的動作沒人注意，當時他們都在喊：試試那人喘氣不？」

沒有人對一個生命的毀滅表示發自靈魂的哀慟與關切，人們關心的是他身上唯一還有利用價值的東西——手機。這個細節，是對生存至上主義的激烈反諷，非心藏大愛又心狠手辣者不能寫出。

小說就這樣從容不迫地編織著：毫釐不爽的細節，暗藏包袱的情節，看似多餘無意實則百發百中的閒筆，看似鬆散斷續實則精緻嚴謹的結構……總之，看似一個作家懵懂才情的偶然產物，實是她的清醒判斷力與文學才華相伴而生的必然結果。由是，我們看到了一個世界的漂浮亂象：它無根，破碎，垃圾化，沒價值，沒來由也沒去處，它裡面的每個人都孤獨，疏離，緊張，殫精竭慮地想錢

（「誰不是賺錢搵食呢，先生？」），相互擠壓（「有時候看見騎摩托車搶包的。看見汽車搶道互相擦碰的。看一團人追著公交車門推搡拉扯。」），相互都是陌生人，相互的關係都偶然而不真實（「瘦子說：也許他姓黃，也許不姓，也許是用的假身份證，誰知道！現在有什麼是真的，我不是想故意瞞你，他又不是在我的屋出事。」）。這是個歷史與價值的生命之流被忽然斬斷的世界，它似乎年輕，似乎在重新開始，但其實已是一座即將傾圮荒蠻破敗的危城。它沒有聚合力，沒有方向感，沒有善惡是非，沒有靈魂撫慰，沒有愛，沒有敬畏與禁忌。對於生活其中的人，它是一個永遠冰冷陌生的他者，一個隨時暗含殺機的異鄉。每個掙扎其間的人，都是惶惶不可終日的異鄉人，無限的世界在他們心裡的投射，從未如此單一，貧乏：只是錢，只是物，只是活命。人，這萬物的靈長，已和一切沒有靈魂和情感的生物無異。單一貧乏得如同死亡。

因此可以說，《很大風》所表現的核心，是關於一個價值真空的世界裡，中國人的靈魂失怙、心無所皈導致的存在危機。那麼，究竟是什麼力量斬斷了歷史、價值和信仰之根？它們為什麼被斬斷？這根系被斬斷之後，導致了怎樣的後果？人的精神狀況，將因此發生怎樣的異變？讓我們追蹤問題的根源，想想價值之根為何被斬斷——那只是因為，真實而永恆的價值一旦深入人心，必會發生個人尊嚴的普遍覺醒與社會公義的普遍共識，它必頑強生長，必因背靠著神而對壓迫勢力心無所懼，必因心無所懼的反抗構成對極權力量最有效的顛覆與瓦解。也正因此，一個後極權社會在摧毀舊價值的同時，更阻擋任何被重新認識到的永恆高貴的價值的重建，它寧可空心，寧可對全民物質行賄，寧可讓靈魂腐爛荒蕪，也要阻擋這價值的生長，阻擋良知的蘇醒與回歸。

這是我看到的真實。《很大風》以它獨特的方式，又讓我重新感知。在小說裡，王小妮懷抱深刻的價值關切，但絕不採取道德主義姿態。她運動、呈現、反諷，絕不靜止、審判、控訴。她直接呈現「是什麼」，潛在地追問「為什麼」，但從不回答「怎麼辦」，從而顯現出其真實獨特的文學立場——既憂思深廣，又柔弱無力，不充當道德家和政治家，但是把這一切盡收眼底。由此，一個作家在喧囂紛亂的世界中，才能最終保持她痛苦而無限的活力。

2004年11月

閻連科反對閻連科

十年之間，閻連科有四部長篇小說問世，卻朝著兩個背道而馳的敘事路向奔跑。《日光流年》、《受活》和《丁莊夢》是一個，《堅硬如水》是另一個。前者是詩化的、悲劇的、本質化和絕對性的敘事，後者是雜語的、喜劇的、表面化和相對性的敘事。如果以巴赫金的雜語理論來看，顯然《堅硬如水》更切近小說的自然本性，但是閻連科幾乎沒有沿著這條陽關道走下去；另外三部小說則是「反小說」的，但是閻連科卻在這條險路上愈行愈遠。小說家閻連科為什麼選擇了反對自己的道路？這到底是怎樣一條路？這條路對於小說本身來說，得失如何？這些問題是很有意思的。

在《日光流年》、《受活》和《丁莊夢》裡，權力、創傷、遺棄與死亡的主題貫穿始終，小說放棄寫實地經營人物和故事，而以大寫意的絕對主觀性敘事完成長篇建構。這種主觀性不僅是一種文體和風格，更是閻連科對他所理解的宇宙、命運和人間本質的極端化概括與呈現。這種寫作如果一定要有一個名稱，我稱之為「絕對敘事」。它有這麼幾個特點：

1、空間的絕對封閉與獨異。《日光流年》發生在人人活不過四十歲、為世人所遺忘的三姓村，《受活》的故事發生於全村皆是殘疾人的受活莊，《丁莊夢》的地點則在愛滋病村丁莊，並主要集中在關滿了愛滋病人的一所小學。這些絕對封閉、畸零和特殊的地點所散發出的假定性和象徵性，使小說的敘事不必遵循客觀世界的常情邏輯，「信口雌黃」因此得到了完全的合法性。

2、時間的絕對靜止和循環。歷史的背景或者說時間的向度在這三部長篇裡是形同虛設的。人物與環境的苦難性質並不隨著歷史的變更而稍有改變。苦難與死亡已成超時間的必然之物。因此有了第三個特點。

3、宿命的無可抗拒。司馬藍和他的前任們帶領三姓村人，對夭折命運的抗爭是堅韌的，最終歸於徒勞。《受活》和《丁莊夢》，命運的面孔也如此。

4、完全被世界所遺棄的主人公，主人公被塑造和呈現的方式是草芥和棋子式的，受到敘事人的絕對支配。就如同「上帝說要有光，於是有了光」一樣。

5、本質化的情節編織和世相營構。即是說，作品的情節和世相呈現，是作家對世界、命運與人世之本質概括的直接表像化。正是本質的表像化，成為這三部長篇的構造力和敘事法。

三部作品看起來是超政治的，但同時更是政治性的。它是一個作家代替那些卑賤者、被剝奪的人、被遺棄在世界之外的畸零者，所作的不平的呼喊和絕望的復仇。他的起點是傷痛與愛憐，終點卻抵達了憤怒與詛咒。詛咒這世界與這些卑賤者一同消亡，什麼也不剩。或者，與其說這是詛咒，不如說這就是作家的認識。在他意識的終極之處橫亙著死亡和虛無，人類在它們面前必然失敗，因為沒有人曾將它們戰勝。

也正因如此，這三部作品的悲劇性顯得怪誕——悲劇的本質，是人類試圖以否定命運而肯定自身，然而終歸失敗；但失敗也無改人類無悔地肯定自身的尊嚴。人與命運的永不和解的張力，構成了悲劇的核心。閻連科的小說則活躍著表裡不一的雙重聲音：從表像上看，是主人公對自身意志之肯定和對不可抗的命運之否定，但作品本質性的敘事基調，卻呈現著相反的聲音：那是抗爭失敗的人由於對失敗結果的明瞭，而達成的對自身的否定與放棄，以及對命運的肯定與服從。這是一種源自中國傳統精神的順應與放棄。而這種傳統的致命之處在於：它總是把歷史性的事物當作永恆的宿命。總是把相對之物當作絕對之物。在這種傳統精神中，人與命運的張力趨向於鬆弛和消失。因此我們這個民族至今仍是一個匱乏悲劇的民族。

由於這個民族的個人生命意志持久不得伸張，歷史的正義遲遲不來，因此民族之魂裡蘊蓄著恒久的悲情，憤怒和哀傷吞噬了小說家。這是一種端凝的、無心遊戲的、趨向於中心的精神狀態；而小說天生是雜蕪、遊戲、消解和游離中心的思維方式，它的本質是雜語。西方小說和中國古典小說的敘事精神莫不如此。因此我的不成熟的意見是：就敘事生命力而言，也許閻連科《堅硬如水》的道路，才埋藏他更豐富的可能性。因為，小說家只有自己解放自己，才能解放小說。正如我們只有解放自身的精神，才能解放歷史。

2007年9月

薛舒的小說與社會化的文學

薛舒的小說我只看過《中篇小說月報》上的兩篇——《鞭》和《陽光下的呼喊》，只能就這兩部作品給我的印象簡單談談。

《鞭》寫一個專門給豬配種的孤獨趕豬人的身心騷動及其命運。

《陽光下的呼喊》寫一個蘇北鞋匠的兒子因出身卑微，在青春年少時經歷的自我認同危機。

我們這裡流行歸類。好，這兩篇作品就歸入「底層文學」類吧。但與此一文學類型體現出的強烈的群體、道義和權利訴求不同的是，薛舒的書寫更傾向於個體的內在觀照、省思和低語。

兩部作品發酵於作家童年記憶中的原始同情，視角是主觀、內傾、心理透視的；筆調是溫婉、輕盈、波瀾不驚的。同情心使她熱切地想要還原、理解和進入她的止於旁觀的經驗。顯然，對於趕豬人和鞋匠，以及他們的生活，她是並不熟悉的，但她對他們的內心世界有一種模仿和呈現的衝動。這種模仿和呈現的最終目的是什麼呢？可能有兩種答案：一，模仿和呈現本身即目的，因為這種模仿和呈現是在揭示人的「存在」。能夠實現這種目的的文本具有充分的精神自足性，充盈著微妙的存在感，作家的敘事意識是一個多棱反射體，每一敘事側面都散發意指和詩學的光耀，那光耀不來自現實現世，而是來自某種虛無的精神實在的反光。二，作品有一個高於模仿和呈現的行動性目的，那就是尋求一種社會化的溝通與理解。我認為，薛舒的兩篇作品屬於後者。

她對趕豬人「拐手」和鞋匠的兒子王小輝的塑造，是一種基於社會身份的階層性想像。或者說，推動作家創作的，是一種社會學想像力。主人公的心理刻劃是扁平的，未超出旁觀者的認知和想像水平。這是作家出於「社會化」動機，把一種背景性的公共經驗推向前臺，所必然付出的代價。

由此，我願意從薛舒的小說離題，討論一下近年來文學的過度「社會化」所帶來的藝術問題。我們似乎又回到了文學要「反映現實，反映生活」的老路上去，八〇年代的先鋒文學探索已被遺棄。我們可以思索一下為什麼會有這樣的反覆。我認為根本的癥結在於自由、獨立、成熟的「個人」意識在中國文學的精神天空下仍未滋生壯大，創作者和批評者尚未習慣那種享有充分精神光照的、浩瀚廣博的自我對話，而過度依賴外來的世相刺激。無論曾經的先鋒文學，還是現在的又一輪現實主義浪潮，都難逃此弊。但是，千姿百態的個人主體性，才是文學藝術的源泉，它不聽從任何外部的、主流的、時尚的召喚，而只聽命於自我天性的呼喊和精神觸角的震盪。我們不應忘記瑞士批評家阿爾貝・貝甘的提醒：文學的神秘即在這種雙重傾向——「忠於自己」和「渴求對話」。那種希望得到交流並孕育著創造行為的東西，並不屬於觀念、計畫、意圖、集體意志的範疇，相反，它涉及的首先恰恰是非共性的事物。若非如此，它交流的願望不會如此強烈，它也不需假借文學之名。

那麼，文學是一種與社會無關的孤獨個體的封閉獨白嗎？也不是。文學需要作家克服內在世界與外在世界的二元論，而培養一種貫穿內與外的、混沌深邃的形而上認同感。沒有一個形而上的高度俯瞰，單純的世相描摹和社會化轉喻，不能算是藝術的文學。

2008年8月

2005年的文學面孔

2005年的文學面孔不似往年的曖昧不清。這是一張「浪子思歸」、「渴望擔當」的面孔，濃眉大眼的面孔，苦思、亢奮而有些魯鈍。眾多文學評論家提出了越來越相近的批評主張。眾多文學期刊發表了越來越粗糙的中短篇作品。眾多重量級作家先後拿出了沉澱多時的長篇小說。總的看來，2005年的文學面孔表情豐富。

「現實」與「歷史」歸來

此年的長篇小說收穫甚豐：林白的《婦女閒聊錄》、賈平凹的《秦腔》、畢飛宇的《平原》、阿來的《空山》、范小青的《女同志》、東西的《後悔錄》、余華的《兄弟》、王安憶的《遍地梟雄》……每一部都來者不善。自1980年代後期以來一直被中國作家刻意拋置的「現實」與「歷史」，在2005年得到了兇狠的書寫；主流文學界苦心經營了二十年的「祛歷史化」、「祛現實化」、「祛集體化」、「祛意識形態化」的現代主義腹語式的敘事潮流，在積累經年的道德焦慮與真實訴求中漸漸星散。破碎行進的鄉村與城市浮現在《婦女閒聊錄》、《秦腔》、《遍地梟雄》和《女同志》中；無法消逝的「文革」長影倒映在《平原》、《兄弟》和《後悔錄》裡；時間不再剖開現代主義的橫切面，而在《空山》中走向縱深……聯想起近年來莫言的《檀香刑》、《四十一炮》，閻連科的《日光流年》、《堅硬如水》、《受活》，林白的《萬物花開》，格非的《人面桃花》，李洱的《花腔》、《石榴樹上結櫻桃》，以及艾偉的《愛人同志》等長篇作品，可以說2005年文學對「現實」與「歷史」的回歸絕非偶然。這裡所說的「回歸」除了是就文學整體而言，還有針對這些作家的意思——這些回歸者多是昔日的先鋒派、炫技派作家，無意識的反歷史主義和反現實主義者，但是，現在，他們回到了「現實」與「歷史」的懷抱之中——嬉戲的孩童終於長大，承擔重負的仁心取代了棄家遠遊的玩酷。

正如人不能兩次踏進同一條河流，這些作家在歷史和現實背景中展開的虛構，也不再與中國當代傳統的現實主義書寫方式相同。從來沒有寫作者像林白那樣，把一位農婦的閒言碎語「記錄」到底，並讓這破碎的記錄自己訴說倫理的凋敗、權力的驕縱、羞恥感的喪失和生命的包容；而賈平凹在《秦腔》裡，面對鄉土崩潰和精神離散所表現出來的敘事態度上的「震驚無能」，和敘事結構上的「東鱗西爪」，是與傳統的鄉土田園文學那完整自洽、成竹在胸的敘事方法大相徑庭的；畢飛宇的《平原》看起來很白描，很中國，但是骨子裡的那個狠，那個叛逆，那個一去不回頭，卻隨著每一章每一節的進展寸寸深入，這個「狠」在小說的終結達到高潮——當端方的喉管被中了狂犬病的吳蔓玲死死咬住時，極權的巨手便在中國鄉村最微小的細胞中完成了它從容而無情的撥弄……歷史和現實在這些作家筆下盡量遠離了龐然大物的支配，有了個人化和批判性的跡象。

複調思維尚未形成

然而，也僅僅是「跡象」。它們還沒能成為堅固而豐贍的事實。在沉重的歷史和紛繁的現實面前，充分的個人化寫作並未實現。自由奔放的想像力仍然罕見。由於精神的幅寬有限，某種觀照現世的複合性眼光，以及與悖謬世界相抗衡的複調思維尚未形成。儘管作家們受過先鋒寫作的技巧訓練，但是精神格局的促迫使其在與「真實」相遇時，要麼服從既有的社會結論，要麼服從自己無力的異想天開，那種由自由意識所驅遣的遊戲精神總是難以萌生。為什麼中國文學經歷了上世紀八、九〇年代的「現代主義」、「後現代主義」浪潮之後，還會出現這種初級問題？答案是顯然的：我們並未充分經歷過「人」的自我發現階段，就被這股浪潮解構掉了從未堅實存在過的「人」本身，因此，這一浪潮未能成為豐富作家之精神主體性的助力，那些表面的技巧自然無法在實質上幫忙。也正因如此，雖然我們的現實和歷史足夠怪誕，但是我們的小說卻總是不夠怪誕，或者它們頂多是現實怪誕的有抄襲嫌疑的複本。是不可能有超過中國現實之怪誕的想像力嗎？我以為不是。只是作家的想像力仍潛在地受限於「龐然大物」而已。

而為何「龐然大物」總是潛在地主宰中國作家的思維，我以為原因更是簡單：中國作家的精神維度中，真真切切缺少一個彼岸的世界。這世界，有人名之曰「上帝」，有人名之曰「存在本身」，有人名之曰「信念」，有人名之曰「美」，我名之曰「無限的神秘」。站在這一基點上，現世的相對性顯現無遺。當這相對性的一切被絕對化地敘述時，複調思維自然難以產生。

新的「文學工具論」興起

相較而言，2005年的長篇小說境況勝於中短篇，因為有文體追求的成熟作家都去寫長篇了，中短篇小說領域便由較新的面孔所主宰。由於文學期刊的市場化危機，導致了它們對中短篇小說「好看性」的迫切需求。所謂「好看」，便是故事性強，衝突劇烈，反對晦澀，向影視劇靠攏，由此產生了不少表現出「兵法精神」的作家。舉目望去，林立的文學期刊幾乎找不到從前俯拾即是、令人頭疼的「實驗小說」了，文學的探索精神被棄如敝屣。季羨林同志說：三十年河東，三十年河西。實踐證明，「河東河西」根本用不了三十年，五六年就夠了。五六年前那股追求片面的文學技巧和精神深度的走火入魔勁頭，現在被編織故事或抄襲新聞的熱情所代替。前者故不足取，後者亦無足道。

與此同時，反對文學的探索性和精緻化追求的理由還有一個，那就是「正義」——為弱勢群體代言，把當下社會的「真實面目」最樸素地表現出來，以文學介入不公正的社會現實，等等。一些評論家把曹征路的小說寫作視為「文學正義」的集大成者。對持此論者的社會目標——公正之實現——我舉雙手贊成，但是對於直接讓文學創作成為社會主張之傳聲筒的做法，我堅決反對。作為一種由來已久的「文學工具論」，它對文學的傷害有文學史作證。知識份子的道德激情與改造社會的使命感是高貴的，它既可以投入到具體的社會實踐中，也可以化為自由瑰奇的文學想像，就像前意共黨員卡爾維諾已經做到的那樣。但是如果想畢其功於一役地以膚淺簡陋的文學實踐取代堅苦卓絕的社會實踐，那就是虛偽矯情的「左派幼稚病」了。

2005年1月

2008年文學一瞥

中國文學近年來備受文壇內外的詬病，其批評的重點在於中國作家對現實和歷史之「真」的沉默，換言之，是對其精神力量和藝術創造力的不滿。此種不滿借由去年年底「德國漢學家顧彬說，中國當代文學是垃圾」這一似是而非的新聞得以全民性的宣洩。今年，顧彬多次現身媒體，在否認「垃圾說」的同時，繼續了他的批評，為2008年的中國文學平添了一道饒有趣味卻不太「舒服」的風景。我注意到，這位漢學家的「一般性結論」有時不失確切（其內容往往與我們的一般感受相同）——比如，他說中國作家太多世俗的聰明，不敢面對真實的問題，不敢批評威權（他舉了余秋雨），喜歡代表「人類」、「民族」、某個階層思考和說話，缺少幽默感（大多數），等等；但是當具體作家的寫作躍出他已成定論的大前提時，他的判斷力往往出現短路——比如，葉開談起王小波的幽默，顧彬說：「我沒看出來……」指望一個母語之外的批評家做本土文學的公正判官，與其說表明了國人文化自信力的危機，不如說是本土文評界「信用喪失」的絕望證明。也許中國文學人所能做的是：從所有批評的確切處反顧自身，同時，發現漢語文學中真正富有創造力的部分，予以注視，予以珍重。

2008年頗有值得珍重的長篇小說。王朔在《與我們的女兒談話》中表明，他是一個徹底從「自身」獲得經驗和靈覺的作家。除此之外，他一無所憑，一無所信。在「2034年，老王家」這一「未來」場景中，「北京老王」和朋友方言的女兒「咪咪方」所做的狂禪般的對話，實是作家王朔背對世人、齧噬己身的獨白——心碎到骨頭裡的傷感憤怒，與和光同塵的宇宙狂喜相伴。踏過「自我」這根繩索，頑主時代的現世主義者煉成了時醒時迷的唯靈論者。這是一部以生命之深之奇之狠之柔之小心眼之大徹悟寫就的作品，人間道德和文學技巧在其中沒有地位。對自我／他人、真實／虛偽、肉身／靈魂、人世／宇宙……作家使用同一種執拗毒辣，不畏傷身傷心傷己傷人。與那些缺乏創造力的良善之輩相比，此種獨出機杼的「狠毒」顯然更富文學的實驗精神。

對中國現當代社會的政治—道德—人性觀照，乃是近年長篇小說的重頭戲，今年也不例外。曾維浩的《離騷》坊間少有評論，卻是近年不可多得的輕盈靈性之作，它有著串珠的結構，散淡的語言，勁烈的風骨，茁壯的想像力，情種吳天成對美人王一花半世紀「雖九死其尤未悔」的傾心追隨，乃是我所見到的中國作家寫就的最諧趣天然、純淨刻骨的愛戀，其間折射的歷史悲喜劇，真令人不勝唏嘘。刁斗的《我哥刁北年表》筆法怪誕，充滿笑謔，其主人公乃是中國1953到2003年間重要歷史事件的親歷者與見證者，此種安排，是作家對遺忘和謊言的毅然錘擊，對道德救贖的迫切選擇。但是，文學的自由和自然亦不時被宏大歷史的高溫所灼傷，在這裡，顯現了文學的界範而非道德的侷限。

長篇小說是作家綜合敘事能力的競逐地，中短篇小說則是文學實驗精神的演練場，可惜當下擁有實驗精神和語言癖好的作家何其少，但青年作家李浩是其中堅韌的一個。他堅韌地表達他「紙裡包著的火」，也堅韌地探尋一切的形式可能性——那不會被「火」燒著的「紙」。「偽德國小說」《等待莫根斯坦恩的遺產》和《告密者札記》、奇幻小說《飛過上空的天使》、童話小說《國王的冰山》是他喬裝的果實，在不可能的時空裡，他探討極權政治帶給人的靈魂疾患。在謎團般的不安氣氛、審慎的分析語式、博爾赫斯式的「引經據典」和行為乖謬的人物背後，總是埋藏著一個心照不宣的巨大謎底。

2008年的中國詩歌有一件可喜之事，那就是木心詩集《巴瓏》和《偽所羅門書》的出版。在喧囂紛亂的當代語境中，木心的詩不避美，不避正，不避純，不避高蹈，不避表達對疇昔文明的傾心和當代文明的評判，以明晰意象涵容哲學視界，以輕逸旋律演奏文字音樂。高貴精神如何與這粗礪虛無的時代對話而不致破碎？木心的詩歌路徑暗含無盡啟示。

在年終之際回望一年的文學，除了看見那些創造性的光亮，還有沸沸揚揚的文學事件停於視線，「第七屆茅盾文學獎」揭曉則是事件中的事件。如何評價賈平凹《秦腔》、遲子建《額爾古納河右岸》、周大新《湖光山色》和麥家《暗算》的獲獎？其實，它們各有各的藝術成就和清晰面目；但是當它們一起被置於「茅盾文學獎」這一「國家最高文學獎項」的視野中時，它們作為「文學」的面目忽然曖昧不清起來。在茅獎的評選中，一直存在著「國家意志」與「文學價值」的齟齬，現在，又加入了對「市場評價」的考量。因此，這四部作品的獲獎，既不能證明它們在中國文學中成就至高，也不能證明它們的文學成就至低，而只是表明，它們恰恰位於文學價值、國家意志和市場評價的微妙而辛苦的平衡點上。

2008年1月

在真誠、智慧與自由之間

應當首先聲明，這本名為《2002中國隨筆年選》的書，不求「權威性」，不求「全面性」，不求「代表性」。它只是如同一個願意睜了眼看、拒絕自我欺瞞的人，惟求真誠、智慧與自由。在這三個詞的背後，潛藏著我們所期冀的愛與美。

鑒於這樣一個單純的標準，我選擇了讀者朋友們所看到的這些文章。它們看起來似乎是極不搭調的——極度的惟美主義情調和嚴厲的批判現實主義色彩共生，探討藝術問題的圓潤和聲與剖析現實問題的粗礪噪音混雜，極具文學價值的奢華文字與痛陳真切思考的質樸之文交映……作者雖然皆為卓有建樹的作家或學者，但是這些人，由於其所涉領域的毫不相關，其文字功能的迥然相異，你或許無論如何也很難理解，他們何以會出現在這同一本書裡——如果不是選編者自身價值標準錯亂的話。對此，我需要在這裡略加解釋。

的確，我力圖使這部年選成為一本參差多態的書，參差多態得使「隨筆」這一文體包含文學，但溢出了「文學」，而彌散到一切事關「人文」的文字領域——當然，要以一般讀者能夠無障礙地閱讀為限。這樣，這個選本裡就不僅僅有美文，更多的是那些由強烈的問題意識和求真慾望所驅動的論題不同的篇章；即便是美文，也是由於這種「美」裡蘊藏著自由與智慧的潛能。這主要是因為，修辭之美固然重要，但當「美」的功能在此時代已蛻為裝飾，「真」卻由於其風險過高而舉世難尋時，愛智者寧願舍「美」求「真」。因為這智慧而質樸的「真」，是讓被遮蔽的苦難與柔弱發聲，是讓被遺忘的文明與正義迴響，這種聲響有時雖未呈現為修辭之美，但是它卻由於飽含大愛而走向人類精神的大美。

那些期待著像吃一袋果凍一樣舒適地吃掉本書的讀者一定失望了，因為你拿在手裡的不是一袋果凍，而是一杯烈酒，它會燒痛你的咽喉，點燃你的心火，讓習慣甜膩的你不適、不安而不甘。別怪我，請慢飲，真正的好東西，都不是平靜和順利的。

2003年1月

（此文為《2002中國隨筆年選》序）

欲求見佛，但識眾生

《六祖壇經》裡我最喜歡這八個字：「欲求見佛，但識眾生。」我喜歡這一複雜辯證法的表述的簡潔：「佛」乃至為智慧慈悲的存在，「眾生」乃至為混沌擾攘的造物，然而若欲抵達智慧慈悲之境，必得深嚐混沌擾攘之味；若欲追求潔淨與超升，必得承擔污濁與重負。也就是說，若要達到對有限的超越，必得深切地理解「被超越」的對象本身，若無此，真實的「超越」便不存在，更無法完成。

我的如上解釋雖然多餘和蹩腳，但並不妨礙我認真地把它視作文學藝術與思想探尋的一條路徑，不妨礙我以此為原則做些事情，比如說，編這本隨筆年選。

「眾生」的面孔在文學裡竟是越來越模糊了。小說且不說，單是在隨筆裡面，雖然似乎到處浮蕩著「眾生」輕飄的碎屑和柔軟的低語，但是畢竟太輕飄太柔軟了，以至於我不信，並且厭倦。我厭倦它們那種無所擔負便想超升、無所付出便想獲取的姿態。尼采說：「我痛恨老是待在一種世界觀裡，相反的思維方式具有魅力。」在這一點上，我跟他相同。我既痛恨老是待在一種乏味鄙陋的「物質主義」世界觀裡，又痛恨老是待在一種卑微低賤的「威權主義」世界觀中——而這是當前文學和思想的呈現中為何「眾生」總是如此輕飄和柔軟的源頭。因此，我認為與以上兩種「主義」相反的思維方式具有魅力，而在這種思維方式看來，大地上的「眾生」並不是這個樣子的，對於「眾生」的思考也不該是這個樣子的。

這本隨筆年選的篇章，就是「不該」所呈現出的千姿百態——當然，是在編者目力所及的有限範圍裡。這似乎是說：與輕飄的碎屑相反，我選擇沉重而巨大的身形；與柔軟的低語相反，我選擇剛烈而堅硬的長嘯。但事實上，卻又並非如此。

如果說藝術和詩的表達是血肉，思想和學術的表達是骨骼，那麼公平地說，在近年普遍的軟骨症文化氛圍中，當代文學的貧血表現不能令它自己自豪，相反，思想學術界在建設公眾理性方面的作為則令人起敬。也正因此，這個選本無疑突出了「鈣」的成分，但同時，它更想竭力避免成為一具思考的骷髏。——不單因為這是一本「隨筆年選」，它屬於文學的範疇，還由於從思考、創造與人性的豐贍角度來看，我們需要提防感性的枯萎與理性的自負。清醒的政治理念無疑是重要的，但是悲天憫人的情感也不可或缺；道德的力量是值得珍惜的，同時對美與細節的敏感也彌足珍貴。我希望這個選本能在詩與真之間保持微妙的平衡。

最後，我想在這篇短序裡最不多餘的一句話，是向這本書裡每篇文章的作者致敬。雖然他們的表達姿態萬千，涉及的論域也彼此相異，但寫作的基點卻近乎相同，那就是對文明、正義與自由的關切。我想，在當下的時空裡，或許正是它構成了文學的靈魂與血色。

2003年12月5日凌晨

（此文為《2003中國隨筆年選》序）

我所看到的2004年中國隨筆，兼及隨筆的條件和賭注

一

編完這本隨筆年選，我就暗自打算在序言裡好好闡述一下我的隨筆觀。但是在看過郭宏安先生的文章《隨筆再探——文學隨筆：一種自由的批評》（原載《外國文學評論》2004年第4期）之後，我忍住了喧嘩的衝動，覺得多引用一下他的文字，比我自己在此喋喋不休對讀者朋友有益千萬倍。下面我就決定這樣做，以收事半功倍之效果。

在此篇文章中，郭先生寫道：「中國的隨筆一直以『細、清、真』為主體風格、以『說些不至於頭痛的道理』為正宗。」對於這個根深蒂固的傳統，他感到極不滿足，認為「如果不破掉『以不至於頭痛為度』，我們的隨筆難以有光輝的前途。」為了論證隨筆的力學價值，他介紹了瑞士文學批評家斯塔羅賓斯基對「隨筆（Essai）」一詞的語源學考證：

> 隨筆（Essai）一詞，原意為檢驗、試驗等，出現在12世紀的法國，來源於中世紀的拉丁語Exagium「天平」，有度量平

> 衡之義。蒙田率先將他的著作題為「檢驗」，是具有深遠的含義的。如今「檢驗」在西方成為一種文體，我們把它譯作「隨筆」。蒙田在他的徽章上鑄有一架天平，同時還鐫上那句著名的格言：「我知道什麼？」斯塔羅賓斯基認為，這種「獨特的直覺」表明，「l'essai（隨筆）的行為本身乃是對於天平梁的狀態的檢驗」。從語源學上看，最好的哲學是在檢驗的名目下得到展現的，也就是說，隨筆是哲學的最好的表達方式。

那麼，究竟什麼是現代的隨筆呢？郭先生歸納了斯塔羅賓斯基的四種觀點：

一、隨筆既有主觀的一面，又有客觀的一面，其工作就是「建立這兩方面的不可分割的關係」。隨筆既是向內的，注重內心活動的真實的體驗；又是向外的，強調對外在世界的具體的感知；更是綜合的，始終保持內外之間的聯繫。

二、隨筆「具有試驗、證明的力量，判斷和觀察的功能」。隨筆的自省的面貌就是隨筆的主觀的層面，「其中自我意識作為個人的新情況而覺醒，這種情況判斷判斷者的行為，觀察觀察者的能力」。因此，隨筆具有強烈的主觀的色彩和個性的張揚。

三、隨筆既有趨向自我的內在空間，更有對外在世界的無限興趣，例如現實世界的紛亂以及解釋這種紛亂的雜亂無章的話語。隨筆作者之所以感到常常回到自身，是因為精神、感覺和身體緊密地結合在一起。

四、「話有一半是說者的，有一半是聽者的」，因此，蒙田的隨筆展示了人和世界的三種關係：「被動的依附，獨立和再度掌握的意志，認可的相互依存及相互幫助」。所以，斯塔羅賓斯基說：「寫作，對於蒙田來說，就是帶著永遠年輕的力量、在永遠新鮮直接的衝動中，擊中讀者的痛處，促使他思考和更加激烈地感受。有時也是突然地抓住他，讓他惱怒，激勵他進行反駁。」

所以，斯塔羅賓斯基說：「隨筆是最自由的文學體裁。」隨筆所遵循的基本原則其實就是蒙田的兩句話：「我探詢，我無知。」斯塔羅賓斯基指出：「惟有自由的人或者擺脫了束縛的人，才能夠探詢和無知。……強制的狀態企圖到處都建立起一種無懈可擊、確信無疑的話語的統治，這與隨筆無緣。」「隨筆的條件和賭注乃是精神的自由。」

我引用郭宏安先生，郭宏安先生引用斯塔羅賓斯基，斯塔羅賓斯基引用蒙田，蒙田引用古希臘和古羅馬先賢，古希臘和古羅馬先賢引用……徵引的線索愈來愈通往一個輝煌幽深的去處，好像在告訴我：你除了是在從事一種偷工減料的行為，在藉他人之酒杯澆自己之塊壘，你還應知道，任何一種閱讀和寫作，都連結著一個根深葉茂的價值體系。你選擇哪種閱讀與寫作，其實就是對哪一種價值體系的皈依與承諾。

二

所以你就會明白我編的選本怎麼是這樣的面貌。沒有非常光滑的文章。決不「以不至於頭痛為度」。那種舒服如精神按摩的文字，那種順應沾沾自喜的安穩慾望、導致「熵增」的文字，我予以排除。相反，我力求選擇那些有著「天平梁」品質的文章。不同的「天平梁」從不同的方面，「檢驗」著我們所處的真實世界，其真實的程度與智力的難度如果是令人「心痛」和「頭痛」的，那也正是我所期待的。

既然是「天平梁」，必然存在度量的砝碼，而不會像一些片面的文化相對主義者那樣，對一切都取消觀察的尺度和判斷的依據，結果是最終找到了護短自辯的尺度和依據。這天平的砝碼明朗清晰而又難以言說，老生常談而又時時更新，若說出來就是——「在我之上的星空和居我心中的道德法則」。一個被反覆念叨了二百多年的聯合詞組。它似乎早已陳舊，經歷了數代的背叛，以至於今天看起來像是一隻不合時宜的恐龍。然而其實它是陽光和水，現時代的荒寒枯乾，皆因它的缺席而起。而人類的得救，又未嘗不有賴它的重臨。

這似乎是些大而無當的話。砝碼總是沉默的，不適合被大聲詮解。

那麼就說眼前。就說這本隨筆年選裡的文章。請你別怪我東拉西扯，從心臟直接跳躍到毛細血管，應該是被允許的。

三

對「人」的存在境遇的真誠關注是本書選文取捨的第一標準。不自覺地，與真實相應地，「記憶」、「傷痛」和「詰難」佔據了很大的比重。似乎，這不是一個健全選本應有的風貌。就像深邃憂鬱的男低音Ivan Rebroff和浪漫明媚的男高音Andrea Bocelli是男聲魅力的兩極一樣，在文字表達的領域，傷痛的追問與幸福的陳述、流淚的雙眼與含笑的嘴唇、嚴正的反思與幽默的反諷，只要是好的，就都應有其位。然而這個選本看起來卻並非如此，前者的體積幾乎已把後者淹沒。——親愛的讀者，並非我在選擇過程中有意「抑笑揚淚」，而是因為說到底，在這個與所多瑪城日益相像的世界上，悲憫的淚水遠比自得的笑容更真，更美，也更富於道德的勇氣；同時你得承認，荒誕幽默的笑的寫作，其難度要遠勝過莊嚴肅穆的直抒胸臆；仁智雙修的幽默作家，也總是比高尚純粹的正劇作家更為難尋。對於隨筆這種用於「檢驗」的文體來說，若不是由心懷大愛的幽默天才來駕馭，合乎人性的笑一定很難實現。

因此我們只能面對創作的實際狀況，說：表達真實複雜的思想認知，遠比製作精美自足的語言織體更為重要。如果兩者能達到高度的平衡，那就再美妙不過了。如果僅僅是後者，如果後者的靈魂乾癟蒼白，我寧可不要。

四

歷史隨筆、回憶隨筆、閱讀札記、學術隨筆、情趣隨筆，是這本書的基本構成，帶有很強的智性特徵。它們流露出寫作者「對外在世界的無限興趣」，在對這種興趣的描述、拆解和沉思中，為閱讀者提供一片意想不到的去處，勾勒一個他難以遇到的人，講述一段他不曾擁有或已經遺忘的歷史，展現一種魅力獨具而可感可信的品格……這是生命的體驗、內心的焦慮、歷史的真相和觀念的冒險的集合，自我疆域的拓展，精神成熟的增進，與此類事物有關。

一些篇章給我留下了極深的印象：傅國湧的《沈從文的1949》寫到了沈從文，這位敏感柔弱的先知，在新紀元尚未開始之際即已預知文明與美的毀滅，他的如同赤裸的嬰孩般的恐懼與戰慄，掙扎與呼告，絕望與善念，煎熬與屈從，悽愴慘怛令人動容；劉方煒的《理性和良知讓人如此美麗》復活了一個已踱進歷史深處不為人知的極具魅力的人——洪業；虎頭的《永遠的白玫瑰》講述了二戰時期以高貴的尊嚴和罕見的勇氣面對納粹屠殺的一對不朽兄妹；丁林的《漢娜的手提箱》則以一個執著得感人的故事娓娓提醒人們，以怎樣的方式教育本民族的幼小一代汲取歷史的殘酷教訓，才是智慧和人道的；而高爾泰的《畫事瑣記》，則滿足了熱愛其文字的人們對他充滿傳奇的生命歷程的好奇；孫郁的《讀讀想想》是真摯、謙遜和坦誠的心史，劉建平的《根據知識思考——化解人權與主權之間的緊張》則是以真知駁斥謬見的力作……

隨筆的「業餘現象」值得關注。就是說，現在好的隨筆往往是不以隨筆為業的人們寫就的——他們或者是某一領域的學者，或者是畫家、小說家、詩人，像筱敏這樣只寫散文隨筆而能在思想藝術上一直保持高水準的作家極少。吳冠中、高爾泰是畫家，過士行是劇作家，北島、翟永明、賈曉偉是詩人，王小妮詩歌和小說兼擅，林白、葉兆言和李洱是優秀的小說家，藍英年、郭宏安、陳眾議、程巍、李長聲是外國文學專家，王得后、林賢治、孫郁、崔衛平、王彬彬、朱大可是現當代文學研究者，丁林、王怡治法律研究，蕭雪慧是倫理學家，雷頤、劉建平是歷史學者，徐曉是編輯家……對自身的研究領域和藝術領域的深厚沉浸，使他們寫作隨筆時舉重若輕，左右逢源，因各據獨特的視野而言之有物，因著迷於獨自的探索而自由無羈。「隨筆的條件和賭注乃是精神的自由。」懂得精神的自由者，莫過於從事著獨立的精神創造的人。

在眾多的隨筆作家中，傅國湧和止庵的寫作堪稱獨樹一幟。此二人一熱一冷，互不搭界，但都彌合了學問家和隨筆家的界限。傅國湧的觀照對象，往往是中國近現代史上那些身份和心態都高度複雜的知識份子，其在歷史轉折當口的處境、選擇與命運。敘述他們的時候，他總將龐雜的史料鉤沉與高度的現實關切水乳交融，平靜的史家調子裡，暗淌著壯懷激烈的焦灼與隱痛。他使用史料的方式是輕柔自然的，沒有學問家的賣弄和僵硬；語言也是節制溫暖的，以確切為限但絕不粗陋。止庵則是另一路數：古今中外，雜學旁收；科學藝術，深知三昧。他對經典智慧的鑽研和傾心是著名的，他的讀書隨筆和藝術隨筆的緻密、思辨、博學、冷澀，堪為一家。

再多說也是饒舌，一切的評判，還是由讀者諸君自己作出的好。

2004年11月29日

（此文為《2004中國隨筆年選》序）

關於2005年隨筆的隨筆

去年編隨筆年選，收穫到瑞士文論家斯塔羅賓斯基的一句妙論：「隨筆的條件和賭注乃是精神的自由。」就為這一句話，我也要恨斯氏一輩子——他剝奪了我的思考權，他使我不用思考，就明白了我們當下隨筆寫作——乃至所有寫作——的整體狀況為何如此不盡人意。為了我輩評論者能繼續敷衍長篇大論，我看像這樣一竿子插到底的文論家，還是越少越好。

現在，我只好順著這「斯」的話往下說：由於敢下「斯式賭注」的寫作者少，因此我們的隨筆佳作很是難尋——單把隨筆當花來繡的多，單當作載道工具的也多。前者無魂，後者猙獰。然而也不是一團漆黑。若數落今年隨筆的成績，我們先得把報刊撇開，翻翻這幾本書：陳丹青的《退步集》，徐曉的《半生為人》，李零的《花間一壺酒》，林賢治的《午夜的幽光》。它們的印行或許能使隨筆愛好者感到「不虛此年」。這些文字的力與美，惟經苛刻的修辭家和嚴厲的思想者的雙重礪煉方能達到。看他們的書，知道這樣是好的：直面著現實，同時照著美的虛無之鏡——詩與真必得相伴而行。

還有一些散見於報刊和網站的篇什也是好的，我就從自己所見中挑選一些，集在這本書裡。待到編完才發覺：此書仍是一個探討著若干精神主題的聲音的集合。

知識份子

魯迅：

陳丹青的《笑談大先生》，是他在北京魯迅博物館的演講全文，今年影響深廣。魯迅，這個多年以來被塑造成不會笑的、只知批判和鬥爭的「凶老頭」，在陳丹青眼裡卻是「一百年來中國第一好看好玩的人物」。他先用占全文三分之一的篇幅來形容魯迅的外表，真應了王爾德的那句話——「惟淺薄之人才不以外表來判斷。世界之隱秘是可見之物，而非不可見之物。」然後，他用三分之二的篇幅描述魯迅的好玩，最後得到這樣的結論：魯迅「激憤，同時好玩；深刻，然而精通遊戲；挑釁，卻隨時自嘲；批判，忽而話又說回來……魯迅作文，就是這樣地在玩自己人格的維度與張力。」瀟灑形容出魯迅精神結構的複調性。陳丹青的語言是一種民國氣質的漢語，暗舊的儒雅，辛辣，痛楚，微帶暴力。似乎，他要借著這語言的味道，拒絕當代的粗陋、喧嘩與無趣。與此同時，他也要揮霍掉他作為畫家的過剩的洞察力和思辯力，畫布承載不完，只好漫溢到文字裡，於是文字也有分外強烈的形象感，伴以一劍封喉的思想。

徐炳昶：

孫郁的語言亦有儒雅的民國風，深受周氏兄弟濡染。他在《十月》的「民國人物」專欄，是今年隨筆的重要收穫。那些湮沒在歷史深處的民國文人，在他溫潤感性的筆墨中重獲了呼吸：魯迅、陳獨秀、蘇曼殊們的狂，《新青年》同人的寫作和辦雜誌，徐炳昶、袁複禮們和斯文赫定一起的西北考古……披露了許多鮮為人知的趣人趣事，由此，他復原了民國時期斑斕多致的文化空間，以及自由放誕的文人風貌。尤其是《古道西風》一文，首次觸及「民國考古隊」這一獨特的知識群落，為中國現代文學研究史所無。他走進了劉半農、徐炳昶、袁複禮諸人的精神世界——他們是一群竭力掙脫古中國耽於空談、混沌封閉的傳統陳疴的知識者，他們虔誠追尋著西人重視實踐、探索未知的科學理性，熱切地以之建構中國新的、健康的精神文化。以此種視點觀照中國首批考古學者，孫郁此文尚屬首例。他對史料的掌握廣泛深細，但卻從來以「非史料化」的文學方式用之，且由一以貫之的價值關切所統領，那就是：對自由多元、人文璀璨的精神世界的癡迷與尊重。

左拉：

郭宏安先生的《左拉百年祭》作於2002年左拉逝世百年之際，發表於今年。左拉，《我控訴！》的作者，「知識份子」一詞因他和他的支持者而生。「左拉是一個小說家，是一個『痛恨政治』的小說家，」但是，「他愛公正更甚於愛秩序，而沒有公正，則會出現更大的混亂；他愛真理更甚於愛『國家利益』，而在國家利益的幌子下掩蓋著多少令人髮指的悲劇啊。」此文雖然客觀勾勒左拉偉大的一生，但作者深隱其中的現實關切，也已完整地傳達出來。

盧雪松：

這是一個生活在我們身邊的女子，一個普通的大學教師。她由於在課堂合法放映和解讀紀錄片《尋找林昭的靈魂》被學生積極分子告發，而被學校當局處以停課的處罰，此事曾在京滬媒體上被廣泛討論。艾曉明的《保衛靈魂自由的姿態》一文，是對捍衛靈魂之自由的盧雪松的有力聲援。如果你看了附在此文之後的盧雪松的公開信，你會和我一樣感到，一縷超越於世俗虛無主義的精神之光，一種因聽從了良心的召喚而快樂、而不恐懼的健康人格，正在這片土地上緩慢而柔弱地生長。尤為可貴的是，這樣兩篇表達自由信念的文字是如此豐贍、節制而純淨，毫無道德灌輸的戾氣和憤憤不平的雜音，它們讓我相信了哈威爾的一句話，大意是說：能忍受單調醜陋之美學風格的官僚集團，勢必要失敗，那麼反過來也成立：深諳豐贍節制之美學風格的新人，終將勝利。

自我・他人

底層：

我無法不被他們的文章打動。夏榆的《臨終的眼：楊家營紀事》、《在黑暗中行走的人》和《自由的試金石》把我的視線強行拉到如不親臨、便永不會信其有的真實面前。貧窮、剝削和不受制約的權力給最底層者造成的靈魂扭曲與傷害，是比任何極度的物質貧瘠更摧人心肝的愴然圖景。然而這圖景卻是被平靜、節制而優美的語言所描述的，作品的震撼力因此而倍增。《南方週末》記者夏榆，作家夏榆，漆黑憂傷的礦井是他曾經的勞作之地，亦是他寫作的源頭。在患難兄弟們慘酷的生存面前，作家的審美責任感使他遏止了絕望的哭腔，而無力改變的不幸現實，則加重了他良知的歉疚與情感的傷痛。其文字的悲憫熱力，皆由這歉疚和傷痛而來；而這歉疚傷痛，實源自超越己身的溫柔大愛。與親歷者夏榆的「裝作」冷靜不同，王小妮對鄉村的關注來自旁觀者的真的冷靜。夏榆的冷調裡藏著痛哭，王小妮的冷靜裡則埋著輕輕的歎息和尖利的警告。這位詩人、小說家用三年的時間，和她的丈夫徐敬亞一起，驅車走訪中國東北、西南和中原的廣袤鄉村，歸來寫作此文——《安放》：「安放那些孩子／安放那些老人／安放那些女人／安放那些流人／安放那些靈魂吧」，深懷「安得廣廈千萬間」之意。一些信手拈來的細節，暗示出這大地和人群深重的生存與精神危機。

逝者：

感時傷生之文以道德力量動人，而痛悼懷人之作則莫不以深情之美將人擊垮。高爾泰《沒有地址的信》寄給他永別的女兒高林，徐曉《愛一個人能有多久》追懷詰問他去世十年的丈夫周郿英，野夫的《別夢依稀咒逝川》祭奠他的故友李如波。讀它們，讓我深深沉沒在無語的哀傷裡，不僅為了被悲悼的主人公，也為吞沒了主人公的殘酷的時代與世界。不，這麼說是不對的。哀傷，其實就是為了這些被悲悼的主人公本身，因為時代和世界可以重來，而高林、周郿英和李如波卻永遠都不會再有了。這世間還會有多少我們永不知其名的失蹤者默默而不該地死去？還會有多少高貴而沉默的生命遺失在風塵濁世裡？在我們的世界中，生命的存在和精神的價值何時能獲得絕對的尊重？……沒有答案，惟有疑問。

自我：

在世界的喧囂中關切他人是高貴的，而能直面「自我之深」者，亦同樣的好。作家林白、周曉楓、李浩和電影導演王超都以文章作出此種永不枯竭的探索。「自我」從來都不會是單純的「私我」，而是心魂與世界的對話之處，這是周曉楓《穿過我青春所有說謊的日子》的潛臺詞。此文閃現的文體的新意、語言的微妙和情懷的真摯，使它如同精緻而熾烈的絲質長袍，披在身上，先是涼滑，之後必有烈火焚身。蘇聯話劇《青春禁忌遊戲》的若干臺詞，連綴著作者關於當下自我和周遭世界的靈魂道白，戲劇情景和現實體悟之間交錯對話，雙聲部探討著葉蓮娜和作者均感困惑的問題：在這個信仰傾頹、物質至上而實用功利的世界上，是否還應該堅持高尚而純淨的生存？對於信仰者，這是一個粗鄙的問題。但是對信仰成為問題的人來說，這卻是他／她一生都要面臨的選擇。葉蓮娜以死完成了她的承諾，而周曉楓則在這篇文章中窮盡表達了她對高尚的難以忘情和對世俗的斤斤計較，她受煎於這兩者之間，不得平靜。恰恰是這種真實的張力，帶給她的文字以幽深的絕望、獨特的細膩、歹毒的敵意和善感的哭泣。周曉楓此文，可算是提高漢語敏感度的有益試驗。

道德困境：

自我之搏鬥，往往是事關道德困境的搏鬥。學者何懷宏的《同一根繩索》和崔衛平的《通過思考追求道德生活》，都以講故事的方法，讓我們思考道德的主題。都是西方人的或虛構或真實的故事，但是如何在生存受到威脅時仍能追求道德生活，卻是非常重要的「中國問題」。崔衛平的結論是：「通過思考」。「所有人類曾經有過的道德規範突然失靈，數個世紀若干代人們積累起來的道德實踐統統被說成錯誤不堪，諸如不殺人、不說謊、不做偽證這樣一望即知的倫理道德已經被輕易越過，正在流行的是對於其他人類同胞的大肆屠殺、遍地告密或者謊言盛行，在這種情況下，個人的思考的努力、由於思考帶來的癱瘓就顯得尤其可貴和必要。思考將我們一分為二，可以自己觀看自己、審視自己。」「通過思考追求道德生活」又可叫作「仁智雙修」，「仁」（道德）和「智」（思考）如果分別被孤立地強調，可能的結果將會分別是偽道學和真犬儒。

博雅

博雅已是當代國人的精神生活中久違的品質了。很難說，在這片被破壞得七零八落的土地上，還有多少「博雅」遺存。古人已遠，五四先賢不再。但斷壁殘垣之上，只要愛美者存在，對「博雅」的創造和追求就不會消失。總會出現新的博雅的書寫者，他們的有趣文字，可作當代人心靈的一片綠洲。這些文字真是養人的。李零《硬道理和軟道理》雖語涉宏觀，卻用筆輕誚，深得四兩撥千斤之妙；李長聲的《日下散記》散淡悠然，內藏譏刺，非雜學旁收、別有懷抱者不能為；陸建德《烈焰的火舌》有英式隨筆的從容優雅舉重若輕；殷力欣《舊聞記趣》深得黑色幽默之精髓；李敬澤《問中國之心》造就了一種古今對話的小品文，遊刃有餘的誚刻和羞澀含蓄的正直水乳交融；李大衛《恐龍是這樣變酷的》則把他的文化關懷，隱藏在東拉西扯、亦莊亦諧的貧嘴之中……這些文章，學問、怪論、情趣、懷抱無一不有，可讓浮躁乾渴的當代心靈獲得滋養與慰安。應當說，一個文化空間如果沒有博雅美文，只有道德文章，壯則壯矣，卻不夠多元，也不夠美好和健康。

紀念日

2005年是個紀念日之年：鄭和下西洋六百周年，電影百年，世界反法西斯戰爭和抗日戰爭勝利六十周年……紀念往日乃是為思考今日，所以立足此點的紀念文章往往能啟人深省。張純如的《〈南京暴行：被遺忘的大屠殺〉導言》、范泓的《四十年前的一場「中西文化論戰」》和王紀潮的《鄭和下西洋的正面意義有多大？》即是如此。關於南京大屠殺，關於鄭和下西洋的實質意義，關於知識份子在專制制度中，如何以理性、客觀和寬容的態度相互合作、影響社會、拓展言論空間，而非以意氣用事的論戰乃至「訴訟」了結彼此的歧義，終至一損俱損，兩敗俱傷……都是與今天的我們息息相關的重大問題，實有瞭解之必要。

以上所列，是我對所看到的好文章的一些觀感。而今年隨筆寫作的問題和缺憾，仍一如既往：缺少漢語之美；匱乏清明的理性和敏銳的直覺，既缺少對世界的整體觀照，又沒能勘探到自我的深處；理性的自負太過強烈，以至形成了獨斷的語氣和文風；道學氣過剩，失去了真誠、自然與節制；「媒體氣」和「網路氣」過濃，「私人對話」語態常能讓人感到旁若無人的自戀，或者硬套近乎的唐突……顯然，由於我的目力有限，即便是在我的評判尺度內，也未能將今年隨筆的優秀之作「一網打盡」，這是需要請讀者諸君原諒的地方。

真正理想的隨筆是什麼樣子呢？無疑，它應是一種增進人的精神成熟的文字。世上已經存在過無數篇這樣的文字了，但我還是照樣期待那樣的隨筆：它的胃口無限大，什麼都能消化，而它的質地又無比精緻、無比之美，如同人類在天真爛漫之時，對自己的智慧和身體所期許的那種美。

2005年11月17日，稻香園

（此文為《2005中國隨筆年選》序。）

序言與廢話

一本書，說到底是對一些事的思量與記念。本書也不例外。

我本無權說出這句話，因我只是本書每篇文章的一個讀者而已。讀者豈有權利代陳作者的寫作動機呢？

但若說這是一個讀者對一本書的一句讀後感，或許可以的。

在彼讀者看來，這些思量與記念，或者輕輕的、隱隱的，或者沉沉的、歷歷的。

這些被思量與紀念的事，或者巨大、粗礪，沉實地埋藏於地下；或者纖小、精微，透明地飄蕩在空中。

總歸各有各的鍾情，或者各有各的無情。

總之各有各的來處，或者各有各的歸宿。

總算它們能夠擺在一起，彼此映現各自的面容。

這便是一本書的格外有趣或無趣之處。

除此之外，我再沒有什麼要對你說明的了。

2006年11月19日

（此文為《2006中國隨筆年選》前言。）

立此存照

這本書裡的文章，皆選自去年十月至今年十月的報刊、圖書和網路，算是對我們過去一年熱鬧與不熱鬧的精神生活，所做的一份不完全記錄。

這一年，自由作家王小波逝世十載，青年所蒙影響日見其深，祭悼之聲遍及南北；同時，另一位王姓作家，當年以「痞」為旗，而今拒不認帳，隆隆復出後旋即沉寂。于丹老師雖讓「孔子很著急，莊子很生氣」，仍攔不住紅透神州；同時，一本名叫《喪家狗——我讀〈論語〉》的書因平視了孔聖人，而惹起國粹派的眾怒。「公祭」氾濫，中西醫之爭激蕩，中西節假日之辯紛起……國學狂熱和文化自省之間的衝突，時空倒轉般地似要回到「五四」之前。

還可看到：電影界，「黃金」、「太陽」、「色，戒」諸詞紅極一時；文壇外，一位名叫顧彬的德國漢學家因「垃圾」之譏，招致中國作家、批評家的集體聲討；與此同時，一個名叫「中國文藝復興」的夢，正被學者和藝術家們焦灼地做著……中國文藝對時代與個人的精神欠帳，在看似盲目的爭吵中日漸凸顯，愈來愈無法賴掉。

本書所收部分文字，與以上諸事多有對話。除此之外，便是沉潛獨思之文——或真實關切個人、社會與歷史，或走回內心，獨對形上而詩意的世界。把它們集攏來，正可為稍縱即逝的一年立此存照。這是我一廂情願的騃想。選家的視野畢竟狹促，不知有多少睿思妙文被遺落在選本之外，對這註定的遺憾，還望讀者諸君寬諒。

有人說：我們正處在一個大時代。也許是罷。不過，這卻是一個並不偉大的大時代，一個膨脹而貧乏的大時代。一切皆可能流沙和泡沫般逝去。挽救這貧乏和予人以信念的，唯有精神創造者雄猛精進的勞作而已。

2007年11月7日

（此文為《2007中國隨筆年選》序）

隨想隨寫

一

五年前，學者劉建平提著一袋山東老家產的淡黃色小米來到我家。他一邊阻止我端出花花綠綠的小食，一邊對我和我的丈夫、他的朋友設問道：「你們覺得未來中國的最大危機是什麼？」

「是什麼？」

「我們這個民族將沒有東西可吃。」

我們把感激的目光投向他帶來的小米，但對這個形而下的結論還是相當失望，於是只好用中國龐大的糧食儲備安慰他。但是他搖頭：「我不是說饑荒，我的意思是，如果現狀永遠是這樣的話，不久的將來，中國將因為所有領域的假冒偽劣而導致所有人吃的所有東西都是有毒食品，時間久了，我們必然會吃壞了腦子，淪為一個人人可欺的智障民族。到那時，什麼都晚了，什麼改革，什麼發展，全晚了，因為我們的智力已經癱瘓，不再能進行自我反思了。」

聽完他的話，我含蓄地表示，我對他的國際政治學和中國現當代史研究向來欽佩，但是他剛才提出的主題，似乎應由一位科幻小說家來完成。他也不爭辯，徑從背包裡掏出一篇文章塞給我們，標題是——「社會冷戰論：在政治史、社會史研究中理解中國」。

讀罷文章，我才明白關於有毒食品的憂慮只是他諸多憂慮的末端，是他所命名的「社會冷戰」——此係指一種全民性的相互欺瞞坑騙現象——的人人有份的後果之一。至於「社會冷戰」從何而來，他未從社會道德維度加以考察，而是在當代中國的政治史和社會史中找到其發生根源和運行邏輯，也探討了逃離這一陷阱所需的政治條件。

輾轉四年多以後，此文得以發表（我替讀者謝謝《陰山學刊》了）。五年多以後，中國爆發了舉世側目的「毒奶粉」事件，千萬中國孩童為成年人的罪愆承受病苦，人們突然陷入什麼都不敢吃的食品恐慌之中。在媒體紛紛叩問事件背後的深層原因之時，再讀此文如醍醐灌頂，我被它的理論解釋力和預見力所深深震驚。讀者可從本書中看到這篇不那麼「隨筆」的文字（題目已被作者改為《冷戰社會的歷史與社會冷戰的邏輯》），同這位從真實中汲取知識和思想的學者一起，理解更深刻的中國現實。

二

2008年的天空飄蕩著太多「深刻的中國現實」——既盛放過「改革開放三十年」、北京奧運會、「神七」發射成功的焰火，亦降下了汶川大地震、「毒奶粉」事件、冰災、水災、雪災、建築、醫療、醫藥事故、全球性金融危機的寒霜。歷史跌宕的幅度在這一年是如此之大，以至於我們如不想法麻木神經，就無法安頓自己的生命。

痲木的效果是成功的：驚魂甫定，回首剛剛過去的驚天往事，竟然恍如隔世，宛若閒談。時間是多麼無情的雕刻家，遺忘是多麼稱職的痲醉師！把我們從時間和遺忘中救出的，安慰我們的靈魂、賦予我們以經驗、釋放我們的道德焦慮的，是誠實記錄現實面目和深切觀照精神真相的文字。在這本年選中，我們能讀到學者秦暉回望「三十年」時的公正立場與邏輯魅力，錢理群剖析孔夫子當代命運時的憂患胸襟與警覺眼神，何光滬反思「毒奶粉」事件時的信仰關懷與制度關切，陶東風批評中國大學之病象時的金剛怒目與赤子情懷……關於汶川大地震的巨大悲劇，我們能看到記者李宗陶摹寫「映秀傷痕」時的嚴冷銳利，胡赳赳疾書「震災敘事」時的慷慨熱腸，以及詩評家徐敬亞對「悲痛中總是飽含激昂，喪事中總是夾帶鑼鼓」的庸俗詩學的憤怒。這些文章非為「隨筆」而作，但卻天然地秉有隨筆的靈魂——對精神責任的自由擔荷。

三

有幾位作家的文體意識和精神氣質是十分醒目的。這裡要先談談並未出現在今年年選中的繆哲和薛憶溈（見《2007中國隨筆年選》）。繆哲治中國美術史，兼譯一些妙趣蘊藉的英文隨筆，如《甕葬》、《塞耳彭自然史》、《釣客清話》等。隨筆只是他學術研究的餘墨，卻無一篇不精，其語言雅澀佻達，充滿靈智，味近周作人，而有周氏所無的冷釁、熾情與傲慢。若尋這味道的來源，或可溯至他的反愚謬與求平等的道德意識，這使他的小品亦透闢遼闊。薛憶溈是低調而出色的小說家，近年在《隨筆》、《讀書》等雜誌發表了不少人物隨筆和閱讀隨筆。他善於以小說家的敏感，抓住人物命運中脆弱易碎的部分，以之擊中讀者的良知；亦善於在讀解文學作品時，高度精確地捕捉其詩學細節，彰顯其哲學意味。他的文字飽蘸體恤慈悲，散發詩之光芒，對柔軟靈魂的呵護凝視動人不已。

在今年的年選裡，我們亦可看到不少妙筆。批評家周澤雄的文章博雅雄辯，時有古風，其銳利的談鋒來自其思想之忠直，其勃發的文采來自其美感之豐沛。他的文學批評、讀書隨筆異於常道，宜於品鑒，偶對公共事務發表意見，亦是立足於文化本位的立場，言必有據，剴切內斂。小說家李大衛的隨筆則有另一番風光：博識，多聞，幽默，惡作劇，頑童式的反諷中暗藏自由意識的觀照，其近年為《財經》雜誌開設的專欄是漢語寫作中的上乘小品。詩人、樂評家賈曉偉的音樂隨筆、電影隨筆和美術隨筆光華獨具，他的詩性判斷無時不統領其技術分析，每一論斷與猶疑，皆是對上帝之「在」的求告與遙望。學者許志強的外國文學隨筆則深入作家精神生活的腹地，遊刃有餘地揭示其含混幽暗之處，其言語姿態與其說是客觀的研究者，不如說是參與和介入的知己。此外，青年學者楊早從容、舒徐、雋厚的文史隨筆，青年作家劉春率性、偏至、俏皮的性靈隨筆，也是我們在今後的閱讀中大可期待的。

四

在今年發表的文章中，劉再復先生的《「五四」理念變動的重新評說》、李零先生的《讀〈動物農場〉》和耿占春先生的《話語中的熵》份量厚重，引人深思。

總而言之，一年的漢語文章浩若煙海，編選工作更像一場披沙揀金的戰鬥。對編者而言，收入本書的每篇文字皆有其不可替代的意義，但因眼界和篇幅所限，遺「金」之罪勢所難免，只期待未來的工作能有所進步。

2008年11月21日

（此文為《2008中國隨筆年選》序）

後記

把七年裡寫出的各式短評、札記翻檢出來，重讀、取捨，排列成一本書的樣子。這過程恍如夢寐。七年的歲月就像一個陰天，沒有風雨，也無陽光，樹影都不見移動，草也還是灰濛濛地綠，可平淡的花瓣卻在不知不覺中輕輕地凋落了。借著拾揀出來的文字的微光，才能依稀辨出往昔的花瓣們的樣子。那些讀過的書，看過的戲，風流雲散的劇院，放言無忌的酒館，那些傾談的友人，同行的旅伴，悸動而惘然的時光，沉默而溫暖的牽念……才忽然一一奔湧到眼前。如果我不是過於苛責生命，那麼這些文字背後的記憶就該足夠。但是不知為何，總有些未盡之意似的。

也許是生命中期待的爆發，終究沒有來罷。曾經寫下的一切，如同猶疑的雕刻家鑿下的石屑，洩露著她的創造慾。而那意欲雕刻的形象，卻依舊漂浮於延宕的未來之中。時間不多了，一切還未開始。沒有什麼比這樣的感覺更諷刺。

我願意把本書中的文章，視作雕刻之前的準備，如此才可能減輕一點虛無之感。它們看起來斑駁雜亂，意氣難平，東一榔頭，西一棒槌，與一個淑女——不，女人——的風範相去甚遠；相反，倒與一種心性固執、渾身是刺的動物更為相近（想想以賽亞・伯林對它的剖析）。對此，我倒是並不惋惜。我認為一個人，無論他是男人還是女人，尊嚴是第一要緊的。而尊嚴的第一義便是自由。如果這種尊嚴總是受到冒犯，那麼他／她就有權反對。除此之外，他／她沉迷於自己喜歡的事。我喜歡的事是靜觀。靜觀他人的世界，他人的創造，直到把自己也變成他人，並把她列入靜觀的視野。在這一過程中，思維和意義的能量得以積聚。那種被人認為是骨頭的東西，我當它們是肉體。而那些過於柔軟的肉體，我經常看不見。對強度的渴求也許是一個人脆弱的標誌，可即便意識到這一點，我也無力更改。

不能更改的還有對「幽默」的偏好。這一點確如一些朋友所言，緣於卓越作家王小波對我的深刻影響。幾乎每年我都會寫到他，積攢下來的文章竟有不少，可也未能完整描述他的作品與當代國人之精神成熟的致命關係。但願這一工作能在未來得以完成。（又是延宕。）這本書中，多數是關於當下社會、文學、思想、戲劇和電影的批評隨筆，或長或短，恣意而談。也許是太恣意了，我全不看重一個話題所能提供給讀者的知識與談資，而只願傾聽它們的核心在自我深處驚起的迴響。如此內向的說話還能見容於時代的一隅，應該算是我的幸運。

更幸運的是這樣一本無料可賣的書，竟然涉過海峽，來到臺灣讀者的手中。我真不知道蔡登山先生是怎麼想的——連同我的另一本文論集《不冒險的旅程》，都將在他的扶持下走上一場「冒險」之旅。對此我惟有深致謝忱。對於友人朱航滿、許志強、賈曉偉等先生的大力幫助，以及編輯先生的辛勤勞作，在此一併致謝。並且由衷希望得到讀者朋友的批評指正。

李靜

2009年7月28日，於北京

國家圖書館出版品預行編目

刺蝟札記：一個愛智者的文化漫談 / 李靜著.
-- 一版. -- 臺北市：秀威資訊科技, 2009.12
面；　公分. -- (語言文學類；PG0294)
BOD版
ISBN 978-986-221-347-6 (平裝)

1. 隨筆　2. 書評　3. 文化評論

078　　98021258

語言文學類　PG0294

刺蝟札記

——一個愛智者的文化漫談

作　　者 / 李　靜
主　　編 / 蔡登山
發 行 人 / 宋政坤
執行編輯 / 林泰宏
圖文排版 / 黃莉珊
封面設計 / 陳佩蓉
數位轉譯 / 徐真玉　沈裕閔
圖書銷售 / 林怡君
法律顧問 / 毛國樑　律師
出版印製 / 秀威資訊科技股份有限公司
台北市內湖區瑞光路583巷25號1樓
電話：02-2657-9211　傳真：02-2657-9106
E-mail：service@showwe.com.tw
經 銷 商 / 紅螞蟻圖書有限公司
台北市內湖區舊宗路二段121巷28、32號4樓
電話：02-2795-3656　傳真：02-2795-4100
http://www.e-redant.com

2009 年 12 月　BOD 一版
定價：420 元

讀　者　回　函　卡

感謝您購買本書，為提升服務品質，煩請填寫以下問卷，收到您的寶貴意見後，我們會仔細收藏記錄並回贈紀念品，謝謝！

1.您購買的書名：________________________

2.您從何得知本書的消息？

☐網路書店　☐部落格　☐資料庫搜尋　☐書訊　☐電子報　☐書店

☐平面媒體　☐ 朋友推薦　☐網站推薦　☐其他__________

3.您對本書的評價：(請填代號　1.非常滿意 2.滿意 3.尚可 4.再改進)

封面設計____　版面編排____　內容____　文/譯筆____　價格____

4.讀完書後您覺得：

☐很有收獲　☐有收獲　☐收獲不多　☐沒收獲

5.您會推薦本書給朋友嗎？

☐會　☐不會，為什麼？________________________________

6.其他寶貴的意見：________________________________

____

____

____

讀者基本資料

姓名：________________　年齡：______　性別：☐女　☐男

聯絡電話：______________　E-mail：__________________

地址：____

學歷：☐高中(含)以下　☐高中　☐專科學校　☐大學

☐研究所(含)以上　☐其他______________

職業：☐製造業　☐金融業　☐資訊業　☐軍警　☐傳播業　☐自由業

☐服務業　☐公務員　☐教職　☐學生　☐其他__________

請貼
郵票

To：114

台北市內湖區瑞光路 583 巷 25 號 1 樓

秀威資訊科技股份有限公司　　　收

寄件人姓名：

寄件人地址：□□□

(請沿線對摺寄回,謝謝!)